U0904355

# 公路资金监管新理念探索与应用

河南省交通厅公路管理局　编

# 序 Xu

河南省位于中国中部，地处沿海开放地区与西部地区的结合部，是全国重要的陆路交通枢纽之一。2007年初国务院公布的《国家高速公路网规划》中的三十条国家重点干线公路有七条从河南经过，另有九条国道穿越河南。“十五”以来，河南交通公路建设投资连创历史新高。2006年达到526亿元，公路总投资居全国第一位，通车里程达23.6万km，居全国第一位，高速公路里程3439km，居全国第一位，公路密度达141.5km/百$km^2$，居全国第二位。

公路建设资金投入量大，如何保证公路建设资金的安全、规范、科学、合理和有效使用，提高资金的使用效益，是各级政府相关机构、行业主管部门和公路管理部门首先需要解决的问题。目前公路建设资金的监管主要是通过国家立法和部门建章立制进行监管，对保证公路建设资金的合理使用发挥了非常重要的作用。

河南省公路管理部门为保证公路建设资金安全、合理、有效使用，防止挪用、挤占、截留公路建设资金，在贯彻落实国家有关资金监管法律法规的基础上，积极探索公路建设、养护和管理资金监管的新手段和新方法，开发了“公路事业单位资金监管网络系统”。该系统通过与会计电算化系统的无缝连接和跟踪，实现与会计电算化系统数据共享，利用网络监控方式，能随时掌握公路事业单位资金收支和各项预算资金执行情况，对公路事业单位资金收支使用情况进行实时监控。同时，利用信息处理的分析手段，为公路事业单位资金管理提供分析数据，为制定正确决策提供科学依据。

作为理论探索和实际管理工作的结合，《公路资金监管新理念探索与应用》一书，在利用新理念进行资金监管方面进行了有益的探索。该书在介绍资金监管基本理论的同时，密切结合河南省公路事业单位资金管理特点，探索利用现代网络信息技术，对公路事业单位资金进行实时动态监管。该书将近年来国家有关政策法规、有关专家学者的最新理论研究成果与公路事业单位资金监管业务有机结合起来，进一步增强了可读性。本书的出版将在加大公路事业单位资金监管力度，保障公路建设资金专款专用、规范公路事业单位财务行为方面发挥积极作用，对当前从事公路事业单位资金管理实务的工作者具有参考价值，给予资金监管理论研究工作以有益的启发。

2007年11月28日

# 前言
Qianyan

近年来，随着国家对公路基础设施投入的增大，带动了交通公路事业的快速发展。如何保证公路建设资金的安全、合理和有效使用，使之发挥更好的投资效益，就成为公路事业单位需要认真考虑解决的问题。目前公路事业单位普遍实现了会计电算化，但会计电算化系统只有会计核算功能，没有资金管理功能，因此，有必要建立一个有效的资金监管信息汇总和分析平台。河南省公路部门根据国家有关资金监管规定，结合公路事业单位资金管理实际，研究了利用现代网络信息技术对公路事业单位资金进行事前、事中进行动态监管的方法，编写了《公路资金监管新理念探索与应用》。

该书在总结多年资金管理实践经验的基础上，系统介绍了如何利用管理科学、信息科学等先进科学技术，建立和完善公路事业单位资金监管网络系统，并利用资金监管系统对公路事业单位的主要资金进行监管的过程，对各种资金信息进行汇总分析的方法，便于管理者从整体上把握公路事业单位的资金资源状况。同时介绍了对资金的流量、流向进行监管的理论，探讨了资金的利用控制问题等。

本书共分13章，主要内容包括：资金监管概论；资金监管目标；资金监管项目；资金监管网络系统平台的建立；系统构成；资金监管系统数据库；报表数据分析；系统安全；资金监管系统在实践中的推广应用及相关政策法规等内容。本书既注重基本理论介绍，又密切结合公路事业单位资金监管的特点，内容全面，可操作性强。

本书由王娟主编，编写大纲并负责总稿编纂工作，第1章、第9章、第13章由李世平编写；第2章、第11章、第12章由王娟编写；第3章由刘海滢编写；第4章由绳喜增编写；第5章由曹炳宇编写；第6章由张予编写；第7章由王松涛编写；第8章由周亮、杨志升编写；第10章由薛峰编写。全书由宋华东审校。

本书可作为各级公路事业单位加强资金管理工作的参考书，也可以作为建立公路资金监管系统的基础参考书。

值此书出版之际，编著者真诚地向为此书提供过资料，给予关心和支持的所有领导、专家和同行表示感谢！由于我们水平所限和成书时间仓促，难免存在许多遗漏和错误之处，敬请广大读者多提宝贵意见，以臻完善。

# 目录
Mulu


**第一章　资金监管概论** …… 1
第一节　资金监管概述 …… 1
第二节　资金监管的必要性 …… 1
第三节　资金监管的原则、内容和方法 …… 7
第四节　资金监管的基本措施和方法 …… 8
第五节　资金监管的新理念 …… 11
**第二章　资金监管目标** …… 13
第一节　养路费资金监管 …… 13
第二节　通行费资金监管 …… 14
第三节　在建工程项目资金监管 …… 15
第四节　辅助决策 …… 15
**第三章　资金监管项目** …… 17
第一节　收入资金项目 …… 17
第二节　拨款资金项目 …… 20
第三节　预算支出项目资金 …… 21
**第四章　资金监管网络平台的建立** …… 24
第一节　数据流程 …… 24
第二节　网络结构 …… 26
第三节　组织结构 …… 26
**第五章　资金监管系统数据库** …… 28
第一节　代码体系 …… 28
第二节　资金项目数据库 …… 30
第三节　数据分析数据库 …… 31
第四节　报表数据库 …… 33
**第六章　报表分析** …… 34
第一节　养路费资金分析报表 …… 34
第二节　通行费资金分析报表 …… 41
第三节　在建项目资金分析报表 …… 43
第四节　其他资金分析报表 …… 44
第五节　财务指标综合分析报表 …… 46
**第七章　资金监管系统构成** …… 50

第一节 客户端 …… 50
第二节 数据上报与接收 …… 52
第三节 数据输入 …… 52
第四节 数据查询与分析 …… 55
第五节 系统主要功能模块 …… 57
**第八章 资金监管网络平台安全 …… 59**
第一节 安全需求分析 …… 59
第二节 系统安全 …… 61
第三节 安全认证 …… 69
第四节 网络防病毒 …… 70
**第九章 实施中的问题与使用效果 …… 74**
第一节 问题及解决方法 …… 74
第二节 应用效果 …… 75
**第十章 安装手册 …… 77**
第一节 客户端安装 …… 77
第二节 客户端配置 …… 88
第三节 客户端账套设置 …… 92
**第十一章 操作手册 …… 96**
第一节 登录与权限 …… 96
第二节 系统维护 …… 99
第三节 取数公式定义 …… 104
第四节 数据录入 …… 113
第五节 报表系统 …… 120
第六节 账务系统查询 …… 136
**第十二章 操作规范与管理制度 …… 139**
第一节 操作规范 …… 139
第二节 管理制度 …… 140
**第十三章 有关政策规定 …… 142**
1. 国务院关于加强预算外资金管理的决定 …… 142
2. 基本建设财务管理规定 …… 147
3. 财政基本建设支出预算管理办法 …… 155
4. 关于加强基础设施建设资金管理与监督的通知 …… 159
5. 关于制发政府性基金预算管理办法的通知 …… 162
6. 财政性投资基本建设项目工程概、预、决算审查若干规定 …… 166
7. 关于事业单位预算编报和核批有关问题的通知 …… 169
8. 交通基本建设资金监督管理办法 …… 172
9. 农村公路建设资金使用监督管理办法 …… 177
10. 河南省高速公路建设项目财务监督管理办法 …… 181
11. 河南省公路事业单位资金监管网络系统安全管理规定 …… 185
12. 河南省公路事业单位资金监管网络系统操作规程 …… 188

# 第一章 资金监管概论

## 第一节 资金监管概述

资金监管是资金监督和资金管理的总称；是指政府或行业主管部门通过特定的机构或采用特定的方法对资金收支、预算执行、资金管理等行为实施的监督管理；是政府机构或行业主管部门对资金的使用实施的全面性、经常性的检查和督促，是资金主管部门依法对资金使用单位及其活动实施的领导、组织、协调和控制等一系列的活动，并以此规范资金管理和收支行为，保证专款专用，提高资金使用效益。

公路事业单位资金是指公路管理部门用于公路建设、管理和养护的资金。包括：纳入国家交通公路建设支出的财政资金；国家债务预算中用于公路建设的资金；纳入国家预算管理的交通规费，包括公路养护费、公路客运附加费、公路货运附加费、车辆购置附加费、有偿转让收费公路收费权的收入等；地方财政支出中的机动财力用于公路建设的资金；预算外资金；公路建设单位自筹资金；国内外各种贷款形成的交通基础设施建设资金以及其他资金。公路事业单位资金监管是指公路管理部门对用于公路建设、管理和养护的资金收支、预算执行等行为进行的监督和管理；是公路行业主管部门依法对资金使用单位实施的领导、组织、协调和控制等一系列的活动。

近年来公路建设快速发展，公路建设资金投入很大。如何保证公路建设资金安全、合理和有效使用，提高资金使用的综合效益，是公路管理部门应该认真考虑解决的问题。

## 第二节 资金监管的必要性

### 一、公路建设投资巨大，对国民经济发展有较大影响，必须加强资金的监管

“十五”期间，交通行业紧紧抓住“九五”时期末以来国家扩大内需、实施

积极财政政策的难得机遇，乘势而上，开拓创新，获得了快速发展，“十五”时期成为中国交通事业发展最快、成就最突出的5年。公路基础设施建设成就巨大，全社会共完成交通建设投资22 355亿元，是“九五”时期完成投资总额的2.17倍，一个五年计划完成的投资比建国以来完成的投资总和还要高出52%。全国共新增公路里程25万千米。2006年度，公路建设投资继续加大，全社会完成公路投资6 231.05亿元，比上年增加746.08亿元，同比增长13.6%。公路的全面发展有力地支持了国家经济发展和社会进步的需要。公路交通较好地顺应了国民经济快速发展的形势，为完善综合运输体系、有力拉动国民经济增长、应对突发事件奠定了基础，有效保障了国家重大经济发展战略的顺利实施。

“十五”时期以来，河南公路建设投资连创历史新高。河南省公路建设投资2003年突破200亿元，2004年突破300亿元，2005年突破400亿元，2006年达到526亿元（其中高速公路完成投资397亿元），交通公路建设投资约占全省固定资产总投资的1/10。高速公路通车里程实现重大突破。2005年，河南省高速公路通车总里程由“九五”时期末的507km猛增到2 678km，列全国第四位。2006年，河南省公路建设投资397亿元，新增高速公路通车里程761km，全省高速公路通车总里程达到3 439km，跃居全国首位。2007年，河南省计划完成高速公路建设投资236亿元，争取建成通车高速公路1 089km。预计到2007年年底，河南省高速公路通车总里程将超过4 500km。干线公路和农村公路建设也取得成就显著。2003年以来，河南省采取“统一贷款，分责偿还”的政策，对全省国省干线公路实施了大规模的升级改造，共升级改造国省干线公路约7 000km，使全省二级以上公路总里程达到2.6万km，一般干线公路中二级公路的比重达到85%。至2007年年底的5年间，河南省投入农村公路建设的资金将达272亿元，新改建农村公路9.7万km。到2007年年底，河南省将在中部地区率先实现所有建制村通沥青（水泥）路。公路事业的快速发展和公路投资力度的加大，对我国国民经济的发展发挥了关键性的推动作用。

“十一五”期间公路建设还要继续投入。根据公路水路交通“十一五”发展规划，到2007年底要贯通“五纵七横”12条国道主干线；到2010年，基本建成西部开发8条省际公路通道。加快国家高速公路网建设，中部地区基本建成比较完善的干线公路网络，承东启西、连南接北的高速公路通道基本贯通。加大国省干线公路改造建设力度，国省干线公路技术等级、质量和服务水平进一步提高。农村公路交通条件得到明显改善。新建和改造农村公路120万km，基本实现全国所有乡镇通沥青（水泥）路。根据《河南省国民经济和社会发展第十一个五年规划纲要》，“十一五”期间，河南省要继续加强公路通道建设，2010年全省公路通车总里程达到8.5万km，其中高速公路达到5 000km以上。

公路建设要继续发展，必然投入大量的资金，成为社会各界关注的焦点。如何保证公路建设资金的安全、合理和有效使用，提高资金的使用效益，是各级公路管理部门应首先解决的问题。因此，我们应进一步提高公路事业单位资金的使用效益，强化资金的监管力度，堵塞安全使用管理过程中发生的挪用、截留、虚报等各种漏洞，加强对用于公路建设、养护和管理资金的有效监督。

## 二、公路资金管理存在的问题要求必须加强资金监管

### （一）公路建设投资管理体制方面存在的问题

从投资渠道及运行上看，由于公路建设是国民经济的基础产业，政府投资比重较大，而且受几十年计划经济体制的影响，投资渠道相对集中，市场含量较小。在投资运行上由于条块分割的行政隶属体制没有改变，公路投资的资金市场形成和发展受到影响，市场的积极作用受到限制。

随着交通基础设施投资规模的不断扩展，特别是近年来国家加大交通基础设施建设（尤其是高速公路建设）的力度，在现行投资体制下，政府作为国家公路建设的主管部门，其投资意识和投资行为常常与市场和效益脱节。

地方政府往往从本位利益出发，在争投资、争上项目上下功夫，忽视可行性研究，盲目上马大中型公路建设项目，使有限的资金发挥不出其应有的效益，造成不必要的损失和浪费。

### （二）公路建设资金筹集过程中的问题及分析

#### 1. 概（预）算编制不准确

概算编制阶段，建设单位出于自身利益考虑，往往要求设计单位将各项费用打足，而设计审查单位并不是出资单位，在审查概（预）算时，一般也从宽掌握，导致取费标准高套，工程预留费、高速公路管理用房、建设期贷款利息安排比较宽裕，大型专用设备购置费、工具器具购置费安排缺乏准确依据。

#### 2. 项目法人的约束机制不能到位

根据国家要求，今后新开工项目必须建立项目法人制，项目法人是按《公司法》规定设立的有限责任公司或股份有限公司。问题是：公路建设资金主要来源于部补、厅拨资金和银行贷款，其中银行贷款是以国家批准的公路建成后的收费权作质押担保，项目法人公司并没有对项目投入资金。项目法人在资金使用上并没有约束力，这就难以避免项目法人单位变相挪用资金。

### （三）公路建设资金拨付监管中的问题及分析

由于目前国内建筑市场僧多肉少，建筑工程招标和建筑合同的签订履行往往难以体现甲乙双方平等，即使合同是平等的，在履行过程中也难以做到平等。业主占主导地位，可以要求承包方做这做那，而承包方完成了一定的工作量后，申请支付工程款，手续非常繁杂，周期较长，加上有少数监理工程师、业主有意拖欠工程款，造成建设单位资金充裕，施工单位资金异常紧张，直接影响工程的进度和质量，影响已完工程决算的办理。

建设单位管理费普遍存在超定额支出的问题。除主观上控制不严外，客观也存在一些问题，如：定额标准低、计提建设单位管理费的基数不合理等。

### （四）资金监管制度、人员等方面的问题及分析

工程项目管理缺乏具体统一可行的规定，各自为政现象比较严重。

部分公路建设资金管理人员素质（包括思想素质和业务素质）较低，导致资金管理水平较低，以致产生许多问题。

另外，部分建设单位领导缺乏资金监管意识，不执行国家有关法律法规和规章制度，指使财务人员和其他资金管理人员违法操作，造成国家基本建设资金的损失和浪费。

综合公路建设资金管理存在问题，其原因主要有以下几个方面：

#### 1. 资金监管制度建设滞后

公路建设投资趋向多元化发展，由以往单一的国家投资发展为国家、国家和地方、国家地方和企业及中外合资等多种形式相结合的投资体制，投资渠道不断拓展。由于现行公路建设资金的监管制度建设相对滞后，已经不适应当前公路建设的发展，导致了资金监管方面出现较大的漏洞。

#### 2. 资金监管不力

项目前期工作中，没有很好地进行可行性研究，导致项目选择失当，造成不必要的浪费；概算不足、资金来源不落实和资金规模留有缺口，拖长建设工期；未能保证资金专款专用，挪用和变相挪用项目建设资金，随意扩大工程规模，变相搞概算外工程。这些都是由于外部监督与内部财务约束机制相结合的监督力度不够。

### 3. 是非错误界限混淆不清

对于公路建设资金的监管，缺乏一个完备的监督体系，某些人对公路建设资金使用管理过程中存在的问题是非错误界限混淆不清。对于滞留、挤占、截留、挪用公路建设项目资金等违法违纪行为，甚至已构成犯罪的行为，认为只是财务会计上的一般弊端，未予以足够重视，导致资金使用和监管上产生很大的漏洞。这就建立健全完善的公路建设资金监管法规体系，以便进一步明确法律责任，严肃财经纪律。

### 4. 法制观念淡薄，人员素质有待提高

通过对某些问题的产生根源进行分析，表明某些建设项目主要是由于领导和工作人员缺少法制观念，导致严重问题的产生。有关法律法规的宣传有待加强，对建设项目有关人员的奖惩制度有待完善，现行财会人员的管理体制有待改革。

## 三、公路建设资金来源及构成多元化对资金监管提出了新的要求

现行公路建设资金渠道大致分为六种类型：

一是国家投资工程项目：开工比较顺利，资金到位情况良好。

二是世行、亚行贷款项目：资金到位率高，工程建设程序管理比较严密。

三是自有资金建设项目：建设项目比较顺利，资金到位情况良好。

四是中外合资建设项目：工程建设完工后，在索赔时易发生扯皮现象。

五是地方建设项目：资金到位情况不佳，尤其是县级公路建设项目，资金根本上不到位，挪用情况比较严重，或由施工企业垫资开工，工程完工后地方无力偿还工程款。

六是已建待批项目：有的项目在未立项之前合同未签即已开工，非常不规范，在工程款结算时容易产生纠纷。

近几年，社会和各级政府已经充分认识到公路基础设施在国民经济中的重要地位。随着公路建设投融资体制改革，投入公路基础设施的资金以交通部和地方政府为主，公路建设投资格局逐步向以地方政府投资为主，国家和交通部投资为辅，利用国内贷款和利用外资并举的方向发展。随着公路建设投资规模的逐年剧增，如何解决公路建设过程中产生的有关资金监管方面的问题，成为各级政府及行业主管部门关注的重要内容。公路建设资金投资的多样化和复杂化，对我们加强资金的监督和管理提出了新的要求。

## 四、目前公路资金监管的方式、方法虽比较全面，但缺乏主管部门的全过程动态监管

目前公路建设资金主要是通过国家立法和部门建章立制进行监管。已出台的如《中华人民共和国招投标法》、《中华人民共和国合同法》、《中华人民共和国公司法》、《中华人民共和国会计法》、《关于加强基础设施建设资金管理与监督的通知》、《基本建设财务管理规定》、《关于加强建设项目工程预（结）算竣工决算审查管理工作的通知》等一系列相关法律法规。这些法律法规从不同的角度对公路建设资金的监管作出了规范，但执行过程中一定程度上存在诸多不足之处。

经过调查发现，许多基本建设单位建立健全了各项管理制度，从建设项目立项开始到竣工的全过程进行监管，在资金管理和稽核监督方面制定了财务收支审批制度、会计稽核制度、内部牵制制度等一系列制度，具体包括：

（1）支付建设、改造大修等工程项目预付款、进度款必须有计划、合同（协议）、工程预算、开工报告、施工监理部门认定的工程进度表。

（2）各种工程的决算付款必须有验收合格证明，经建设单位有关部门和领导审核和审计部门审定的工程决算。

（3）基建项目的保留金支付必须有工程监理部门和使用单位出具的有关证明方可办理。

（4）施工单位领用材料款必须有物资部门出具的有关手续方可办理。

（5）国际招标项目的工程款、材料款必须经建设单位有关部门审定无误后，方可办理支付手续。

（6）建设部门的管理费用，每年年初由建设单位根据概算费用、项目进度，编报建设单位管理费预算，报财务部门审核，经主管领导批准后核定管理费的限额，经建设单位领导批准后方可到财务部门办理费用报销。

以上这些资金监督管理的制度办法比较全面，对加强资金的监督管理发挥了重要的作用。但是它的不足之处在于多是事后控制，缺乏主管部门对过程的实时动态的控制。

## 五、实行资金监管是维护所有者权益的迫切需要

目前在财务与管理中存在着一些不容忽视的问题。如在工程项目管理方面，一些公路建设项目前期准备工作不足，甚至搞“三边”工程，概算变更随意性很大，超支严重；一些项目配套资金留有缺口，已出现“胡子”工程；一些项目财务、资金管理严重弱化，存在挪用建设资金、铺张浪费等违反财经法规等问题。在养护资金管理和使用方面，一些单位养护资金不养路而用于养人，养护费用大

部分被人“吃”了。在管理经费使用方面，一些单位不按规定用途和批准的预算使用管理资金，开支随意性大，造成资金浪费。如不及时解决和纠正，将会严重影响公路建设资金的使用效益，甚至造成巨大的资金损失和浪费。

## 第三节 资金监管的原则、内容和方法

### 一、资金监管的原则

#### 1. 分级监管、分级负责原则

公路建设资金按资金来源渠道和管理阶段及职责，实行分级监管、分级负责；实施“一级管一级”的监管方式。

#### 2. 专款专用原则

公路建设资金必须按规定用于经批准的公路建设项目；公路建设资金实行专户储存，专款专用，不得截留、挤占和挪用。

#### 3. 监督控制原则

交通主管部门和建设单位要对公路建设资金的使用和管理进行全过程的监督检查，建设单位要建立健全资金使用的内部控制制度，确保公路建设资金的安全、合理和有效使用。

#### 4. 会计核算原则

各级交通主管部门和建设单位必须遵守《中华人民共和国会计法》和《国有建设单位会计制度》、《会计基础工作规范》以及相关的财经法规、财会制度，加强公路建设资金的会计核算工作，严格实施会计监督，及时反馈真实、准确的会计信息。

#### 5. 效益原则

公路建设资金的筹集、使用要实行高度规范化管理，确保厉行节约，防止损失浪费，降低工程成本，提高资金使用效益。

#### 6. 奖罚原则

必须严格按照现行有关法规、制度使用公路建设资金，如有违反要追究责任，

并给予相应处罚；在使用监管公路建设资金工作中有突出贡献的要给予奖励。

### 二、监管的重点内容

公路建设资金的监管应包括：对公路建设资金筹集进行监管；对公路建设资金拨付进行监管；对公路建设资金的使用进行监管；对工程合同及施工进行监管；对制度进行监控；明确监管责任和奖罚。

公路建设资金监管的重点应包括以下项目：

（1）是否违反基本建设程序，未按规定实行建设资金专款专用、专户存储，侵占和挪用建设资金。

（2）是否未经报批突破初步设计预算。

（3）是否有计划外工程项目。

（4）是否擅自改变建设项目，扩大建设规模。

（5）筹集资金来源是否合法，配套资金是否及时到位。

（6）是否未经批准将额度内的基本预备费用于概算外工程项目和新增工程项目。

（7）是否存在重大工程质量问题，并造成严重经济损失。

（8）是否按规定提取使用建设单位管理费。

（9）是否严格按建设项目施工合同规定拨付工程进度款，有无高估冒算，虚报冒领。

（10）是否按合同规定提留质量保证金。

（11）是否乱摊乱挤建设成本。

（12）是否建立和健全财会机构，加强各项原始记录、统计台账、凭证账册、会计核算、财务报告、内部牵制制度等基础性工作。

## 第四节　资金监管的基本措施和方法

### 一、公路建设项目的资金监管

#### （一）加强概（预）算编制审查

概（预）算编制准确与否，直接关系到国家基本建设资金是否合理使用。在项目执行中要维护批准概算的严肃性，未经原概算批准单位批复擅自超概算增加工程和超标准购置设备的，坚决不准予进入竣工决算。由于概算编制不准确，与项目执行决算相差10%以上者，设计单位及设计审查单位应承担相应的责任。

### （二）预留费用先批后拨款

未经批准动用的预留费建议在年度投资计划中暂不安排。即使已经计划安排，财务部门也应根据批准动用的金额拨付。主管部门未批准动用的预留费，款项暂不拨建设单位。

### （三）严格按工程进度拨款

资金管理实行分级监管原则，明确各级资金监管权限、职责。各级主管部门负责重点工程的资金监管，各建设单位要及时报送每月的资金使用快报，既要确保工程建设的需要，又要防止资金沉淀于建设单位，强调建设单位必须及时办理计量支付。

### （四）限时办理竣工决算

基本建设竣工决算是综合反映建设项目建设成果和财务情况的总结性文件，竣工财务决算是竣工决算的重要组成部分，是正确核定新增固定资产价值，办理固定资产交付使用手续，核定补差或上交结余资金的依据。建议规定基本建设主体工程完工一定期间内建设单位必须办理竣工决算并上报主管部门，主管部门在规定时限内必须予以批复。未办竣工决算的项目，管理机关应采取强制措施。

## 二、收费还贷性公路建设项目资金监管的基本措施

非经营性交通基础设施项目由国家负责投资建设，建成交付后面向全社会提供公益性服务，这类项目不以营利为目的，因而只有在保证工程质量的前提下，通过其所耗用经济成本与对全社会提供经济效益之间的比较来衡量投资效益。非经营性交通基础设施建设项目的资金监管一般应体现在以下诸环节的管理上：

### （一）明确各级监管职责

公路是国家的重要基础设施，尤其高速公路是一种高投入、技术先进的基础产业，在建设时必须把质量放在第一位。坚持质量业主责任制，强调业主是建设质量的第一责任人。

要进一步明确各级交通主管部门和建设单位对公路建设资金的监管职责，对单位主要负责人及各职能部门的责任要做到分工明确、各司其职、各负其责，对公路建设资金进行全方位的监控。

### （二）可行性研究阶段建设资金的监管

必须认真做好公路建设项目的前期工作，使建设项目的可行性研究及项目前评价工作真正达到可行性的要求，而不是仅仅满足可批性，确保投资效益，防止建设资金损失浪费。

### （三）概预算编制阶段建设资金的监管

公路建设项目概预算编制的准确与否，直接关系到国家基本建设资金是否合理使用。要进一步加强基础设施项目的概预算管理，做好项目前评价工作，努力降低工程建设成本。凡由国家投资的建设项目，都要认真搞好工程概算审查工作，并将审定的工程概算作为安排建设资金的依据。

要在建设项目前期工作阶段就将资金来源的管理放在突出位置，公路建设项目资金的筹集要严格按法律、法规办事，严禁非法集资，确保项目建设资金不留缺口。

### （四）施工招投标阶段和工程监理招投标阶段建设资金的监管

认真执行《中华人民共和国招投标法》和国家有关法律法规，严格招投标制度、施工和监理制度，选择有资质的设计、施工、监理队伍，不能搞分包、转包。

### （五）施工阶段建设资金的监管

交通主管部门要严格按照基本建设支出预算、项目建设程序和工程建设进度拨付资金，建设项目中配套资金到位的比例不能低于财政资金的到位比例。要加强资金使用和施工的监控，可以借鉴国外的先进经验，如世行、亚行项目采取的BOT经营方式，保证资金足额有效地使用。在资金拨付中要切实加强监督检查，加强资金的源头管理，确保建设资金及时、足额到位，严格防止人为滞留、挤占、截留、挪用国债专项资金和其他用于基础设施的财政性专项资金。

资金管理实行分级监管原则，明确各级资金监管的权限、职责。各级主管部门负责重点工程的资金监管，各建设单位要及时报送每月的资金使用快报，既要确保工程建设的需要，又要防止资金沉淀于建设单位，要求建设单位必须及时办理工程计量支付手续。必须坚持按技术标准和规范进行施工，否则不予支付工程款。

### （六）竣工决算阶段建设资金监管

进一步加强交通基础设施项目竣工决算管理，做好项目后评估工作，努力降低工程建设成本。基本建设竣工决算是综合反映建设项目建设成果和财务情况的总结性文件，竣工财务决算是竣工决算的重要组成部分。防止“三边”工程、“胡子工程”，降低工程建设成本，是正确核定新增固定资产价值，办理固定资产交付使用手续，核定补差或上交结余资金的依据。

在项目执行中要维护批准概算的严肃性，未经原概算批准单位批复擅自超概算增加工程和超标准购置设备的，坚决不准予进入竣工决算。

## 三、公路部门预算资金的监管

对预算资金的监管主要考虑各单位预算安排是否科学合理，有无超过规定的比例，是否认真执行预算，严格按预算项目支出，有无超支。

要通过资金监督，及时制止和纠正资金管理中存在的各种问题。对滞留、挤占、截留、挪用资金等违法违纪行为，或因工作失误造成资金严重损失与浪费的，要追究当事人和有关负责人的责任；构成犯罪的，移交司法机关追究刑事责任。

# 第五节　资金监管的新理念

随着现代计算机网络和信息技术的不断发展，信息传递越来越快捷，为人们充分利用管理信息进行科学管理和快速决策提供了可能。现在，在财务管理和会计核算方面，大部分单位实现了会计电算化和信息传递网络化，使行业主管部门有可能在资金监管方面实现事前、事中和事后的全过程监管。我们提出的资金监管的新理念就是利用现代计算机网络和信息技术来辅助公路事业单位资金的使用监管，建立“公路事业单位资金监管网络系统”，在网络系统下审批、拨付和监管资金，加强对资金使用过程的控制和动态管理。对公路事业单位资金的整个流转过程，包括资金流入、审批、拨付、核销等相关情况进行全过程监督管理。利用现代统计分析学技术分析资金的流转和使用状况，形象、直观、适时、高效、准确地对资金进行管理、分配、分析。

为保证公路事业单位各项资金安全和使用的高效，防止挪用、挤占、截留资金现象的发生，河南省交通厅公路管理局依据国家有关法律、法规和财务管理制度，结合当前公路系统财务管理实际情况，研制了“公路事业单位资金监管网络系统”。该系统利用先进的数据接口技术，通过与公路事业单位会计电算化系统的无缝连接，实现与会计电算化系统数据共享，利用网络监控方式，能随时掌握各单位资金收支和各项预算资金执行情况，对各单位预算的执行情况进行跟踪管理，对公路事业单位资金收支使用情况进行实时监控。同时，在系统中引入数理统计理论和方法，将公路事业单位现行的资金管理体系和计算机技术进行有机的结合，利用信息处理的分析手段，为公路事业单位资金监管提供分析数据，为制定正确决策提供科学依据。该项目使用了数据开采与数据挖掘技术，在公路事业单位资金管理的事前、事中和事后控制方面，通过计算机技术与会计核算和财务管理制度的有机结合，能够对公路事业单位各项资金进行全方位管理与监控。该研究成果在公路事业单位资金监管的网络系统方面，达到了国际先进水平。

“河南省公路事业单位资金监管网络系统”从 2007 年起已在河南省公路系统推广应用。该项目的成功推广应用，标志着公路系统在利用现代化技术手段对公路事业单位资金监管方面又上了一个新的台阶，将进一步加大公路部门资金监管力度，在保障公路事业各项资金专款专用、规范公路事业单位财务行为方面将发挥重要作用，对提高公路部门财务管理水平和资金使用效益具有十分重要的意义。

# 第二章 资金监管目标

近年来，随着国家对交通基础设施投入的增大，带动了公路事业的飞速发展。河南公路建设也取得了令人瞩目的成就。河南地处中原，是中国交通的枢纽和中心，根据交通部的规划，河南将逐步加大对公路事业的投入，如何保证国家财政资金和地方财政资金安全合理有效使用将成为公路部门认真考虑解决的问题。

目前河南省公路系统各单位已普遍实现了会计电算化，但会计电算化系统只有会计核算功能，没有管理功能，并不能为公路管理部门提供有效的资金决策依据。因此，有必要建立一个有效的财务管理数据汇总和分析平台。“公路事业单位资金监管网络系统”就是在这种思想下产生的。

“公路事业单位资金监管网络系统”的主要目的是对河南省全省公路系统事业单位的资金进行监管，并对信息汇总分析，以便于从整体上把握公路系统的资金资源状况，同时对资金的流量、流向进行监管，解决资金的利用控制问题。本系统是一个全局性的系统，涉及省、市、县三级公路系统，可以从整体到局部进行控制。

资金监管网络系统目前还是一个前沿课题，在实际的管理活动中，还有许多的管理方法和管理规范正在不断的探索，“公路事业单位资金监管网络系统”是对资金管理的一个有效尝试，通过本系统可以对公路系统的资金管理理念进行整合和调整。管理活动的本身就是通过计划和控制达到预期的目标，公路系统资金监管的目的就是通过计划和控制对资金进行有效的利用，使有限的资金资源发挥最大的效用。

## 第一节 养路费资金监管

养路费是公路管理部门最主要的资金，养路费资金包括养路费征收收入、养路费拨款资金和养路费支出资金三个部分。养路费收入资金属政府性基金，征收后直接转入财政专户，然后作为养路费拨款返还公路管理部门，所以对于养路费征收资金的监管主要是征收额，而对于财政拨款则主要为是否及时足额到位。所以养路费资金的监管主要在于预算资金执行情况的监管和其他与养路费相关资金（如超限检测费、道路赔偿费等）的监管。

### 一、养路费预算执行情况

养路费资金是纳入预算管理的政府性基金，必须严格按批复的预算执行，对养路费预算执行情况的监管是养路费监管的重点，主要实现如下功能：

（1）养路费拨款情况：分析养路费预算资金是否及时足额拨付公路部门。

（2）小修保养预算执行情况：分析小修保养成本及成本变化情况。

（3）大中修及专项工程预算执行情况：分析大中修及专项工程是否按计划执行及资金结余情况。

（4）办公经费预算执行情况：分析办公经费是否按预算执行。

（5）预算执行情况预测；对各单位预算执行情况进行分析，分析年度是否能够完成财政预算指标。

### 二、其他资金管理

其他资金主要包括超限检测费和道路赔偿费两项。该两项费用由基层征收后按比例上缴上级单位，对该资金的监管主要为资金收入情况、支出情况和上缴情况的分析。

## 第二节　通行费资金监管

收费还贷性通行费监管主要包括通行费收入及上交情况、通行费资金返还情况和通行费资金支出情况等。通行费资金的管理主要有如下几个方面：

（1）通行费征收收入及上交情况：反映各单位通行费收入资金及收入资金上缴财政专户情况。

（2）通行费资金返还情况：根据预算安排由财政部门返还通行费资金作为收费路段道路养护、日常经费、还贷资金，监管财政返还资金情况。

（3）通行费预算执行情况：通行费资金按预算下拨基层单位后，监管各项支出的执行情况。

## 第三节 在建工程项目资金监管

在建工程项目资金包括干线公路在建项目资金和高速公路在建项目资金。在建工程项目资金监管主要包括如下项目：

（1）监管项目各类资金的支出情况，包括项目支出是否合理，是否按预算执行等。

（2）项目变更情况：对于变更项目的资金进行审查。

（3）项目资金流情况：保证项目有足够的现金以保证项目进度。

## 第四节 辅助决策

对各单位财务信息进行加工、分析，为领导决策提供更加准确和科学的信息，提高内部控制和决策的质量，更好地发挥财务管理在行业管理中指导、协调、服务和监督的作用。“公路事业单位财务辅助决策支持系统”就是在资金监管系统平台上，利用科学的分析方法，对有关财务数据进行科学分析，为决策提供及时准确的信息，为公路系统财务管理提供指导、服务、监督等。

### 一、财务辅助决策支持系统的总体目标

（1）主管部门能通过 Internet 对系统和直属单位财务报表数据随时进行浏览、采集、加工、分析。

（2）应用各种科学分析法对公路事业单位的各种综合财务数据进行分析。

（3）对关键的财务指标能进行实时的监控、显示和报警。

（4）可以通过 Internet 查询下属单位的财务系统，即时监督、控制下属单位的管理和生产活动。

### 二、功能概述

财务分析：分析系统中各单位和所属单位的历史数据和现在正在发生的数据。可以采取多种不同的方法从多种角度进行分析。可以对每个单位每个项目的数据进行层层深入的分析，找到各种财务数据所反映的真实状况，为决策支持提供服务。

分析方法：环比分析法、同比分析法、结构分析法、因素分析法、实际预算

比分析法、行业比分析法、平均比分析法、自定义的其他分析法。

分析内容：资产负债分析、流动资产、费用监控、资金流量分析、指标分析、自定义分析表。

财务预测：采用定量的预测方法并结合定性的预测法对各个企业的未来发展趋势进行预测，为财务决策、财务预算、搞好单位日常管理工作提供依据。财务预测的方法可以使用定量预测的所有方法，预测的时间跨度可以有月度、季度和年度预测。

预测内容：投资预测、收入预测、成本预测、筹资预测。

财务控制：本系统的财务控制是指财务的辅助控制，为主管部门出台控制措施提供信息依据。控制的目标是让下属单位能够按照计划的要求实现主管部门的预计目标。

控制内容：投资控制、筹资控制、成本控制、现金流量控制。

预算管理：辅助主管部门对各单位的预算目标进行管理。

输出报表：各种预算指标表，预算执行情况表。

财务评价：督促各单位的财务管理工作，对下属单位一定时期的财务管理结果进行分析评价。

评价内容：以财政部、交通部颁布的相关考核评价指标体系为主进行评价。

账务报表：该模块提供给用户为不同的使用者发布各种财务报表，并可以进行明细账的查询，以供审计使用。

财务报表：资产负债表、收入支出表、工程成本表、其他各类统计报表。

报警：可以让用户自行设定各种项目的非正常发生情况，如果系统发现有非正常现象就会对指定的人员进行报警。

# 第三章 资金监管项目

资金项目是该系统监管的直接对象，它们是否能够完整准确描述公路系统的资金往来将直接关系到该系统的成败。根据资金管理与业务处理的区别，我们将资金项目分为三类：收入资金项目、拨款资金项目和预算支出资金项目。收入资金项目反映公路部门按规定征收的养路费、通行费、超限检测费和道路补偿资金等，这部分资金在公路部门收到后直接上报到财政部门；拨款资金项目指财政补助收入等可供公路部门支配的资金；预算支出资金项目指公路部门在工作中支出的公路养护资金和经费等。

## 第一节 收入资金项目

收入资金项目描述的是公路事业单位按国家政策规定征收纳入财政预算或财政专户存储的资金。本类资金不能直接被公路事业单位使用，但和公路事业单位的可支配资金有着一定的联系。收入资金的主要项目和层次关系如图 3-1-1。

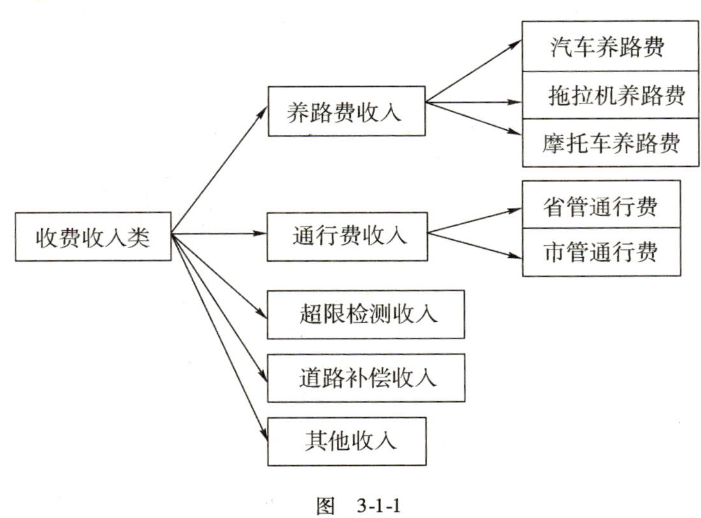


图 3-1-1

## 1. 养路费资金收入流程（如图 3-1-2）

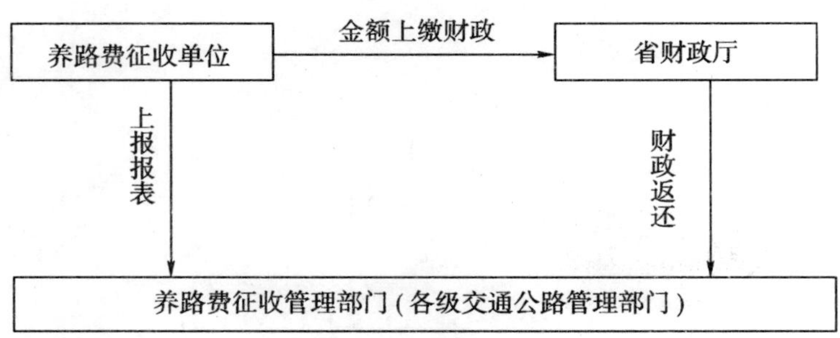


图 3-1-2

财政返还按年度预算进行拨付，在省局养路费账中以财政补助拨款进行反映。

省财政返还到省公路管理局资金以事业收入入账，以拨出经费拨付到各市公路部门；各市公路部门同样以事业收入入账后使用拨出经费拨付到各省管收费站，供各站经费支出与道路养护。

## 2. 通行费（如图 3-1-3）

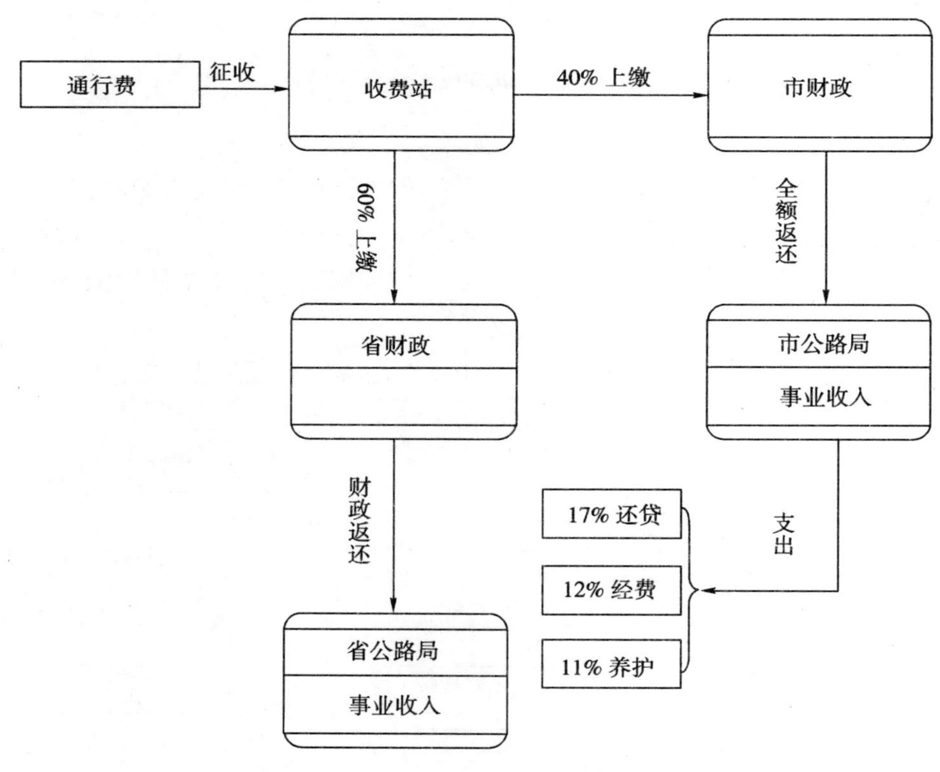


图 3-1-3

省财政拨付省公路管理局后以事业收入入账，用于还贷资金；市财政拨付到市公路局后以事业收入入账，拨出经费拨到各市收费站之后，各市管站按比例使用资金，分别用于还贷、养护和经费。

## 3. 超限检测收入（如图 3-1-4）

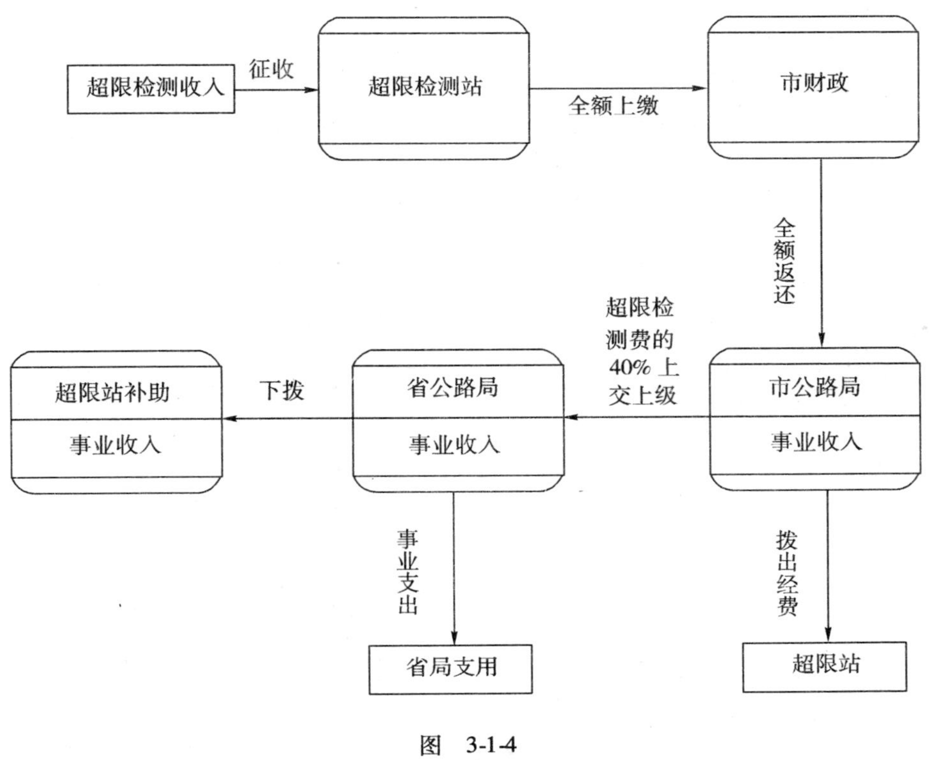


图　3-1-4

## 4. 道路补偿收入（如图 3-1-5）

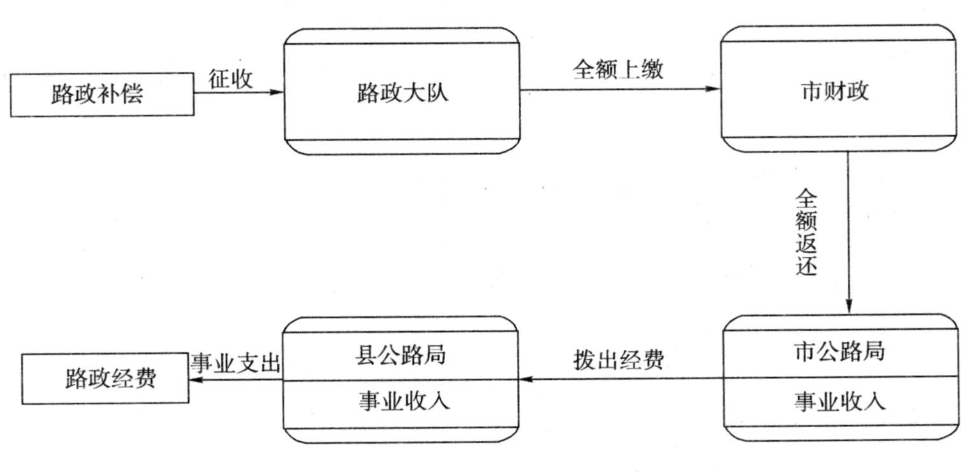


图　3-1-5

## 5. 收入资金项目（如表3-1-1）

表3-1-1

| 项目代码 | 项目名称 | 项目说明 |
|---|---|---|
| 101 | 资金收入 | 从事公路事业实际收入的资金 |
| 10101 | 养路费收入 | 养路费征收获取的资金 |
| 1010101 | 汽车养路费收入 | |
| 1010102 | 拖拉机养路费收入 | |
| 1010103 | 其他机动车养路费收入 | |
| 1010104 | 非机动车养路费收入 | |
| 1010105 | 滞纳金、罚款收入 | 汽车养路费-滞纳金、罚款收入 |
| 1010106 | 养路费专户存款利息 | |
| 10102 | 通行费收入 | 通行费征收获取的资金 |
| 1010201 | 省管通行费收入 | 征收省管通行费获取的资金 |
| 1010202 | 市管通行费收入 | 征收市管通行费获取的资金 |
| 10103 | 超限收入 | 超限征收获取的资金 |
| 10104 | 路政收入 | 路政赔偿获取的资金 |
| 10191 | 其他 | 未能列入上述资金项目的其他资金收入 |

# 第二节 拨款资金项目

拨款资金项目描述的是上级单位拨付或其他外部单位（各类银行，市财政）按借贷、返还等方式支付给公路局，公路局可以按要求直接支出的资金。描述项目大致为《河南省公路事业单位的会计核算试行办法》中收入类会计科目，如表3-2-1。

说明：按缩进表明层次关系。

表3-2-1

| 项目代码 | 项目名称 | 项目说明 |
|---|---|---|
| 201 | 资金来源 | 公路事业单位维持自身运作而获取的资金 |
| 20101 | 财政补助收入 | 由财政补助获取的养路费资金 |
| 20102 | 上级补助收入 | 上级单位补助的款项 |
| 20103 | 拨入专款 | 指定用途的专用拨款 |
| 2010301 | 上级主管部门 | 由上级主管部门拨入指定用途的资金 |
| 2010302 | 财政部门 | 除养路费财政拨款外的其他预算内财政拨款 |
| 20105 | 附属单位缴款 | 附属单位直接缴来款项 |

续上表

| 项目代码 | 项目名称 | 项目说明 |
|---|---|---|
| 20104 | 事业收入 | 财政返还的通行费、超限检测费，道路补偿费等资金 |
| 2010401 | 通行费财政专户拨款 | 事业收入-通行费收入 |
| 201040101 | 省管站 | 省管通行费收入（财政返还） |
| 201040102 | 市管站 | 市管通行费收入（财政返还） |
| 2010402 | 检测费预算外财政返还 | 检测费预算外财政返还 |
| 2010403 | 道路补偿费财政返还 | 道路补偿费财政返还 |
| 20105 | 中央资金 | 省局收入 |
| 2010501 | 中央车购税 | 省局收入 |
| 2010502 | 中央国债 | 省局收入 |
| 2010503 | 客货运附加 | 省局收入 |
| 20106 | 公路建设项目资金 | 工程项目资金 |
| 2010601 | 地市配套资金 | 各地市对工程项目的配套资金 |
| 2010602 | 商业银行贷款 | 商业银行贷款资金 |
| 2010603 | 世界银行贷款 | 世界银行的贷款资金 |
| 2010604 | 其他项目资金 | 未列入上述项目的其他项目资金 |
| 2010605 | 上级转贷资金 | 上级统贷用于工程项目的资金 |
| 2010606 | 基本建设拨款资金 | 特定基本建设项目拨款 |
| 20107 | 其他收入 | 资金收入中不能由上述项目描述的其他资金 |
| 2010701 | 投资收益 | |
| 2010702 | 转让无形资产 | |
| 2010703 | 接受捐赠收入 | |
| 2010704 | 利息收入 | |
| 2010705 | 路产收入 | |
| 2010706 | 其他 | |

## 第三节　预算支出项目资金

预算支出项目资金描述公路事业单位在实际的事业单位运作中直接支出的资金，如表 3-3-1。

表 3-3-1

| 项 目 代 码 | 项 目 名 称 | 项 目 说 明 |
|---|---|---|
| 301 | 支出项目 | 公路事业单位实际支出的资金 |
| 30101 | 拨出经费 | 按批准预算实际拨付给所属单位的预算资金 |
| 30102 | 事业支出 | 从事各种公路建设，养护及管理活动实际支出的资金 |
| 3010201 | 基本支出 | 包括人员、专项、公用三项资金 |
| 301020101 | 人员资金 | |
| 30102010101 | 基本工资 | |
| 30102010102 | 补助工资 | |
| 30102010103 | 其他工资 | |
| 30102010104 | 职工福利费 | |
| 30102010105 | 工会经费 | |
| 30102010106 | 医疗保险费 | |
| 30102010107 | 离退休个人支出 | |
| 30102010108 | 离退休公用支出 | |
| 30102010109 | 住房公积金 | |
| 30102010111 | 社会保险费 | |
| 301020103 | 公用经费 | |
| 30102010301 | 办公费 | |
| 30102010302 | 会议费 | |
| 30102010303 | 差旅费 | |
| 30102010304 | 水电费 | |
| 30102010305 | 取暖费 | |
| 30102010306 | 机动车使用费 | |
| 30102010307 | 劳动保护费 | |
| 30102010308 | 业务费 | |
| 30102010309 | 业务招待费 | |
| 30102010310 | 其他公用费 | |
| 301020104 | 专项经费 | |
| 30102010401 | 车辆购置费 | |
| 30102010402 | 设备购置费 | |
| 30102010403 | 修缮费 | |
| 30102010404 | 奖励基金 | |
| 30102010405 | 其他 | |
| 3010202 | 项目支出 | |
| 301020201 | 公路小修保养 | |

续上表

| 项目代码 | 项目名称 | 项目说明 |
| --- | --- | --- |
| 30102020101 | 养护人工费 | |
| 30102020102 | 养护公用费 | |
| 301020202 | 公路中修 | |
| 301020203 | 公路大修 | |
| 301020204 | 公路抢修 | |
| 301020205 | 公路改建 | |
| 301020206 | 新建公路补助 | |
| 301020208 | 绿化费 | |
| 301020209 | 道班房修建费 | |
| 301020210 | 机械设备购置费 | |
| 301020211 | 县乡公路补助费 | |
| 301020212 | 工程测设费 | |
| 301020213 | 职工宿舍建设费 | |
| 301020214 | 生产房屋建设费 | |
| 301020215 | 还贷支出 | |
| 301020216 | 科研及技术开发费 | |
| 301020217 | 教育培训费 | |
| 301020218 | 路况及交通量调查费 | |
| 301020219 | 路政管理费 | |
| 301020220 | 交通通信经费 | |
| 301020221 | 流动资金贷款利息 | |
| 301020222 | 其他费 | |
| 3010203 | 其他事业支出 | |
| 30103 | 专款支出 | 指定的非工程项目资金 |
| 30104 | 上缴上级支出 | |
| 30105 | 工程项目支出 | 工程项目的实际支出（按国有建设单位会计制度明细） |
| 3010501 | 建安投资 | |
| 3010502 | 基建拨款 | |
| 3010503 | 设备投资 | |
| 3010504 | 待摊投资 | |
| 3010505 | 器材采购 | |
| 3010506 | 采购保管费 | |
| 3010507 | 预付备料款 | |
| 3010508 | 预付工程款 | |
| 30106 | 基金支出 | |
| 3010601 | 专用基金 | |

# 第四章 资金监管网络平台的建立

资金监管网络平台的建立要满足省、市、县三级公路管理体系，以实现公路资金监管体系的数据交换与处理。

## 第一节 数据流程

建立本系统的主要目的是为全省公路系统各级管理部门提供对公路事业单位相关资金的来源及使用情况的监督与管理，达到对各项资金的实时监控。目前全省公路系统已基本实现了会计电算化，采用了标准的财务软件，在数据上报方面也取得了一定的经验。由于财务软件的功能是完成资金的核算，因此本系统将完成资金的管理功能。

本系统以全省公路系统为主要的应用对象，包括各级公路局、收费站、超限站、县乡处等。将应用对象分为省、市、县三级。通过逐级数据发布与上报汇总数据，及时反映各级部门对资金的使用情况和预算执行情况。首先将公路系统中的主要资金作为监管项目，建立监控体系。这些资金项目包括了公路系统的养路费收入、通行费收入、超限检测费收入、道路补偿收入、其他收入等，以及上述资金上缴财政后按年度预算拨付给公路部门的预算内资金和预算外资金。在系统设计中，采用统一的资金项目编码方式对全省各级公路部门的资金项目进行识别，为分析、比较奠定了基础。

系统数据库管理以省局数据库系统作为数据中心，各县、市数据均以省公路局数据库系统作为数据交换平台，通过省局数据中心实现接收与上报功能。其中市县通过数据中心实现接收数据的有养路费收入计划、通行费收入计划、养路费支出预算、通行费支出预算、养路费拨款、通行费拨款等，市县通过数据中心实现数据上报的指标有养路费收入和上解情况、通行费收入和上解情况、路政收入和上解情况、超限检测收入上解情况、养路费支出情况、通行费支出情况、路政收支情况等。

各级单位采集自身数据，发布（省、市）预算或计划数据。接收（市、县）上级单位下发数据，上报汇总数据。上报和接收数据的关系都以财务隶属关系为依据。这样获取的数据可以作为各级单位进行财务数据管理的基础。

公路系统的主要资金项目为：养路费资金，通行费资金，超限检测资金，道路补偿资金，路网项目建设资金等。公路事业单位资金监管网络系统以这些资金项目为对象，考察它在各级公路交通管理部门中的收支情况、预算执行情况等。

以养路费资金在省、市、县三级公路管理部门中的收支为例：省局为各市局下达养路费收入计划，各征收单位征收养路费并上缴省财政部门，财政部门按预算将资金拨付给省公路局，省公路局按预算拨付给市公路局，市公路局按预算将资金拨付给县公路局或项目建设单位。这样就完成一个资金流程。省、市、县各级公路管理部门就可以对本单位的养路费资金项目进行管理，监控收入计划完成情况、支出预算执行情况等。

总体设计思路：因为资金项目在各级公路系统中具有很强的统一性，因此，我们的总体设计思路为，在各级公路局考察各资金项目的收支、计划、预算完成情况，通过上下级之间上报和下发等手段完成数据在各级公路局之间的传输。在省公路局建立公共数据库，该数据库使用 MS SQL Server 为数据库管理系统，各级公路局系统用户下发和上报的数据都存放到该数据库中，以便于进行统一管理，维护系统数据的安全性。依据公路系统目前的计算机资源情况，统一使用主数据库有很大的难度，因此，为各级公路管理部门建立本地数据库系统，采用 MS Access 数据库管理系统，需要与主数据库交换数据时，一次性与主数据库进行数据交换。这样的做法能够很好地适应目前公路系统的网络资源状况。通过主数据库，将与自身有关联的数据下载到本地，就可以实现数据共享，为数据分析提供了基础数据准备。通过本系统的资金管理指标查询子系统，有权限的公路管理部门领导和人员可以查询这些分析数据和报表。本过程可以参看图 4-1-1。

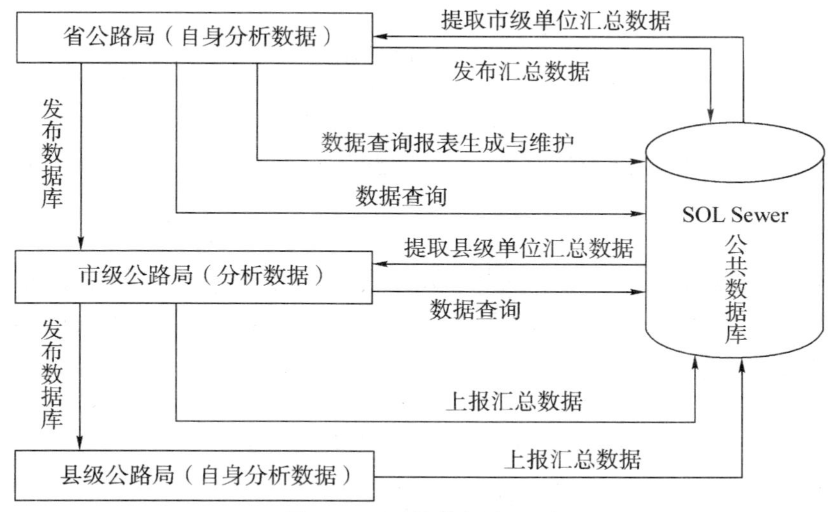


图 4-1-1　系统数据流程图

## 第二节　网络结构

网络系统由中心服务器、各地市网络系统、交通厅机关计算机和移动计算机构成，各市公路局有自己的网络系统和服务器。交通厅通信中心综合网络系统为中心服务器提供电力、网络安全，各市网络系统由本市网络平台提供安全保障。

网络结构见图4-2-1。

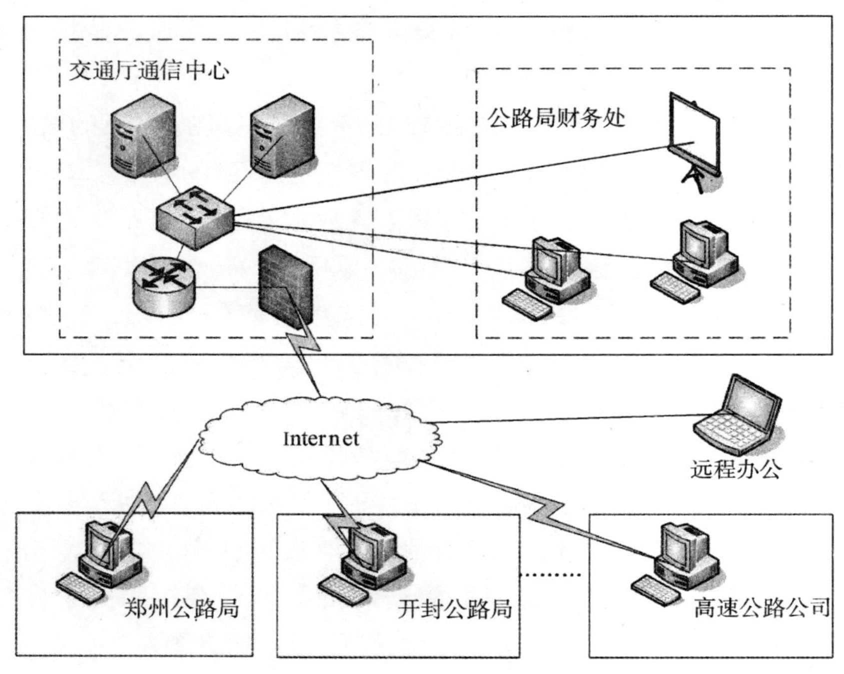


图4-2-1　网络结构

## 第三节　组织结构

资金监管系统建立在省、市、县三级单位之上，其组织结构如图4-3-1。省公路局下属各市公路局和高速公路管理公司（中心），各市公路局下属单位包括各县公路局和收费站。

省局领导
省局财务处
省级
郑州公路局
开封公路局
……
济源公路局
少洛高速公路管理中心
济洛高速公路管理中心
……
济焦高速公路管理中心
市级
市辖区公路局
巩义市公路局
荥阳市公路局
……
中牟县公路局
……
县级

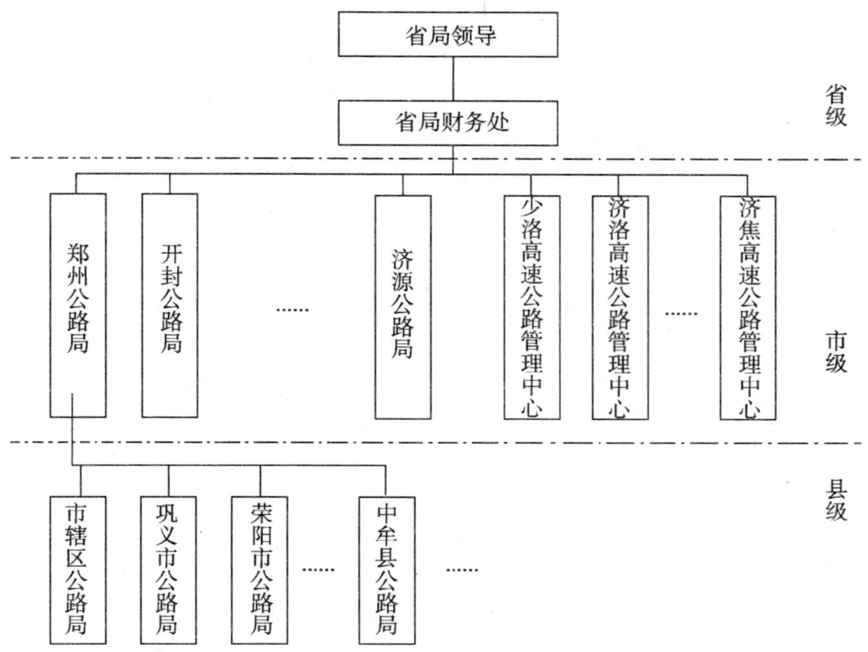

图 4-3-1 组织结构

# 第五章 资金监管系统数据库

资金监管系统数据库包括四大部分：代码库、资金项目数据库、项目分析库和报表数据库。代码库建立了本系统中所涉及的各类代码体系，如资金项目代码、单位代码、科目代码等；资金项目数据库存储各类资金相关的数据，如账务数据、预算数据、计划数据等；项目分析库是实现对资金项目数据进行分类分析的数据库，如收入资金、支出资金分类等数据；报表数据库则存储各类分析报表数据，如预算支出分析表等。

## 第一节 代码体系

本系统涉及的代码主要包括资金项目代码、管理单位代码、工程项目代码、账套代码和科目代码，其中科目代码在从账务系统中提取数据时自动生成，各单位的科目代码与历年账务数据是一致的，但各单位之间的科目代码会有一定的区别，特别是明细科目之间科目代码体系的区别更大。为了保持在同一口径下对各单位的资金项目进行分析，所以必须对各单位的数据进行归并，为此需要设计一套中间代码体系——资金项目代码体系，通过建立各单位的科目代码与资金项目代码之间的对应关系实现科目数据与项目数据的归并。

### 一、资金项目代码

资金项目代码对本系统所用到的所有资金项目按性质和关系进行了组织并设计了项目编码规则，使各类资金数据归并到相关的资金项目名下，以便进行分析。如对于现金科目，因财务核算体系的不同，公路事业单位如养路费、通行费使用233，而在建设单位（在建高速公路或干线公路项目）核算使用101，这样通过科目无法实现对现金的分析与比较。使用项目代码，建立“现金”这个资金项目，可以把各单位的现金科目数据归并到“现金”项目下，从而实现现金数据的对比分析。

资金项目代码使用分级代码体系，一级代码使用3位数字，每扩充一级代码增加2位数。如“支出项目”代码为301，其中的“事业支出”为30102。资金项目代码格式如图5-1-1。

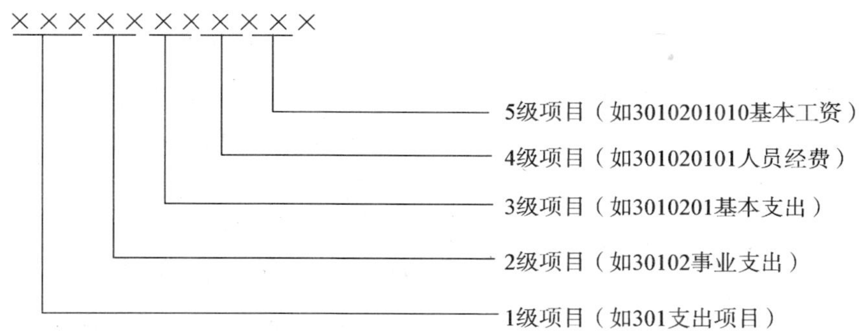


图5-1-1　资金项目代码结构

## 二、单位代码

单位代码用于区分各级管理单位，同时反映各单位之间的上下级关系，为此，同时使用分级代码体系建立单位代码表。由于各单位具有地域特点，在编制单位表时以该单位所在的行政区作为其编码。如表5-1-1为二级单位及省局单位代码表。

表5-1-1

| 单位代码 | 单位名称 |
|---|---|
| 41 | 河南省交通厅公路管理局 |
| 4100 | 省局机关 |
| 4101 | 郑州市公路管理局 |
| 4102 | 开封市公路管理局 |
| 4103 | 洛阳市公路管理局 |
| 4104 | 平顶山市公路管理局 |
| 4105 | 安阳市公路管理局 |
| 4106 | 鹤壁市公路管理局 |
| 4107 | 新乡市公路管理局 |
| 4108 | 焦作市公路管理局 |
| 4109 | 濮阳市公路管理局 |
| 4110 | 许昌市公路管理局 |
| 4111 | 漯河市公路管理局 |

续上表

| 单 位 代 码 | 单 位 名 称 |
| --- | --- |
| 4112 | 三门峡市公路局 |
| 4113 | 南阳市公路管理局 |
| 4114 | 商丘市公路管理局 |
| 4115 | 信阳市公路管理局 |
| 4116 | 周口市公路管理局 |
| 4117 | 驻马店市公路管理局 |
| 4181 | 济源市公路管理局 |
| 4182 | 济源至邵原高速公路公司 |
| 4183 | 安阳至南乐高速公路公司 |
| 4184 | 济源至焦作高速公路 |
| 4185 | 龙腾高速公路公司 |
| 4186 | 安阳黄河高速公司 |
| 4187 | 新乡黄河高速公司 |
| 4188 | 宛坪高速公路公司 |
| 4189 | 少林寺至洛阳高速公路管理中心 |
| 4190 | 济源至洛阳高速公路管理中心 |
| 4191 | 洛阳西南环城高速公路管理中心 |
| 4192 | 济源至焦作高速公路管理中心 |
| 4193 | 河南省少林寺至洛阳高速公路有限责任公司 |
| 4194 | 洛阳西南绕城高速公司 |

### 三、账套代码

账套为各单位财务核算的基本单位。在实际工作中，每个单位有多个账套（如养路费、通行费等），每个账套又分多个年度，所以账套代码不但要区别不同的账套，还要区别不同的年度。同时，由于账套必属于某一单位，所以在实际编码中不对账套进行单独的编码，而是与单位组合编码。同一单位的不同账套，使用连续的序号进行编码，每个账套每年使用一个编号编码以满足系统需要。

## 第二节　资金项目数据库

资金项目数据库反映本系统所处理的所有资金项目，同时定义各资金项目的属性，以便系统对各类资金进行归并与分析。系统中的各类分析数据及报表数据均来源于资金项目所对应的数据。资金项目数据库主要项目如表5-2-1。

表5-2-1

| 序　号 | 属性字段 | 说　明 |
|---|---|---|
| 1 | 项目代码 | |
| 2 | 项目名称 | |
| 3 | 下级项目数 | 反映该项目的所有直接下级项目个数 |
| 4 | 汇总项目 | 该项目数据是否从下级项目汇总数据生成 |
| 5 | 养路费征收 | 是否养路费征收资金项目 |
| 6 | 省管通行费征收 | 是否省管通行费征收项目 |
| 7 | 市管通行费征收 | 是否市管通行费征收项目 |
| 8 | 超限检测征收 | 路政部门所征收的超限检测费收支项目 |
| 9 | 超限检测支出 | |
| 10 | 道路补偿征收 | 路政部门所征收的道路损补偿费收支项目 |
| 11 | 道路补偿支出 | |
| 12 | 专项资金征收 | 专项资金（如专用线养护）收支项目 |
| 13 | 专项资金支出 | |
| 14 | 项目资金拨入 | 干线公路或高速公路建设或大中修项目资金收支项目 |
| 15 | 项目资金支出 | |
| 16 | 养路费收入 | 养路费收入指财政补助收入或上级拨入资金项目 |
| 17 | 养路费支出 | |
| 18 | 通行费收入 | 通行费收入指财政补助收入或上级拨入资金项目 |
| 19 | 通行费支出 | |
| 20 | 最明细项 | 反映该项目是否最终的明细，明细项可以输入数据 |
| 21 | 项目说明 | |

资金项目数据库中的属性用于说明该项目所反映的资金的性质，以及该项目资金如何进行处理。如对于“养路费收入”资金在处理养路费时显示，而处理通行费时该项目不再显示。又如“最明细项”资金在数据输入或数据提取时使用，而非最明细项目资金则不会得到处理。

## 第三节　数据分析数据库

要完成数据分析，需要三个步骤：从账套中提取数据，输入其他数据，完成数据分析。数据分析数据库的设计需要实现以上的分析过程中所有需要使用的数据库系统。

数据分析数据库分三类：一类为数据提取相关的数据库，一类为中间过程数据库，一类为分析结果数据库。数据提取数据库完成数据提取及提取方法定义相关的数据存储，提取的数据结果保存在中间过程数据库中，需要录入的数据则直接输入到中间过程数据库中，在完成数据准备后从中间数据库进行处理生成分析结果数据库。

## 一、数据提取相关数据库

接口账套：定义各单位账套及账套属性数据库，主要字段有账套名称、账套年度、数据日期、取数日期、账套文件等。

凭证库：保存各账套凭证数据库，主要字段有凭证日期、凭证字、凭证号、摘要、会计科目、发生额等。

科目库：保存各账套会计科目数据库。每个账套只保存一套会计科目体系，而且是最后一次从账套取数的科目体系，主要字段有科目代码、科目名称等。

余额库：保存各账套科目余额数据库，包括期初余额、本期发生额、累计发生额和期末余额。

账套连接参数数据库：该数据库定义了如何从账套数据库中提取数据并对应到资金项目上，通过该数据库实现了从科目向资金项目的过渡。主要字段有科目代码、对应项目代码、取数方式、取数类型等。取数方式定义了如何从账上取数，取数类型则定义了从账上取哪一个数据。

## 二、中间过程数据库

接口账套连接数据：从账上提取的资金项目数据保存在该数据库中，并按月进行保存，以便随时可以进行数据分析与处理。

## 三、数据分析数据库

数据分析数据库建立了数据分析原始数据表，通过这些表可以生成各类资金分析报表。数据分析数据库保存了每个月的原始数据，通过按月汇总则可以生成各月的累计数据。每个表中保存了最基本的数据项，通过这些项目的组合比较完成数据分析。如养路费预算支出分析表可以使用“养路费支出预算表”和“养路费支出情况表”的对应数据进行对比分析获得。数据分析数据库主要有如下 10 个数据表。

（1）收入资金完成情况表

（2）收入资金计划表

（3）通行费支出预算表

（4）通行费支出情况表

（5）通行费拨款情况表

（6）养路费拨款情况表

（7）养路费支出预算表

（8）养路费支出情况表

（9）养路费其他资金

（10）高速公路运营成本对比分析表

## 第四节　报表数据库

由于系统的数据获得需要借助于各单位及时的数据上报与汇总，所以系统数据经常处在更新中，为了使数据查询与分析具有及时性，则所查询报表必须与数据一样及时更新。如果设计专门的报表数据库则需要该数据库也必须及时更新，这样一方面增加了系统开销，另一方面增加了系统设计的难度。为此，在报表数据库的设计中，选择了临时表作为报表数据查询数据来源，即在用户查询时根据用户操作临时生成报表数据库，在用户查询结束后删除刚生成的数据库。报表数据库与系统所提供的报表完全一致，请参阅报表系统说明。

# 第六章 报表分析

资金管理按类型分养路费、通行费、在建项目以及其他资金等资金项目，在资金管理中以收入、上解与计划完成情况为主要分析指标进行分析。资金管理按资金性质进行分类管理，相关管理方式、指标、分析方案和分析模块使用表格表达。

## 第一节 养路费资金分析报表

养路费资金主要用于省、市、县三级公路部门的养路费财政补助收入、养路费支出与预算。在养路费资金管理中，重点监管预算与支出的执行情况和预算与拨款的执行情况等。养路费资金主要用于单位自身支出和拨付下级单位。

### 一、河南省公路系统养路费支出预算录入表

（1）反映并输入养路费本年度的拨款与支出预算。

（2）省局按支出项目对本年财政预算进行分解，对分解后的结果下发各市公路部门。

（3）在对项目分解过程中，部分项目只对某类总体支出进行了分配，在一类项目中明细可能没有分配。

（4）省级单位根据对市级单位的预算分配表如表 6-1-1。

表 6-1-1

| 单　位 | 本年预算 | 小修保养 | 大中修 | … |
|---|---|---|---|---|
| 河南省公路管理局 | | | | |
| 省局机关 | | | | |

续上表

| 单 位 | 本年预算 | 小修保养 | 大中修 | … |
|---|---|---|---|---|
| 郑州市公路管理局 | | | | |
| 开封市公路管理局 | | | | |
| 洛阳市公路管理局 | | | | |

年 月

预算分配表应按报表格式分层录入。分报表体现层次性，表 1 为汇总表，录入基本支出预算，养护工程项目预算，养护事业发展预算；表 2-4 分别为基本支出，养护工程项目，养护事业发展制定预算，明细项目预算不超过汇总项目预算。

（5）市级单位接收省局所下达的本单位养路费预算并对下级单位分解预算。其中市级单位不能修改本市预算，如表 6-1-2。

表 6-1-2

| 单 位 | 本年预算 | 小修保养 | 大中修 | … |
|---|---|---|---|---|
| 郑州市公路管理局 | | | | |
| 巩义市公路段 | | | | |
| 郑州市公路管理分局 | | | | |
| 荥阳市公路段 | | | | |
| … | | | | |

年 月

（6）县级单位接收养路费收入预算但不能修改。

（7）省局对市局预算项目主要有养护工程费（包括小修保养、改建改善工程费、养护改善工程测设费等）、养护事业发展费（包括教育培训费、路况及交通量调查费、公路事业经费等）。公路事业经费包括基本支出等项目，其中的离退休人员经费预算单独列出（包括个人支出和公用支出）。

（8）市公路局对市局机关和各县预算项目有养护工程费（小修保养等）、养护事业发展费（厂场建设费等）、养护其他费（功能保险、精神文明建设等）、其他支出（如不可预见费、流资贷款等），同时市公路局按性质对预算进行明细分解，其中有养护人员人工费预算（对应科目 5040201）、养护人员公务费预算（对应科目 5040202）、经费支出预算（对应科目 50401）等。

## 二、河南省公路系统财政补助收入

（1）反映并输入养路费本年度的财政补助收入情况。

（2）数据来源：财政补助收入科目（401）的贷方金额。

（3）数据存储：省局只在本地保存全省数据，各地市、县数据上传至省局数据库中，市级单位下载所属县级单位数据。

（4）拨款按项目进行了一定层次的分解，但并没有分解到明细项目。一般设有项目：基本支出拨款、项目支出拨款（包括路政补贴、大修、中修、交调费、教育经费、道班房、测设费等），有些单位有自定义项目如项目结余（濮阳）等。

（5）各单位财政补助收入资金来源情况表：反映上级拨入各单位的财务补助收入情况，如表6-1-3。

表6-1-3

| 单位名称 | 本年预算 | 本期财政拨入 | 累计财政拨入 | 财政拨入预算比（%） |
|---|---|---|---|---|
| 河南省公路局 | | | | |
| 局机关 | | | | |
| 郑州市公路局 | | | | |
| 许昌市公路局 | | | | |
| 商丘市公路局 | | | | |
| … | … | … | … | … |

年　月

（6）河南省公路局机关项目财政补助收入资金来源情况表：反映各具体项目的财政补助收入，如表6-1-4。

表6-1-4

| 项目名称 | 本年预算 | 本期财政拨入 | 累计财政拨入 | 财政拨入预算比（%） |
|---|---|---|---|---|
| 拨出经费 | | | | |
| 事业支出 | | | | |
| … | | | | |

年　月

## 三、河南省公路系统养路费拨款表

（1）反映并输入省市养路费本年度向下级单位拨款情况。

（2）数据来源：拨出经费（501）的借方明细。

（3）河南省养路费拨款情况，如表6-1-5。

表 6-1-5

| 单位名称 | 本年预算 | 本期拨款 | 本期累计拨款 | 本年累计拨款占预算数（%） |
| --- | --- | --- | --- | --- |
| 河南省公路局 | | | | |
| 局机关 | | | | |
| 郑州市公路局 | | | | |
| 许昌市公路局 | | | | |
| 商丘市公路局 | | | | |
| … | … | … | … | … |

年　　月

## 四、河南省公路系统养路费支出情况表

（1）反映并输入省市县养路费本年度各项费用支出情况。

（2）省级单位根据表 6-1-6 导入省局机关养路费支出情况表。

表 6-1-6

| 项　目 | 本期支出 | 累计支出 | 已完项目节超 | 未完工程结转 |
| --- | --- | --- | --- | --- |
| 事业支出 | | | | |
| 人员经费 | | | | |
| 公用经费 | | | | |
| 专项经费 | | | | |
| …… | | | | |

年　　月

（3）市、县级单位根据表 6-1-7 导入全市养路费拨款数据。

表 6-1-7

| 单　位 | 本期支出 | 累计支出 | 已完项目节超 | 未完工程结转 |
| --- | --- | --- | --- | --- |
| 基本支出 | | | | |
| 人员经费 | | | | |
| 公用经费 | | | | |
| 专项经费 | | | | |
| 小修保养 | | | | |
| …… | | | | |

年　　月

（4）数据来源：对应事业支出（504）相应项目借方。

（5）数据存储：省局只在本地保存全省数据，各地市、县数据上传至省局数据库中，市级单位从省局数据库中下载所属各县数据。

（6）省局机关由单独的机关账务处理，各地市直接在养路费账套中核算机关的支出。

## 五、河南省公路系统养路费预算执行情况表（按单位分析）

（1）反映省市县养路费本年度各项费用支出与预算执行情况。

（2）层次关系：项目层次关系和单位层次关系。表6-1-8～表6-1-11反映了项目层次关系的分析查询方式汇总表，如表6-1-8。

表6-1-8

| | 本年预算 | 本期支出 | 本年累计支出 | 比去年% |
|---|---|---|---|---|
| 拨出经费 | | | | |
| 事业支出 | | | | |
| 专款支出 | | | | |
| 上缴上级支出 | | | | |
| 工程项目支出 | | | | |
| 基金支出 | | | | |
| 拨出专款 | | | | |

年　月

河南省养路费支出预算执行情况汇总表-事业支出。

河南省养路费支出情况汇总表-事业支出-基本支出，如表6-1-9。

表6-1-9

| 项　目 | 预　算 | 本期支出 | 累计支出 | 去年同期 | 去年累计 | 执行预算% | 比去年% |
|---|---|---|---|---|---|---|---|
| 人员经费 | | | | | | | |
| 公用经费 | | | | | | | |
| 专项经费 | | | | | | | |

年　月

河南省养路费支出情况汇总表-事业支出-基本支出-人员经费，如表6-1-10。

表6-1-10

| 项　目 | 预　算 | 本期支出 | 累计支出 | 去年同期 | 去年累计 | 执行预算（%） | 比去年（%） |
|---|---|---|---|---|---|---|---|
| 基本工资 | | | | | | | |
| 补助工资 | | | | | | | |
| 其他工资 | | | | | | | |
| 职工福利费 | | | | | | | |
| 工会经费 | | | | | | | |
| 医疗保险费 | | | | | | | |

续上表

| 项目 | 预算 | 本期支出 | 累计支出 | 去年同期 | 去年累计 | 执行预算（%） | 比去年（%） |
|---|---|---|---|---|---|---|---|
| 离退休个人支出 | | | | | | | |
| 离退休公用支出 | | | | | | | |
| 住房公积金 | | | | | | | |
| 社会保险费 | | | | | | | |

年　　月

对所有资金项目列出形成的报表。

（3）在分析表中，提供按单位进行选择的命令，并且单位具有相应的层次关系，如表6-1-11。

表6-1-11

| 层次关系 | 层次关系 |
|---|---|
| 河南省公路管理局 | 巩义市公路管理局 |
| 省公路局局机关 | 荥阳市公路管理局 |
| 郑州市公路管理局 | …… |
| 郑州市公路管理局局机关 | 开封市公路管理局 |

年　　月

（4）数据来源：本地数据库。

（5）预算执行情况表按预算项目查找支出项目，并按预算的粗细程序对项目进行合并，生成与预算一致的查询报表。支出报表则按支出项目来显示数据，当项目有对应的预算时则显示，当没有预算时则不显示，其侧重点在分析时不一致。支出情况汇总与明细表的表格与预算表一致，但项目不一致，不再说明。

## 六、河南省公路系统养路费项目预算执行情况明细表（按项目分析）

（1）河南省公路系统养路费预算执行情况汇总表按单位项目明细处理，如表6-1-12为某一资金项目的预算执行情况。

表6-1-12

| 单位 | 本年预算 | 本期支出 | 累计支出 | 去年同期 | 去年累计 | 完成预算% | 比去年累计% |
|---|---|---|---|---|---|---|---|
| 河南省公路管理局 | | | | | | | |
| 省局机关 | | | | | | | |
| 郑州市公路管理局 | | | | | | | |
| 开封市公路管理局 | | | | | | | |
| 洛阳市公路管理局 | | | | | | | |
| …… | | | | | | | |

年　　月

（2）市公路局预算执行情况表如表6-1-13。

表6-1-13

| 单　位 | 本年预算 | 本期支出 | 累计支出 | 去年同期 | 去年累计 | 完成预算% | 比去年累计% |
|---|---|---|---|---|---|---|---|
| 郑州市公路管理局 | | | | | | | |
| 巩义市公路段 | | | | | | | |
| 郑州市公路管理分局 | | | | | | | |
| 荥阳市公路段 | | | | | | | |
| …… | | | | | | | |

年　月

（3）县公路局没有对应表格。

（4）数据来源：本地数据库。

## 七、河南省公路系统养路费拨款情况明细表

（1）反映省市县养路费本年度拨款执行情况。

（2）省局机关拨款执行情况表如表6-1-14。

表6-1-14

| 单　位 | 年度预算 | 拨入情况 | | 拨出情况 | | 欠拨资金 | 对比分析 | | 备注 |
|---|---|---|---|---|---|---|---|---|---|
| | | 当月拨入 | 累计拨入 | 当月拨出 | 累计拨出 | | 拨入预算比 | 累计拨入拨出比 | |
| 河南省公路局 | | | | | | | | | |
| 省局机关 | | | | | | | | | |
| 郑州公路局 | | | | | | | | | |
| 许昌公路局 | | | | | | | | | |
| 洛阳公路局 | | | | | | | | | |
| 商丘公路局 | | | | | | | | | |
| … | | | | | | | | | |

年　月

（3）省局财政补助收入指财政厅拨款，从省局账套提取；各下属单位财政补助收入通过下级单位上报数据得到；拨出经费全部从省局数据库中提取。使用该表可以实现上下级对账业务处理。

（4）市局报表与省局报表相同，下级单位为所属县级公路部门。县局报表格式相同但没有下级单位。

（5）数据来源：本地数据库。

（6）可以根据实际情况分析是否增加支出情况（省局拨出与自用关系、市局拨款与自用关系和县局经费支出关系）。

## 八、河南省公路系统养路费拨款与支出情况比较表

（1）反映省市县养路费本年度拨款与支出执行情况。

（2）省局和市局拨款执行情况表如表6-1-15。

表6-1-15

| 单　位 | 预　算 | 上级拨款 | | 拨出经费 | | 支出 | | 未完工程结转 | 已完项目结余 |
|---|---|---|---|---|---|---|---|---|---|
| | | 本月 | 本年 | 本月 | 本年 | 本月 | 本年 | | |
| 河南省公路管理局 | | | | | | | | | |
| 省局机关 | | | | | | | | | |
| 郑州市公路管理局 | | | | | | | | | |
| 开封市公路管理局 | | | | | | | | | |
| 洛阳市公路管理局 | | | | | | | | | |
| …… | | | | | | | | | |

年　　月

（3）省局财政补助收入指财政厅拨款，从省局账套提取；各下属单位财政补助收入通过下级单位上报数据得到；拨出经费全部从省局数据库中提取。用该表可以实现上下级对账业务处理。

（4）市局报表与省局报表相同，下级单位为所属县级公路部门。县局报表格式相同但没有下级单位。

（5）数据来源：本地数据库。

（6）拨款情况比较表按拨款项目进行显示，而不是按项目情况进行显示。

# 第二节　通行费资金分析报表

通行费资金按省管通行费和市管通行费管理条例分别进行管理。通行费的管理，针对的是全省公路局和收费站，其执行的会计制度和业务处理流程与养路费相同。

（一）河南省公路系统通行费支出预算录入表

（二）河南省公路系统通行费财政补助收入

（三）河南省公路系统通行费拨款表

（四）河南省公路系统通行费支出录入表

（五）河南省公路系统通行费预算执行情况汇总表

（六）河南省公路系统通行费项目预算执行情况明细表

（七）河南省公路系统通行费拨款情况汇总表

（八）河南省公路系统通行费拨款与支出情况比较表

（九）局管高速公路运营成本分析表，如表6-2-1。

表 6-2-1

| 项目名称（科目） | 本年支出合计 | 占总支出比例% | 平均单位运营成本 | 济焦高速公路 | | | 少洛高速公路 | | | 洛阳西南绕城高速公路 | | | … | | |
|---|---|---|---|---|---|---|---|---|---|---|---|---|---|---|---|
| | | | | 本年支出 | 占总支出比例% | 单位运营成本 | 本年支出 | 占总支出比例% | 单位运营成本 | 本年支出 | 占总支出比例% | 单位运营成本 | 本年支出 | 占总支出比例% | 单位运营成本 |
| 项次 | 1 | 2 | 3 | 4 | 5 | 6 | 7 | 8 | 9 | 10 | 11 | 12 | 13 | 14 | 15 |
| 通车里程（千米） | | | | | | | | | | | | | | | |
| 职工人数 | | | | | | | | | | | | | | | |
| 机关管理人员 | | | | | | | | | | | | | | | |
| 路政人员 | | | | | | | | | | | | | | | |
| 征收人员 | | | | | | | | | | | | | | | |
| 事业收入 | | | | | | | | | | | | | | | |
| 事业支出 | | | | | | | | | | | | | | | |
| 1. 还贷支出 | | | | | | | | | | | | | | | |
| 2. 基本支出 | | | | | | | | | | | | | | | |
| 3. 小修保养 | | | | | | | | | | | | | | | |
| 4. 征收经费 | | | | | | | | | | | | | | | |
| 5. 路政管理费 | | | | | | | | | | | | | | | |
| 6. 其他支出 | | | | | | | | | | | | | | | |
| 综合运营成本 | | | | | | | | | | | | | | | |

年　　月

注：1. 基本支出单位运营成本 = 基本支出 ÷ 职工人数；

2. 小修保养、征收经费、路政管理费单位运营成本 = 小修保养、征收经费、路政管理费 ÷ 管辖里程；

3. 综合运营成本 =（总支出-还贷支出）÷ 管辖里程。

# 第三节　在建项目资金分析报表

公路在建项目资金以工程项目为单位进行单独核算，其中重点核算工程项目资金到位情况、资金使用情况和预算执行情况。

## 一、项目定义

对工程项目进行基本定义，包括：项目名称、总体预算、开工日期、预期完工日期、投入资金来源等。例如，商丘市公路局以业主方式承建 S-232 公路建设项目，项目总投资 1.5 亿元。其中 1 亿元资金来自于交通银行商丘分行，0.2 亿元来自于上级省公路局项目拨款，0.3 亿元为商丘市配套资金。这些项目都可以在该项目中定义。国有建设单位会计制度相关资金项目、资金项目设置与科目体系相同，如表 6-3-1。

表 6-3-1

| 科目代码 | 科目名称 | 科目类别 | 数据来源 | 说明 |
| --- | --- | --- | --- | --- |
| 101 | 建筑安装工程投资 | 支出类科目 | 对应科目借方 | 工程项目明细 |
| 102 | 设备投资 | 支出类科目 | 对应科目借方 | |
| 103 | 待摊投资 | 支出类科目 | 对应科目借方 | 应该分摊到各在建或维护项目上 |
| 104 | 其他投资 | 支出类科目 | 对应科目借方 | |
| 301 | 基建拨款 | 收入类科目 | | |
| | 上级拨款 | | | |
| | 养路费资金 | | 对应科目贷方 | 资金项目类 |
| | 通行费资金 | | 对应科目贷方 | 资金项目类 |
| | 其他上级资金 | | | |
| | 地市配套 | | 对应科目贷方 | 资金项目类 |
| | 单位自筹 | | 对应科目贷方 | 资金项目类 |
| | 其他资金 | | 对应科目贷方 | |
| 304 | 基建投资借款 | 收入类科目 | 对应科目贷方 | 对应为银行借款，工程明细 |
| 305 | 上级拨入投资借款 | 收入类科目 | 对应科目贷方 | 对应为转贷资金 |
| 306 | 其他借款 | 收入类科目 | 对应科目贷方 | 对应为转贷资金 |

年　　月

## 二、相关报表

（1）工程项目资金来源情况表，如表6-3-2。

表6-3-2

| 工程项目 | 承建单位 | 项目总预算 | 银行贷款 | | | 地市配套 | | | 单位自筹 | | | 其他来源 | | | 到位资金合计 | 已支项目资金 | 结余资金 | 备注 |
|---|---|---|---|---|---|---|---|---|---|---|---|---|---|---|---|---|---|---|
| | | | 贷款额 | 已拨贷款 | 到位率 | 预算 | 已拨资金 | 到位率 | 预算 | 已拨资金 | 到位率 | 预算 | 已拨资金 | 到位率 | | | | |
| | | | | | | | | | | | | | | | | | | |
| | | | | | | | | | | | | | | | | | | |
| | | | | | | | | | | | | | | | | | | |
| | | | | | | | | | | | | | | | | | | |
| | | | | | | | | | | | | | | | | | | |
| 合计 | | | | | | | | | | | | | | | | | | |

年　月

（2）工程项目资金支出情况表，如表6-3-3。

表6-3-3

| 工程项目 | 承建单位 | 项目总预算 | 项目已到位资金 | 已支项目款合计 | 支付率 | 建安投资 | | | 设备投资 | | | … | | | 结余资金 | 备注 |
|---|---|---|---|---|---|---|---|---|---|---|---|---|---|---|---|---|
| | | | | | | 预算 | 已支付 | 支付率 | 预算 | 已支付 | 支付率 | 预算 | 已支付 | 支付率 | | |
| | | | | | | | | | | | | | | | | |
| | | | | | | | | | | | | | | | | |
| | | | | | | | | | | | | | | | | |
| | | | | | | | | | | | | | | | | |
| … | | | | | | | | | | | | | | | | |
| 合计 | | | | | | | | | | | | | | | | |

年　月

## 第四节　其他资金分析报表

其他资金管理指超限检测资金管理、道路补偿资金管理和专款资金管理（指交通部补助、其他单位拨款）等。

## 一、超限检测资金和道路补偿资金

对检测资金和道路补偿资金，系统提供收入数据输入模块管理、收入资金上解模块管理，对返还资金控制其支出与拨付情况。

### 1. 超限检测资金

分析超限检测费财政返还后的支用情况。根据各地市使用情况不同，如果为超限检测资金设置了专门的账套，那么支出可以分析，分析方法与养路费相同。

数据来源：超限检测收入的数据来源为事业收入-市财政-超限检测资金（或相关科目，各地市的明细科目可能不一致）贷方，事业收入-省公路局-超限检测资金贷方，按如下格式导入或录入，如表6-4-1。

表6-4-1

| 超限检测资金 | 本期市财政返还 | 本期省局返还 |
|---|---|---|
| | | |

年　　月

### 2. 道路补偿资金

分析道路补偿资金返还后的支用情况。如果建立了专门的道路补偿资金的账套，可以分析支出，否则只能分析收入，分析方法与养路费资金分析方法相同。

数据来源：数据来源为事业收入-市财政-道路补偿收入或事业收入-道路补偿收入的贷方（或相关科目，各地市的明细科目可能不一致）。按表6-4-2格式导入或录入。

表6-4-2

| 道路补偿资金 | 本期市财政返还 |
|---|---|
| | |

年　　月

## 二、专款资金

对专款资金的管理，系统提供专款资金的输入与拨付情况的管理。专款资金拨到公路建设项目后作为项目资金的一个方面进行核算，不再对其支出进行单独的核算处理。

数据录入表如表6-4-3。

表6-4-3

| 专款项目 | 本期拨入 | 本期支出 |
|---|---|---|
| | | |

年　　月

数据来源：本期拨入对应拨入专款-贷方。

本期支出：专款支出和拨出专款的贷方合计。

分析报表如表6-4-4。

表6-4-4

编制单位：　　　　专款项目：　　　年　　月　　日　　　　　　　　单位：万元

| 单位名称 | 上级拨入 | | 实际支出 | | 结　余 | 备　注 |
|---|---|---|---|---|---|---|
| | 本期 | 累计 | 本期 | 累计 | | |
| 郑州公路局 | | | | | | |
| 许昌公路局 | | | | | | |
| 洛阳公路局 | | | | | | |
| 商丘公路局 | | | | | | |
| … | | | | | | |
| 合计 | | | | | | |

年　　月

## 第五节　财务指标综合分析报表

财务指标综合分析报表如表6-5-1。

表6-5-1

| 序　号 | 项　　目 | 指　标 |
|---|---|---|
| 1 | 经费自给率 | |
| | $$经费自给率=\frac{事业收入+经营收入+附属单位上缴收入+其他收入}{事业支出+经营支出}\times 100\%$$ | |
| 2 | 人员支出、公用支出占事业支出比率 | |
| | $$人员支出比率=\frac{人员支出}{事业支出}\times 100\%$$ $$公用支出比率=\frac{公用支出}{事业支出}\times 100\%$$ | |
| 3 | 收入结余率 | |
| | 收入结余率＝（当年结余总额÷当年收入总额）×100% | |

续上表

| 序 号 | 项 目 | 指 标 |
|---|---|---|
| 4 | 资产负债率 | |
| 资产负债率 =（负债总额 ÷ 资产总额）×100% | | |
| 5 | 收入增长率 | |
| 收入增长率 = [（当年总收入 − 上年总收入）÷ 上年总收入] ×100% | | |
| 6 | 总资产增长率 | |
| 总资产增长率 =（本年总资产增长额 ÷ 年初资产总额）×100% | | |
| 7 | 小修保养单位成本 | |
| 单位成本 = 小修保养总成本 ÷ 里程<br>$成本降低率 = \frac{上年实际单位成本 - 本年实际单位成本}{上年实际单位成本} \times 100\%$ | | |
| 8 | 公路大修单位成本 | |
| 大修单位成本 = 大修总成本 ÷ 大修里程 | | |
| 9 | 收入债务比率 | |
| 收入债务比率 =（年内到期债务本金和利息 ÷ 年还贷收入）×100% | | |
| 10 | 债务偿还比率 | |
| 债务偿还比率 =（累计已偿还债务本金 ÷ 全总债务本金）×100% | | |

年 月

**说明：**

（1）经费自给率

经费自给率是用于衡量事业单位组织收入的能力和收入满足经常性支出程度的指标。经费自给率的计算公式为：

经费自给率 =（事业收入 + 经营收入 + 附属单位上缴收入 + 其他收入）÷（事业支出 + 经营支出）×100%

（2）人员支出、公用支出占事业支出比率

该指标是反映事业单位支出结构的指标。人员支出是指事业支出中用于人员开支的部分，包括职工工资和补助工资、职工福利费、社会保障费等；公用支出是指事业支出中用于公共开支部分，包括公务费、业务费、设备购置费、修缮费和其他费用。人员支出、公用支出占事业支出比率的计算公式如下：

$$人员支出比率 = \frac{人员支出}{事业支出} \times 100\%$$

$$公用支出比率 = \frac{公用支出}{事业支出} \times 100\%$$

（3）收入结余率

收入结余率是指事业单位本年结余与本年实际收入总额的比率。收入结余率指标用于衡量事业单位收入的实际积累程度。该指标的计算公式如下：

收入结余率 =（当年结余总额 ÷ 当年实际收入总额）×100%

其中：结余总额包括事业结余和经营结余，收入总额包括财政补助收入、上级补助收入、事业收入、经营收入、附属单位上缴收入和其他收入。

（4）资产负债率

资产负债率是指事业单位一定时期终了资产总额与负债总额的比率。该项财务指标可用于衡量事业单位利用债权人提供的资金开展业务活动的能力。资产负债率的计算公式如下：

资产负债率 =（负债总额 ÷ 资产总额）×100%

（5）收入增长率

该指标反映事业单位自身组织收入的增长情况，是指事业单位当年所取得的非财政和上级补助收入的增长额同上年度非财政和上级补助收入合计数之间的比率。该比率的计算公式如下：

收入增长率 =［（当年总收入 − 上年总收入）÷ 上年总收入］×100%

其中：总收入是指非财政和上级补助收入，包括事业收入、经营收入、附属单位上缴收入和其他收入。

（6）总资产增长率

总资产增长率是指事业单位本年总资产增长额同年初资产总额的比率。总资产增长率衡量事业单位本期资产规模的增长情况，评价事业单位业务规模总量上的扩张程度。总资产增长率的计算公式如下：

总资产增长率 =（本年总资产增长额 ÷ 年初资产总额）×100%

其中：本年总资产增长额 = 本年年末资产总额 − 本年年初资产总额

（7）公路小修保养单位成本和成本降低率

小修保养单位成本是指按照不同道路等级（高速公路、一级公路、二级公路和其他公路）以及路面条件（水泥路面、黑色路面、沙石路面、改良土路面等）所计算的公路小修保养成本总额与小修保养公路总里程的比值。单位小修保养成本的计算公式如下：

某路面种类单位成本 = 某路面种类的实际小修保养总成本 ÷ 该路面种类实际小修保养总里程

其中：某路面种类的实际小修保养总成本，包括公路小修保养过程中发生的人工费、材料费、机械使用费、工具费、民工建勤费和其他费的支出。

小修保养成本实际降低率的计算公式如下：

$$\text{某路面种类成本降低率} = \left[\frac{(\text{上年实际单位成本} - \text{本年实际单位成本})}{\text{上年实际单位成本}}\right] \times 100\%$$

（8）公路大修单位成本

公路大修单位成本是指某等级的公路按规定进行大修理平均每千米支付的大修理成本。该指标反映了当某公路小修保养单位所管理的公路在大修期来临时，应当通过筹措多少资金满足公路大修理的资金需求。公路大修单位成本的计算公式如下：

$$\begin{array}{c}\text{某道路等级的公路}\\\text{大修单位成本}\end{array}=\frac{\text{某道路等级公路大修理成本总额}}{\text{该等级公路大修总里程}}$$

其中：公路大修理工程成本总额包括公路小修保养单位实际支付的人工费、材料费、机械使用费、其他直接费和施工管理费。

（9）收入债务比率

收入债务比率反映了特定年份用还贷收入偿还到期债务的能力。其计算公式如下：

$$\text{收入债务比率}=\left(\frac{\text{年内到期债务本金和利息}}{\text{年还贷收入}}\right)\times 100\%$$

其中：还贷收入是指公路事业单位收取的通行费收入抵补公路养护支出和收费管理支出后的余额。

（10）债务偿还比率

债务偿还比率反映了特定年度终了累计已偿还债务本金占全部债务本金的比例关系，其计算公式如下：

$$\text{债务偿还比率}=\left(\frac{\text{累计已偿还债务本金}}{\text{全部债务本金}}\right)\times 100\%$$

# 第七章 资金监管系统构成

公路事业单位资金监管网络系统实现了对公路系统各类资金流转的监控与分析。公路系统的各类资金具有固定的流程，所以在系统模块设计中，结合公路系统资金类别进行相关的设计与分析，最后形成整体的资金管理系统和分析指标系统。系统分五大模块：客户端模块、服务器端模块、数据查询模块、数据录入模块、数据提取与上报模块。

## 第一节 客 户 端

客户端应用于各下级单位进行监管资金项目定义与数据提取方法定义。客户端运行于各下级单位的本地计算机，由各单位根据本单位的情况进行自行定义与设置。客户端主要功能包括资金项目定义、单位定义、账套定义、账套项目对应关系定义。

### 一、资金项目定义

资金项目定义对本系统所用到的所有资金项目按性质和关系进行了组织并设计了项目编码规则。

资金的包含关系在资金项目代码中进行了反映，资金项目代码参考了财务科目编码方案进行编码，使财务人员更容易接受。

在资金项目中，部分项目属本单位自行掌握的资金项目，不需要向上级单位上报，通过设置是否上报可以选择下属单位上报资金项目的内容。

项目类别：对资金项目按收入资金、资金来源和资金支出进行划分，收入资金指养路费、通行费等收入后上解的资金项目，资金来源指由财政补助的公路单位事业经费或专项目资金等，资金支出指由公路部门支出的用于公路建设或经费的资金。三类资金在管理中的侧重点不同，收入资金管理重点在上解与计划管理，资金来源重点在拨付与预算管理，资金支出重点在预算执行管理。

项目数据来源：项目数据来源定义了与本资金项目相关的数据获取方式，如账上取数方式、手工录入方式、数据导入方式等。

是否可以设置明细用于定义本项目的下级明细；是否可以由下级单位根据需要进行增加与修改，通过自定义项目实现新的管理指标的处理。

## 二、单位定义

单位定义实现对公路部门各级单位的隶属关系的定义，通过单位的上下级关系，对项目指标实施发布与上报。

单位代码：使用全省统一代码的方式定义各单位的代码，代码中反映了各单位的上下级隶属关系。如省局使用41，省局机关使用4101，郑州市使用4102，市局机关使用410101，巩义市使用410111，赵家桩收费站使用410151 等。

单位性质：单位性质分省局、省局机关、市局、市局机关、县段、省管收费站、市管收费站等。

## 三、账套定义

账套定义实现本系统与账套间数据连接的概念定义。通过账套定义，系统可以实现资金类型与账套的连接方式定义，主要有如下内容：

（1）账套文件定义与资金项目对应的账套文件名。

（2）账套当前日期定义系统最后一次连接账套时账套的当前日期。

（3）账套性质定义：账套在资金监管网络系统中的类型，主要有养路费支出账、通行费支出账、公路建设项目核算账、超限与路政赔偿账等（收入纳入会计电算化的有养路费收入账套和省、市通行费账套）。

（4）账套数据提取方式，分自动提取与手工提取方式。自动提取在系统打开时自动从账套中取数，手工方式需执行数据提取命令。

（5）账套锁定用于对已封存的账（如历年账和完工的公路建设项目账）加锁，对锁定的账系统不再提取数据。

## 四、账套项目对应关系定义

设置账套中科目与资金系统中资金项目之间的关系。通过此关系，系统实现从账套中的自动提取数据操作。关系项目主要有：

（1）科目代码与资金项目的对应关系。

（2）关联方式设置对应关系中的一对一关系、一对多关系或多对多关系。

（3）设置取数方式，如从发生额取数或从余额取数。

（4）设置是否需对提取的数据进行分拣处理。分拣处理在此指按凭证分录进行监管处理的资金项目。

## 第二节　数据上报与接收

数据上报与接收实现省、市、县各级单位之间的数据传递工作。为保证数据在各级单位之间进行有效的流转，应以省局数据中心为系统数据交换中心，所有数据均通过省局数据中心进行交换。数据交换的过程主要有如下过程：

省局数据向市级单位发布

市局接收省局数据

市局向县局或收费站发布数据

县局或收费站接收上级发布数据

县局或收费站数据上报

市局接收下级单位上报数据

市局数据汇总并上报省局

省局数据向市级单位发布和市级单位接收省局数据：省局完成各单位收入年度计划、支出年度预算后需要向下级进行发布，下级单位接收本单位的相关数据并按此执行。

市局向县局或收费站发布数据和县局或收费站接收上级发布数据：市局在接收省局计划与预算后根据本市的情况向下级单位分配计划与预算，下级单位接收后依据计划与预算执行。

县局或收费站数据上报和市局接收下级单位上报数据：县局或收费站在完成本单位的账务处理后需要向上级单位（市级）上报相关资金数据。为减少硬投入，在市级单位不再建立数据中心，由省局数据中心进行统一管理。所以县局或收费站上报数据时并非直接上报到市局，而是上报到省局中心服务器，市局定期从中心服务器上下载数据完成数据的接收。

市局数据汇总并上报省局：市局完成本市及所属单位数据汇总后通过网络直接上报省局数据中心，由省局数据中心自动处理后存入数据库中。

## 第三节　数 据 输 入

本系统涉及公路事业单位相关的多类数据，如收入计划与实际收入、预算与支出、管养里程等。其中部分数据可以从现有财务核算体系中直接获取，其他数据则需要输入到系统中。

需要输入的数据主要有养路费收入计划数据、通行费收入计划数据、养路费支出预算数据、通行费支出预算数据等。

## 一、养路费（通行费）收入计划录入表

反映并输入养路费（通行费）本年度的计划并按市、县进行逐级分解。

（1）省局计划按市级分解，如表7-3-1。

表7-3-1

| 单　　位 | 本年计划 |
|---|---|
| 河南省公路管理局 | |
| 郑州市公路管理局 | |
| 开封市公路管理局 | |
| 洛阳市公路管理局 | |
| …… | |

（2）市级对县级单位进行分解，在分解中本市总的计划不能修改，如表7-3-2。

表7-3-2

| 单　　位 | 本年计划 |
|---|---|
| 郑州市公路管理局 | |
| 巩义市公路段 | |
| 郑州市公路管理分局 | |
| 荥阳市公路段 | |
| …… | |

（3）县级单位接收养路费收入计划但不能修改。

（4）数据存储：数据以省、市、县三级单位格式存在省局数据库中，各市县在本地数据库中保存一份工作拷贝。市级数据库接收本市计划，分配后把分配结果上传至省局数据库，县级单位从省局数据库中接收本单位计划。

## 二、养路费（通行费）支出预算录入表

（1）反映并输入养路费（通行费）本年度的拨款与支出预算。

（2）省局按支出项目对本年财政预算进行分解，分解后的结果下发各市公路部门。

（3）在对项目分解过程中，部分项目只对某类总体支出进行了分配，在一类

项目中明细可能没有分配。

（4）省级单位对市级单位的预算分配表如表7-3-3。

表7-3-3

| 单　位 | 本年预算 | 小修保养 | 大中修 | … |
|---|---|---|---|---|
| 河南省公路管理局 | | | | |
| 省局机关 | | | | |
| 郑州市公路管理局 | | | | |
| 开封市公路管理局 | | | | |
| 洛阳市公路管理局 | | | | |
| …… | | | | |

录入报表格式按报表格式分层录入。分报表体现层次性，表7-3-3为汇总表，录入基本支出预算、养护工程项目预算、养护事业发展预算；表7-3-2～表7-3-4分别为基本支出、养护工程项目、养护事业发展制定预算，明细项目预算不超过汇总项目预算。

（5）市级单位接收省局所下本单位养路费预算并对下级单位分解预算，但不能修改本市预算，如表7-3-4。

表7-3-4

| 单　位 | 本年预算 | 小修保养 | 大中修 | … |
|---|---|---|---|---|
| 郑州市公路管理局 | | | | |
| 巩义市公路段 | | | | |
| 郑州市公路管理分局 | | | | |
| 荥阳市公路段 | | | | |
| …… | | | | |

（6）县级单位接收养路费收入预算但不能修改。

（7）省局对市局预算项目主要有养护工程费（包括小修保养、改建改善工程费、养护改善工程测设费等）、养护事业发展费（包括教育培训费、路况及交通量调查费、公路事业经费等）。公路事业经费包括基本支出等项目，其中的离退休人员经费预算单独列出（包括个人支出和公用支出）。

（8）市公路局对市局机关和各县预算项目：养护工程费（小修保养等）、养护事业发展费（厂场建设费等）、养护其他费（功能保险、精神文明建设等）、其他支出（如不可预见费、流资贷款等）。同时市公路局按性质对预算进行明细分解，其中有养护人员人工费预算（对应科目5040201）、养护人员公务费预算（对应科目5040202）、经费支出预算（对应50401）等。

# 第四节　数据查询与分析

本系统数据查询与分析采用B/S结构进行设计，使用浏览器通过网络系统直接进行操作。数据查询实现账务系统查询、原始数据查询，并针对资金使用进行分析。

## 一、基础数据查询

基础数据查询实现针对账务系统数据的查询、系统设置与定义的查询、系统操作查询等。基础数据查询主要有如下几个方面：

（1）登录信息及权限查询。

（2）单位查询：查询本单位信息及所属下级单位的信息。

（3）资金项目查询：查询资金项目定义、属性等信息。

（4）账套查询：查询本单位及下属单位的历年账套及账套类型、年度等信息。

（5）上报信息：查询数据上报时间、账务处理时间。

（6）科目信息：科目性质、期初余额、本期借贷方发生额、累计借贷方发生额、期末余额等。

（7）明细账信息：各级科目明细账信息，不包括专项核算信息。

（8）凭证信息。

（9）科目数据与项目数据转换公式与方法信息。

## 二、报表查询

报表查询实现基础报表信息的查询，如预算执行情况分析表等。所查询的报表参阅报表说明。在报表查询中，为了对报表数据进行分析与认证，需要提供针对报表数据来源的分析手段，这是报表查询中的重要功能。

报表查询实现报表显示、打印等功能，如图7-4-1为养路费预算与执行情况分析表。

要查询某单位养路费支出详细情况，如查询“洛阳市”本期支出3324504.54的来源与详细情况，则可以单击该数字，打开该数字的数据来源与取数公式（如图7-4-2）。

2006年11月养路费预算执行情况表

单位：河南省交通厅公路管理局　年度：2006　月份：11　刷新　打印

| 单位(+/分析) | 本年预算 | 本期支出 | 累计支出 | 去年同期 | 去年累计 | 累计支出占预算% | 累计支出占去年% |
|---|---|---|---|---|---|---|---|
| 河南省交通厅公路管理局 + / | | 109,168,933.28 | 828,758,143.81 | 74,106,350.74 | 236,252,903.24 | | 350.79 |
| 省局机关 + / | | 1,932,180.20 | 41,117,030.28 | | | | |
| 郑州市公路管理局 + / | | 1,214,375.14 | 24,367,820.15 | 23,854,063.25 | 40,063,958.11 | | 60.82 |
| 开封市公路管理局 + / | 93,634,655.00 | 3,849,405.16 | 55,117,622.78 | · | | 58.86 | |
| 洛阳市公路管理局 + / | | 3,324,504.54 | 48,715,974.85 | 8,781,766.67 | 24,716,261.24 | | 197.1 |
| 平顶山市公路管理局 + / | | 3,208,340.57 | 45,380,660.42 | 1,387,146.88 | 17,609,088.53 | | 257.71 |
| 安阳市公路管理局 + / | | 12,259,030.51 | 78,903,929.53 | 1,907,112.62 | 14,052,070.44 | | 561.51 |
| 鹤壁市公路管理局 + / | | 680,584.50 | 14,308,410.20 | 282,183.84 | 4,736,468.07 | | 302.09 |
| 新乡市公路管理局 + / | | 1,597,685.31 | 18,533,044.74 | 741,682.73 | 11,145,529.29 | | 166.28 |
| 焦作市公路管理局 + / | 135,670,000.00 | 14,367,209.71 | 137,291,991.82 | 6,653,417.25 | 22,080,196.89 | 101.2 | 621.79 |
| 濮阳市公路管理局 + / | | 8,695,734.03 | 16,576,148.89 | 21,124,817.68 | 39,636,356.59 | | 41.82 |
| 许昌市公路管理局 + / | 94,606,000.00 | 2,067,068.86 | 24,579,384.62 | | | 25.98 | |
| 漯河市公路管理局 + / | | 16,070,427.52 | 23,900,013.79 | 1,997,024.68 | 10,796,630.98 | | 221.37 |
| 三门峡市公路局 + / | 42,968,000.00 | 569,300.49 | 8,217,510.96 | -2,130,988.18 | 3,946,372.67 | 19.12 | 208.23 |
| 南阳市公路管理局 + / | 134,450,000.00 | 2,763,737.56 | 17,313,314.25 | 1,726,866.06 | 13,670,432.10 | 12.88 | 126.65 |
| 商丘市公路管理局 + / | 146,000,000.00 | | | | | | |
| 信阳市公路管理局 + / | | 2,227,785.53 | 32,808,508.85 | 455,705.24 | 5,699,010.67 | | 575.69 |
| 周口市公路管理局 + / | 121,300,000.00 | | | | | | |
| 驻马店市公路管理局 + / | | 33,393,197.71 | 228,988,639.06 | 7,325,552.02 | 28,100,527.66 | | 814.89 |
| 济源市公路管理局 + / | | 948,365.94 | 12,638,138.62 | | | | |

图 7-4-1　养路费预算执行情况表

洛阳市公路管理局2006年通行费支出明细表

单位：洛阳市公路管理局　项目：301%　(后加%包括子项目)

年度：2006　月份：11 –　(后为起始月，可空)　刷新

报表数据来源

| 序号 | 项目代码 | 项目名称 | 单位 | 年度 | 月份 | 数据 |
|---|---|---|---|---|---|---|
| 1 | 30102010308 | 业务费 | 洛阳市公路管理局 | 2006 | 11 | 443.90 |
| 2 | 30102010309 | 业务招待费 | 洛阳市公路管理局 | 2006 | 11 | 9,626.00 |
| 3 | 301020202 | 公路中修 | 洛阳市公路管理局 | 2006 | 11 | 99,410.00 |
| 4 | 301020203 | 公路大修 | 洛阳市公路管理局 | 2006 | 11 | 225,930.00 |
| 5 | 301020208 | 绿化费 | 洛阳市公路管理局 | 2006 | 11 | 491,170.00 |
| 6 | 301020210 | 机械设备购置费 | 洛阳市公路管理局 | 2006 | 11 | 1,446,044.64 |
| 7 | 301020212 | 工程测设费 | 洛阳市公路管理局 | 2006 | 11 | 1,000,000.00 |
| 8 | 301020218 | 路况及交通量调查费 | 洛阳市公路管理局 | 2006 | 11 | 51,880.00 |
| 9 | | 合计 | | | | 3,324,504.54 |

报表数据定义

| 序号 | 项目代码(项目定义) | 项目名称 | 单位 | 账套 | 年度 | 月份 | 数据 |
|---|---|---|---|---|---|---|---|
| 1 | 30102010308 | 业务费 | 洛阳市公路管理局(4103) | 洛阳市公路管理局养路费(4) | 2006 | 11 | 443.90 |
| 2 | 30102010309 | 业务招待费 | 洛阳市公路管理局(4103) | 洛阳市公路管理局养路费(4) | 2006 | 11 | 9,626.00 |
| 3 | 301020202 | 公路中修 | 洛阳市公路管理局(4103) | 洛阳市公路管理局养路费(4) | 2006 | 11 | 99,410.00 |
| 4 | 301020203 | 公路大修 | 洛阳市公路管理局(4103) | 洛阳市公路管理局养路费(4) | 2006 | 11 | 225,930.00 |
| 5 | 301020208 | 绿化费 | 洛阳市公路管理局(4103) | 洛阳市公路管理局养路费(4) | 2006 | 11 | 491,170.00 |
| 6 | 301020210 | 机械设备购置费 | 洛阳市公路管理局(4103) | 洛阳市公路管理局养路费(4) | 2006 | 11 | 1,446,044.64 |
| 7 | 301020212 | 工程测设费 | 洛阳市公路管理局(4103) | 洛阳市公路管理局养路费(4) | 2006 | 11 | 1,000,000.00 |
| 8 | 301020218 | 路况及交通量调查费 | 洛阳市公路管理局(4103) | 洛阳市公路管理局养路费(4) | 2006 | 11 | 51,880.00 |
| 9 | | 合计 | | | | | 3,324,504.54 |

说明：报表数为3324504.54，根据定义从账上取数为3324504.54。

如果二个数据不一致，请重新计算本单位的数据，并检查项目定义是否有问题。如取数据定义中已定义的项目不是通行费项目等。

图 7-4-2　资金项目来源查询（下方为资金情况说明）

图 7-4-2 反映了洛阳市本期支出的所有资金及该资金的来源方式，但此数据为累计数据，要了解详细信息则可以通过单击对资金项目的查询连接查询该项目的详细情况，如单击“301020208”查询绿化费打开图 7-4-3。

单位：洛阳市公路管理局　账套：洛阳市公路管理局养路费(2006)　转账凭证定义

项目：301020208　账套类型：养路费支出账套 (2)　定义转入模板　导入模板定义

年度：2006　月份：11　刷新　添加　计算当月数据　计算全年数据

| 序号 | 资金项目 (修改) | 科目名称 (余额表) | 取数方式 | 计算方式 | 工程项目 | 账套数据 | |
|---|---|---|---|---|---|---|---|
| 1 | (20101)财政补助收入 | (401)财政补助收入 | 取本期发生额贷方 | 唯一数 | | -57,144,423.02 | - |
| 2 | (20102)上级补助收入 | (403)上级补助收入 | 取本期发生额贷方 | 唯一数 | | -7,190,000.00 | - |
| 42 | (301020204)公路抢修 | (50405)公路抢修 | 取本期发生额借方 | 唯一数 | | -2,100,000.00 | - |
| 43 | (301020205)公路改建 | (50406)公路改建 | 取本期发生额借方 | 唯一数 | | -106,016,735.33 | - |
| 44 | (301020206)新建公路补助 | (50407)新建公路补助 | 取本期发生额借方 | 唯一数 | | | - |
| 45 | (301020208)绿化费 | (50409)绿化费 | 取本期发生额借方 | 唯一数 | | -491,170.00 | - |
| 46 | (301020209)道班房修建费 | (50410)道班房修建费 | 取本期发生额借方 | 唯一数 | | | - |
| 59 | (301020222)其它费 | (50424)其他 | 取本期发生额借方 | 唯一数 | | -1,737,473.00 | - |
| 60 | (3010203)其它事业支出 | (3010203) | 取本期发生额借方 | 唯一数 | | | - |
| 61 | (30103)专款支出 | (503)专款支出 | 取本期发生额借方 | 唯一数 | | | - |
| 62 | (30104)上缴上级支出 | (516)上缴上级支出 | 取本期发生额借方 | 唯一数 | | | - |
| 63 | (3010601)专用基金 | (303)专用基金 | 取本期发生额借方 | 唯一数 | | | - |

说明：

1. 当修改项目定义后请执行“计算全年数据”，根据新的项目定义对全年数据进行重新计算。
2. 计算前请检查账套年度与选择年度应一致。
3. 模板根据账套类型进行处理，导入模板会删除当前系统中的定义，请谨慎操作。
4. 右列“-”为删除命令。
5. 所有需要生成支出报表的账套均需要在此处进行支出项目定义。

图 7-4-3　项目定义查询

图 7-4-3 定义资金项目的公式与属性，反映了绿化费从科目“50409”中的本期发生额借方获得。单击“50409”则可以进一步获得科目“50409”的详细信息、明细账信息，甚至凭证信息。

分析指标查询与报表查询相同，可以结合单位、时间进行查询，并据此进行分析。

## 第五节　系统主要功能模块

图 7-5-1 描述了本系统的主要功能模块及所涉及的资金项目管理。其中客户端实现系统定义、账套连接定义、数据上报和系统维护等功能，其他功能由服务器端承担。

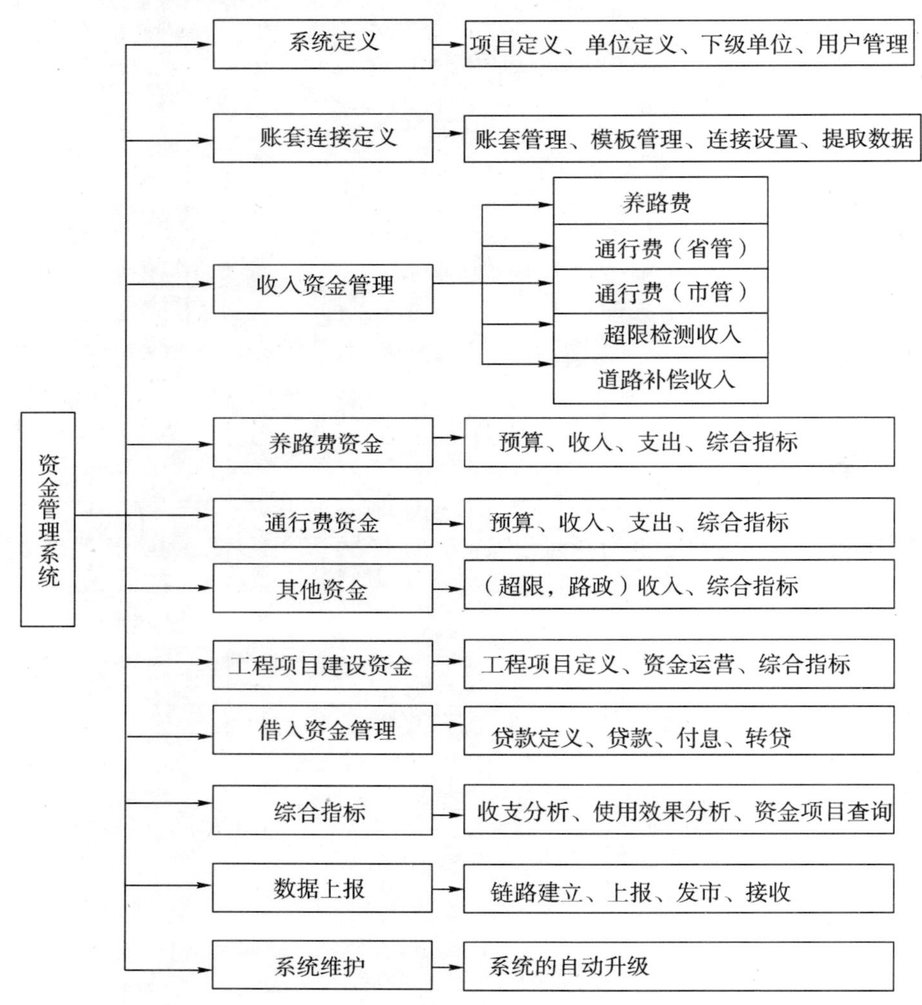


图 7-5-1　系统功能模块图

# 第八章 资金监管网络平台安全

财务数据是各单位的核心机密数据，保证资金监管网络平台上各类信息的安全与数据的保密性是系统设计的核心，为此需要从多个方面来保证系统的安全性与保密性，特别是服务器的安全和保密。

## 第一节 安全需求分析

作为财务机密网络系统，安全性是其生命力的决定性要素，也是保证应用系统实用性的基础。结合国家保密、机要、公安和安全部门对安全保密的有关法定要求，充分考虑系统的安全级别和应用安全性的特殊需要，建立一个由物理安全、网络安全、应用安全、系统安全和安全管理等五个层面构成的多层次的安全支撑系统，充分保证系统的保密性、完整性和可用性。

为确定安全防范措施，需要明确信息系统中可能存在的安全风险，从而为制定安全体系和安全保障措施提供依据。我们将从资源和系统（包括内网、外网和专网）两方面对此进行分析。

### 一、资源安全需求分析

资源安全需求分析涉及的内容如表 8-1-1。

表 8-1-1

| 风险因素 | 描述 |
| --- | --- |
| 硬件资源 | 硬件资源是指政务信息系统中所有的硬件设备。由于所有的软件均运行在这些硬件上（或在这些硬件支持下运行），所有的数据都由硬件保存、处理（或由这些硬件传输），而它们均有可能受到物理级的安全威胁，因此需要严格物理保护，保障硬件资源的可存储性和电磁兼容 |

续上表

| 风险因素 | 描述 |
| --- | --- |
| 软件资源 | 这是一些独立于硬件，可以是单独购买（或独立获得服务和支持）或自主开发的软件产品。这些软件均可能存在安全（保密性、完整性）漏洞（脆弱性），或安全等级达不到要求的问题，为此需要采用系统设计、统一采购或开发标准的工程方法，并在适当的位置打安全补丁 |
| 数据资源 | 这是由自动或人工方法生成，并随时间逐渐丰富的一类资源。所有的安全活动的最终目标就是为确保数据资源的安全，因此需要对数据资源的机密性、完整性和可用性进行周密的保护 |
| 用户 | 用户是信息系统的主体，是确保系统的正常安全运行的关键环节之一。薄弱的信息安全意识，不良的操作习惯，粗劣的使用技巧，都有可能为系统留下严重的安全漏洞。因此需要从技术措施和行政管理的结合上双管齐下确保用户方面的安全，进而达到保护信息系统的目的 |

## 二、外网安全需求

系统必须确保公共访问的 Web 服务器采用安全可靠的系统平台及应用平台，确保其通过 WWW 方式发布信息和提供信息服务不受外部攻击的影响。

系统必须提供相应的审查和过滤机制，限制外网与因特网的网络边界上进出的数据内容。

系统必须提供相应的安全机制，防御来自因特网的各种恶意攻击，包括配置防火墙及入侵检测设备，并提供相应的实时报警机制。

系统必须提供相应的日志记录机制，包括两种不同流向（由外网-因特网，或由因特网-外网的公共服务器）的访问用户的相关信息、访问时间、访问内容，以确保安全事故出现后事故的调查，及对外网用户访问行为的控制。

系统必须提供相应的数据备份机制及相应的审查制度，确保事故出现后能够及时恢复正常的工作。

## 三、内网安全需求

系统必须能唯一标识用户，并应该要求用户在访问应用服务之前必须通过身份鉴别。

系统必须能够提供基于用户的身份鉴别机制，确定用户对各种资源和服务的访问授权，并确保该访问授权结果的有效性。

必须为内网中运行的各种应用服务系统提供一种机制，确保用户在使用系统的资源或服务时，不会将其任何相关信息泄露给其他实体。

当涉密业务数据在专网中的上下级之间的网络间传输时，系统必须提供保护其机密性和完整性的方法。

系统必须确保重要的信息资源所在的服务器采用安全可靠的系统平台，以抵御可能的外部攻击。

系统必须提供集中的病毒检查和控制机制，确保所有内网主机的系统和数据对病毒的侵扰具有预警和防范能力。

各种应用系统必须提供相应的日志记录机制，记录所有用户的访问行为，以确保能够在安全事故出现后，有效快速的查知事故责任人。

系统必须确保重要的信息资源的定期备份及制定相应的审查制度。

### 四、系统安全目标

资金监管系统的安全体系应实现如下具体安全目标：

（1）信息机密性：保证机密信息不会泄露给非授权人或实体。

（2）信息完整性：保证数据的一致性，防止数据被非授权用户或实体建立、修改和破坏。

（3）服务可用性：保证合法用户对信息和资源的使用不会被不正当地拒绝。

（4）身份真实性：能对通信实体身份的真实性进行鉴别。

（5）不可否认性：建立有效的责任机制，防止实体否认其行为。

（6）系统可控性：能够控制使用资源的人或实体的使用方式。

（7）系统易用性：在满足安全要求的条件下，系统应当操作简单、维护方便。

（8）可审查性：对出现的网络安全问题提供调查的依据和手段。

## 第二节　系统安全

资金监管系统的安全，是构成信息系统的组件、环境和人员（用户和管理者）的物理安全、网络安全、系统安全、应用安全和安全管理的总和，是一个多方面、多元素、多层次的复杂结构。

通过分析上述风险及安全需求，资金监管系统安全体系应该是一个多层次、全方位的结构。我们将安全性在体系结构上归结为五个层次：物理安全、网络安全、应用安全、系统安全和安全管理。

## 一、物理安全

保证各种设备的物理安全是保障整个系统安全的前提。物理安全是保护计算机网络设备、设施以及其他媒体免遭地震、水灾、火灾等环境事故，以及人为操作失误或错误及各种计算机犯罪行为导致的破坏过程。

物理安全是针对物理实体和硬件系统的安全要求，主要包括如下几点：

所有的网络设备（包括交换机、路由器、服务器、防火墙等）都应设置物理保护，不能随意让人接触，服务器系统都应加带口令的屏幕保护及键盘锁。

机房应按高标准建设，要设有火灾、烟雾自动报警装置和气体自动灭火设施，要安装完善的监控系统，防止人为的物理实体破坏。机房的保护地安装要符合有关标准。

服务器和网络设备应设置 UPS 电源，主要功能应包括：防止电源尖峰、浪涌和噪声过滤；电压稳定调节；主动力电源失效后的备份电源供电。

应使用机房专用精密空调调节机房温度和湿度。

中心枢纽系统的主机系统应采用双机集群高可用性技术，实现任务分担、负载均衡和失效转移等功能。

所有的相关主机和设备都应统一编号。

## 二、网络安全

网络安全是系统安全体系的重点内容，需要综合采用防火墙、虚拟网、地址绑定、隐患扫描和防病毒等安全技术和安全策略，力求多层次、多角度保证网络系统的安全。

### 1. Internet 接入交换机安全保障机制

对于 Internet 接入交换机启用其内置的安全机制，将其作为网络安全系统的第一道防线，对 Internet 进入的信息进行过滤，严格控制访问的端口。

在网络中，可以通过以下安全特性构筑网络的接入通道：

安全端口过滤功能使接入端口能够做到只允许特定工作站才可以进行访问；

IP 许可列表能够防止对交换机进行未经授权的访问；

访问控制列表（ACL）能够保护网络免受未经授权用户的破坏，以及未经授权的应用访问；

MD5 路由身份验证防止欺诈性路由更新；

SSH 针对非安全通道对网络中主机的访问提供了强大的身份验证功能和安全

通信功能。

## 2. 防毒墙系统

硬件防毒墙是近年来出现的高端防毒新品，它的设计理念是“将病毒挡在企业网络之外”，它部署在网络入口处（网关），用于对网络传输中的病毒进行过滤。防毒墙可以部署在单位内部局域网和互联网交界的地方，阻止病毒从互联网侵入内网。

## 3. 防火墙系统

在外网和 Internet 之间采用防火墙对网络进行隔离，严格控制信息访问的内容和流向。

- 防火墙硬件配置：采用四端口的防火墙，将来可升级到双机热备系统，进一步提高防火墙系统的可靠性。
- 防火墙系统部署，如图 8-2-1。

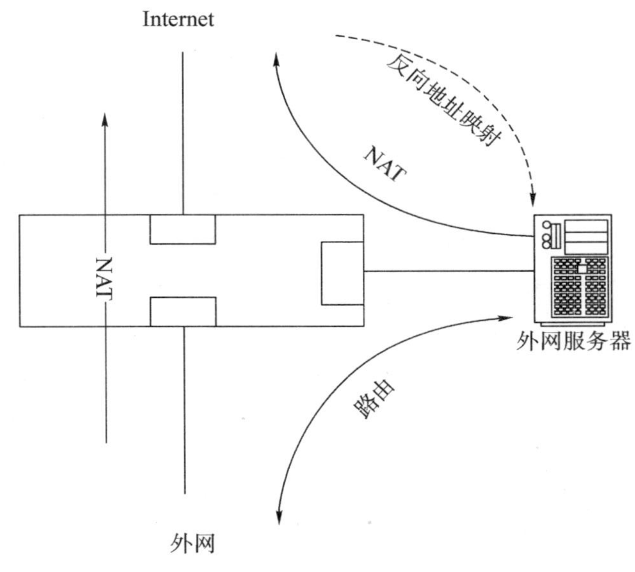


图 8-2-1　防火墙系统部署

- 防火墙的四个端口分别连接外网的交换机（Trust）、公众信息服务器（DMZ）和 Internet 接入路由器、政务内网。
- 外网到 Internet 通过 NAT 方式工作，工作站采用私有地址，通过地址映射后转换为 Internet 地址 + 端口方式访问 Internet 信息资源，过滤不健康访问内容；内网到外网服务器（即 Trust 到 DMZ）通过路由方式访问。
- 公众信息服务器到内网通过路由模式进行访问，通过防火墙对访问的地址、端口和信息进行严格控制；公众信息服务器到 Internet（即 DMZ 到 Untrust）通过 NAT 方式工作。

● Internet 到外网以及 Internet 到公众信息服务器（即 Untrust 到 DMZ）不可直接到达，也就是屏蔽 Internet 到上述网段的直接访问；只是通过将公众信息服务器通过反向 NAT 映射到 Internet 中，只开放提供服务的服务端口（例如 WWW、FTP、DNS、POP3、SMTP 服务端口）等供 Internet 用户访问，这样外服务器就处于防火墙的保护之下，并且隐藏了自己的真实 IP 地址。

● 采用防火墙提供的 MAC 地址绑定功能限制 IP 的盗用。

防火墙产品需获得公安部、国家安全部、国家信息安全测评认证中心、国家保密局、国家密码管理委员会、中国人民解放军总参谋部等国家或军队信息安全保密主管部门的许可或认证。

## 4. 地址绑定策略

在外网，交换机提供了 MAC 地址和交换机端口绑定功能，一旦该策略得以实施，那么该端口就只能允许所设定的工作站接入，其他工作站即使接入该端口，也无法访问外网网络，从而防止交换机端口被未知身份工作站盗用。

防火墙提供了 IP 地址 – MAC 地址绑定功能，将工作站的 MAC 地址与某一固定 IP 地址绑定，只允许被绑定的工作站使用该 IP 地址，而其他工作站使用此 IP 地址则无法访问 Internet 资源。

## 5. 身份认证策略

为了进一步提高事件追踪能力，可采用防火墙提供的一次一密（OTPC）认证方式对外网用户进行身份验证，以便对用户的上网活动日志进行审计。

## 6. 隐患扫描系统

我们同样建议对外网的组成元素，如交换机、防火墙、服务器、工作站等，定期使用隐患扫描仪进行扫描，做到防患于未然。

## 7. 防病毒系统

在外网服务器上全部配备防病毒系统，并且设置为自动升级，自动下载最新病毒库。

## 8. 入侵检测系统

入侵检测作为安全侦测的最后一道防线，帮助系统对付网络攻击，扩展系统管理员的安全管理能力，提高信息安全基础结构的完整性。它从计算机网络系统中的若干关键点收集信息，并分析这些信息，看看网络中是否有违反安全策略的行为和遭到袭击的迹象。它能提供安全审计、监视、攻击识别和反攻击等多项功能，对内部攻击、外部攻击和误操作进行实时监控，是其他安全措施的必要补充，在网络安全防御中起到了不可替代的作用。入侵检测系统具有以下功能：

（1）入侵侦测功能：能实时识别各种基于网络的攻击及其变形，包括DOS攻击、CGI攻击、溢出攻击、后门探测和活动等。

（2）警报过滤功能：能根据定制的条件，过滤重复警报事件，减轻传输与响应的压力，同时还能保证警报信息不被遗漏。

（3）实时响应功能：根据用户定义，警报事件在经过系统过滤后作出及时响应，包括实时切断连接会话、重新配置防火墙彻底屏蔽攻击、给管理员发送电子邮件、发送SNMP Trap报警、控制台实时显示、数据库记录等等。

（4）系统策略定制功能：用户可以通过中央控制台详细定制系统策略、入侵侦测规则、警报过滤及响应规则等，还可以根据被保护平台、网络环境等信息选择预定义的策略，从而使系统能够真正适应具体环境的安全需求。

（5）引擎管理功能：管理员在中央控制台可以直接控制各个引擎的行为，包括启动、停止、添加、删除引擎，也可以按照引擎查看、删除、查询实时警报。

（6）电子邮件跟踪监视功能：对于网络上传输的电子邮件，可根据地址、收信人、发信人以及其他条件定制监视，系统自动记录邮件内容，支持中文和其他各种编码，支持附件。此项功能根据用户需求以专用工具方式提供。

## 三、系统安全

### 1. 操作系统安全策略

在服务器上，应使用安全等级较高的操作系统，并根据具体情况选用相应的操作系统，资金监管系统的各服务器系统分别选用Windows 2000 Server。此外，系统管理员应注意如下针对操作系统的安全措施：

根据具体适用对象和范围配置操作系统，使其达到尽可能高的安全级别；

及时检测、发现操作系统存在的安全漏洞；

对发现的操作系统安全漏洞做出及时、正确的处理；

及时给系统打补丁，系统内部的相互调用不对外公开；

通过配备安全扫描系统对操作系统进行安全扫描，发现其中存在的安全漏洞，并有针对性地对网络设备进行重新配置或升级。

### 2. 服务协议安全策略

数据库服务器、应用服务器和Web服务器不要开放一些没有经常使用的协议及协议端口号。如文件服务、电子邮件服务，可以关闭服务器上如FTP、TEL-

NET、RLOGIN 等服务。而且，还应加强登录身份认证，确保用户使用的合法性；严格限制登录者的操作权限，将其完成的操作限制在最小的范围内。充分利用操作系统和应用系统本身的日志功能，对用户所访问的信息做记录，为事后审查提供依据。

### 3. 安全 Web 访问

Web 访问业务的安全性是极为重要的。应将 Web 上的资源分为多种安全等级，对应用户的不同权限，提供不同等级的访问。方案说明如表 8-2-1。

表 8-2-1

| 资源等级 | 实现机制 |
|---|---|
| 最基本的资源 | 完全开放，不需要用户认证 |
| 一般安全等级 | 采用软件证书，用户要访问 Web 上的资源应有足够权限的证书，这可以通过 Web 服务器实现，也可以通过在 Web 服务器与网络之间安装一台认证/加密服务器实现 |
| 高安全等级 | 采用指纹或 IC 卡认证，传输网络上的数据也应进行加密。为此客户端还应安装加密设备，服务器端由认证/加密服务器完成数据的加/解密 |

## 四、应用安全

### 1. 应用程序的安全性

系统采用了多层次的方法以确保安全性。如保护域、读者作者域，显示和隐藏控制以及计算域的采用。由于篇幅问题，这里不一一列举。

要限制或限定对数据库部件的存取权限，请使用以下特性，如表 8-2-2。

表 8-2-2

| 限制或限定数据库部件的存取权限特性 |
|---|
| 数据库存取控制列表（ACL）指定哪类人员可以访问数据库。对于可以访问数据库的用户来说，存取级别和角色决定了他们可以执行的特定操作，例如创建或删除文档等 |
| 如果正在使用基本验证（即使用用户名和口令）对 Web 用户进行验证，存取控制列表的“高级”部分可以为 Web 用户指定最高存取权限设置。但即使为 Web 用户显式指定了更高的权限，也不会超过为“Internet 用户的最大权限”指定的存取级别 |

续上表

| 限制或限定数据库部件的存取权限特性 |
| --- |
| 如果正在使用 SSL 客户机验证对 Web 用户进行验证，则“Internet 用户的最大权限“域对这些用户不适用，这些用户会得到存取控制列表中给予他们的完全的存取级别。也就是说，如果存取控制列表指出他们有“管理者”的存取级别，他们就确实有“管理者”的存取级别，而不是在“Internet 用户的最大权限“域中指定的存取级别 |
| 安全套接字层（SSL）是一种通过对在服务器和 Web 用户间传递的数据进行加密以保护数据的安全性协议。与设置数据库一样，也必须在服务器上设置 SSL |
| 表单存取列表与数据库存取控制列表相结合，控制可以阅读或编辑由某个表单所创建的所有文档的人员 |
| 文档存取域（“读者”和“作者”域）与数据库存取控制列表相结合，控制可以阅读或修改指定的文档的人员 |
| 加密允许在域级别保证 Notes 用户信息的安全性。可以加密任意域中的内容，这样只有那些拥有密钥的读者才可以访问消息或域。数据库管理员可以加密整个数据库 |
| 电子签名证实从一个用户邮寄到另一个用户的文档在到达目的地之前不被篡改 |
| 限制哪些人员可以创建代理以及在何处运行代理。多数用户可以创建在本地数据库运行的个人代理，某些用户还可以创建在服务器上运行的为其他用户使用的共享代理 |

（1）存取控制列表——用户级别

应用程序中的一般用户（Default）存取级别通常为“作者”，即只能对特定的文档进行修改，个别应用设置为“读者”，即仅有授权用户可以修改。

在 Web 服务器上，匿名用户（anonymous）都将设置为“不能存取者”，在内部办公服务器上才根据某些考虑设置为“读者”等。

（2）存取控制列表——角色

系统将为各类操作定义一些特定的角色，如“[管理员]”等，只有具备了这些权限，才能进行一些特定的操作，实现整个工作的完整性。

因此，以前由数据库管理员完成的操作，可以仅由具备特定存取级别（一般仅需要“作者”）和特定角色（通常为“[管理员]”）的用户来实现，这样对数据的安全性来说有很大的好处。

## 2. Internet 上的安全设置

（1）SSL 安全性

安全套接字层（SSL）是一种安全性协议，它为在 TCP/IP 上执行的 Domino 服务器任务提供通信安全和验证。

SSL 提供下列安全性保障：

数据出入客户机时被加密，保证事务的安全；

数据带有一个编码消息摘要，并且此编码消息摘要会检测出任何对消息的篡改；

数据带有服务器验证字，以使客户机相信此服务器身份是可靠的；

建议在 Web 服务器上设置数据带有客户机验证字，以使服务器相信此客户机身份是可靠的。

（2）使用 S/MIME 确保消息的安全性

S/MIME 是客户机用来签名邮件消息，并将已加密的消息通过 Internet 发送到邮件应用程序用户的协议如 Outlook Express 和 Netscape Communicator 等应用程序均支持 S/MIME 协议。

在传送加密的邮件消息时，未授权的用户不能读取该消息。电子签名的消息校验消息的发件人是消息的作者，并且该消息没有被篡改。

（3）Internet/Intranet 客户机验证

常用的验证方式是名称和口令验证，也称为基本口令验证，使用基本的请求/响应协议询问用户的名称和口令，然后通过将它们与存储在“Domino 目录”的“个人”文档中的有关内容相核对，来校验口令的正确性。

请设置此验证，使 Internet/Intranet 客户机试图访问该服务器上的数据库时，由 Domino 询问名称和口令。当然，必须在“Domino 目录”为此客户机创建“个人”文档。没有“个人”文档的客户机被认为是“匿名”，并且只能访问那些允许“匿名”访问的服务器和数据库。

因为用 HTTP 服务器设置名称和口令验证，有其他方法进行名称和口令验证：基于会话的验证。请设置此选项，使其比基本的名称和口令验证更有力地控制用户交互作用。允许用户定制表单，并在此表单中输入他们的名称和口令信息。也允许用户不关闭浏览器而注销会话。

（4）基于 SSL 的名称和口令验证

使用 SSL，加密所有的信息（包括名称和口令）。SSL 为设置名称和口令验证的用户提供完整的服务器和数据。除了 SSL 安全性为没有使用客户机验证的用户提供的安全性外，还需要名称和口令，而且允许标识访问数据库的单个用户。

## 五、安全管理

### 1. 备份和恢复体系

建立数据备份和恢复体系，制订完善的数据备份、恢复计划，在系统出现故障时可以快速地恢复。

中心数据库系统应配置备份和恢复服务器，结合自动备份软件和磁带库技术，通过设置备份策略，实现数据的自动定时备份，以保证数据的安全性。

### 2. 安全意识教育和严格的安全管理制度

据统计，大部分的网络安全问题来自于内部的威胁，完善的安全管理措施在本系统中有不可忽视的作用。要用行政手段结合法律法规，在政策和制度上保证系统安全。

系统中最重要的安全保密因素是操作人员，上述所有安全措施都是操作人员来实现的，因此，必要的安全意识教育与严格的管理制度是系统安全的重要组成部分。

## 第三节　安全认证

采用EPass身份认证机制。EPass身份认证锁不仅可以实现强双因子认证，以达到服务器认证用户端的单向身份认证，而且与基于PKI体系的数字证书结合，可以完成服务器端与用户端之间的双向身份认证。通过运用对称和非对称密码体制等密码技术建立起一套严密的身份认证系统，从而保证信息除发送方和接收方外不被其他人窃取，信息在传输过程中不被篡改，发送方能够通过数字证书确认接收方的身份，发送方对于自己的信息不能抵赖。

为了保证信息安全，在网络建设之初，常常会不惜重金购买防火墙、防病毒软件等相关的软硬件设施。这一切措施旨在保护系统的数据安全。所谓安全，就是指有相应权限的人员可以接触和操作相应的数据，任何人无法接触到未被授权给他的数据。然而，信息系统中的数据终归要为人所用，如果有人伪造了相应权限人的身份，那投入再多的安全防护体系一样形同虚设。因此用户身份认证系统是信息安全体系的第一道关。目前常见的身份认证方式主要有三种：最常见的是使用用户名加口令的方式，当这也是最原始、最不安全的身份确认方式，非常容易由于外部泄漏等原因或通过口令猜测、线路窃听、重放攻击等手段导致合法用户身份被伪造；第二种是生物特征识别技术（包括指纹、声音、手迹、虹膜等），该技术以人体唯一的生物特征为依据，具有很好的安全性和有效性，但实现的技术复杂，技术不成熟，实施成本昂贵，在应用推广中不具有现实意义；第三种也是现在资金监管和电子商务领域最流行的身份方式——基于USB Key的身份认证系统。USB Key是结合了现代密码学技术、智能卡技术和USB技术的新一代身份认证产品，是一种秘密数据存储设备，具有以下特点：

（1）双因子认证：每一个USB Key都具有硬件PIN码保护，PIN码和硬件构成了用户使用USB Key的两个必要因素，即所谓“双因子认证”。用户只有同时取得了 USB Key 和用户 PIN 码，才可以登录网上系统。即使用户的 PIN 码被泄漏，只要用户持有的 USB Key 不被盗取，合法用户的身份就不会被仿冒；如果用户的 USB Key 遗失，拾到者由于不知道用户 PIN 码，也无法仿冒合法用户的身份。

（2）带有安全存储空间：USB Key 具有 8K～64K 的安全数据存储空间，可以存储数字证书、用户密钥等秘密数据，对该存储空间的读写操作必须通过程序实现，用户无法直接读取，其中用户私钥是不可导出的，杜绝了复制用户数字证书或身份信息的可能性。

（3）硬件实现加密算法：USB Key 内置 CPU 或智能卡芯片，可以实现 PKI 体系中使用的数据摘要、数据加解密和签名的各种算法，加解密运算在 USB Key 内进行，保证了用户密钥不会出现在计算机内存中，从而杜绝了用户密钥被黑客截取的可能性。支持 RSA，DES ，SSF33 和 3DES 算法。

（4）便于携带，安全可靠：如拇指般大的 USB Key 非常方便随身携带，并且密钥和证书不可导出，Key 的硬件不可复制，更显安全可靠，如图 8-3-1。

图 8-3-1　USB 认证卡

身份认证技术能够应用于多种应用系统，如资金监管系统、网上银行系统等。通过使用身份认证技术不仅使得系统的安全认证得到有效保障，而且极大地提升了管理效率。

## 第四节　网络防病毒

资金监管系统运行于互联网络环境，网络病毒与木马对系统的安全运行与保密具有很大的威胁，需要防止计算机网络病毒对系统的侵害，建立网络防病毒系统。

### 一、桌面防病毒系统的问题

没有部署防病毒系统时的情况如图 8-4-1，其问题如下：

#### 1. 病毒长驱直入，内网防毒压力大

在网络病毒盛行的今天，病毒最主要的传播途径是通过互联网。如果在网络入口的地方缺少相应的保护，那么病毒就会长驱直入到内部网络，一旦达到内网，防毒的压力全部放在了桌面端，会存在以下的三个问题：一是即便病毒能被桌面

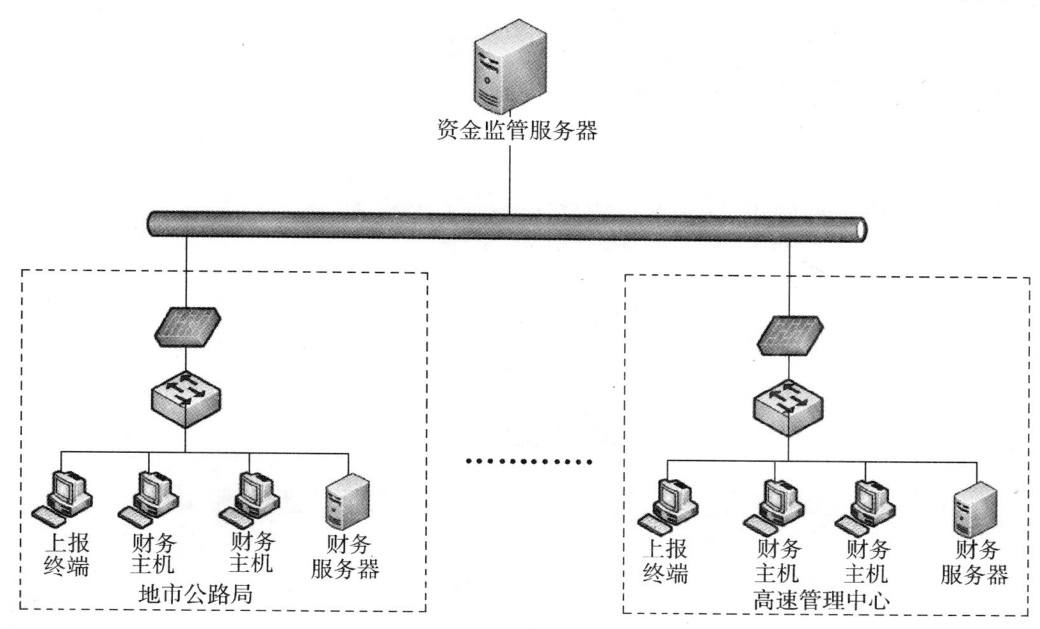


图 8-4-1　未部署防病毒系统前的资金监管系统网络拓扑图

防毒软件检测到，但很可能被点击或者自动执行起来，危害已经造成；二是桌面防毒软件部署不全面或者没有及时更新，病毒则不会被发现，危害偷偷发生，如果中的是间谍软件，那么重要数据信息有可能被泄漏；三是病毒一旦植入系统或者运行起来，很多情况下是无法直接删除或清除的，而过分追求病毒查杀率，还存在着误杀或者破坏原文件的风险。

经过分析，如果在网关处增加一道屏障，内部计算机感染病毒的可能性就会大大的下降。

## 2. 桌面防毒各自为战，难以抵御网络病毒

桌面防毒是查杀病毒的最后一道防线，部署率和更新率是防毒体系是否完整的重要依据，而获得更高的部署率和更新率的有效手段是运用中央控管功能，由管理员统一分发防毒软件，统一部署更新组件，及时掌握每个客户端的防毒状况，从而做出有效的响应和应对措施。原有的桌面防毒软件在统一管理特性上严重不足，容易成为防护体系中的短板。

## 3. IT 管理员四处救火，缺少主动防御措施

如果不部署防病毒体系，必然是每天都有计算机中病毒，每隔几天就有人要重装系统。这样一来，公司仅有的专业 IT 人员就成了最忙碌的人，四处救火。当一个新病毒爆发的时候，IT 管理员往往只有被动的等待病毒特征码的发布，在获得最新的病毒码之前，几乎只能坐以待毙。公司缺乏面对新病毒爆发时候的响应措施和流程，每次病毒爆发都会对信息系统的影响很大。

## 二、网络综合防病毒系统的优势

部署了防病毒系统后的情况如图 8-4-2，从中可以看出：

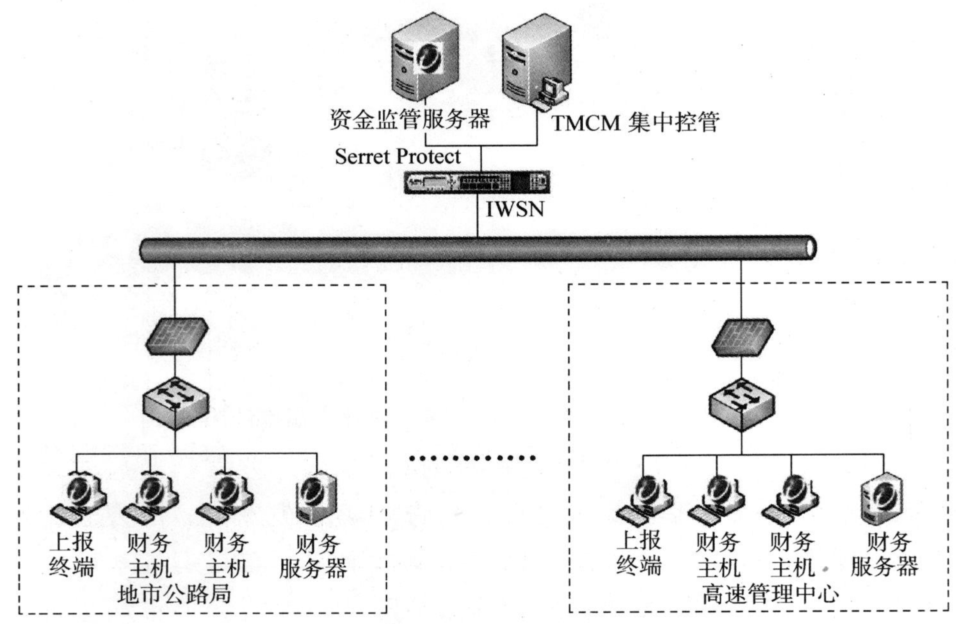


图 8-4-2　部署防病毒系统后的资金监管系统网络拓扑图

### 1. 网关防毒守住第一道防线

病毒大多数情况是从 Internet 传入系统，如网络入口不加以防范，病毒会长驱直入。在网络入口处增加的防病毒网关，可以大大提高对病毒的防范级别，从而提升整个系统的安全级别。

考虑到 Web 扫描势必会对性能造成一定的影响，所以在选择 Web 网关设备时要充分考虑产品的性能，尤其是提升扫描效率的优化手段。传统的 Web 扫描技术需要等待用户去访问目的站点，并且下载网页或文件，当这些网页和文件流经网关设备时，网关设备再对其进行扫描。这种扫描方式固然可以起到安全防护作用，但也会消耗大量的资源，且一定程度上影响到用户访问网页的速度。而基于网络信誉服务的过滤技术一旦发现用户访问的站点是恶意站点或者是由僵尸网络控制的站点，那么网关设备可以直接中断该连接，网页或文件也不会下载，这样就可以节约网络带宽以及网关设备宝贵的资源，从而获得很高的过滤效能。其基本原理如图 8-4-3 所示。

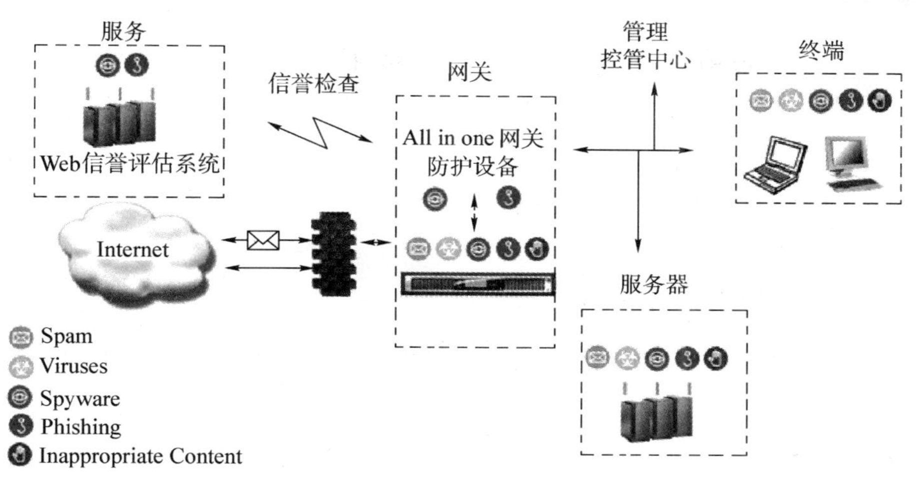


图　8-4-3

## 2. 部署网络版病毒防御系统

网络版病毒防御系统自动针对日益复杂的网络威胁为数据和资源提供全天候保护，如表 8-4-1。

表 8-4-1

| | | |
|---|---|---|
| 全合一集成防御 | 单一解决方案针对间谍软件和其他新的网络威胁提供保护 | 拦截间谍软件、病毒、特洛伊、蠕虫、Rootkit 和僵尸网络<br>无须花费资金、精力购买和管理针对具体威胁的安全产品<br>阻止 Rootkit 和僵尸网络等间谍软件和其他新型威胁窃取或破坏数据<br>防止办公计算机和网络因病毒、间谍软件和新的威胁而出现速度下降或崩溃的情况 |
| 自动网络威胁保护 | 全天候迅速做出响应，无须人工干预即可拦截各种恶意软件 | 独特的技术自动对病毒爆发做出响应<br>自动清除计算机或桌面上的病毒感染<br>针对下载的间谍软件等网络威胁提供实时保护<br>服务器端垃圾邮件隔离把垃圾邮件接触员工的机会降到最少 |
| 零时差管理 | 借助自动管理进行保护，降低了总体拥有成本[1] | 安装单一解决方案和接收更新节省了时间和精力<br>借助一个基于网络的“流量信号”模板轻松监测网络计算机的运行状态<br>发现微软的漏洞，从单一位置保护计算机 |

（1）保护机密数据免遭偷窃或修改。

（2）使办公计算机和网络远离网络威胁，保证随时可用。

（3）防止间谍软件干扰员工，破坏生产力。

通过上述措施，资金监管系统的整个防病毒体系建立起来，在实践中将会有极好的应用效果。

# 第九章 实施中的问题与使用效果

资金监管网络平台的建设，涉及省、市、县三级公路管理部门。该系统提供的服务是为上级提供更加方便直观的对下级资金使用情况进行检查与监督的手段。要使各级单位积极使用该系统，一方面在功能设计上要简化系统操作，提供数据上报与处理的自动化，另一方面要为基层单位提供更多有用的功能，同时需要在实施过程中制定切实可行的计划和规章制度。

## 第一节 问题及解决方法

通过该系统在河南省公路系统的推广使用，发现了一些问题，并通过技术手段和管理手段加以解决。

### 一、系统在实施中出现的问题

在系统实施与使用中，存在一些问题，有技术问题，也有管理问题。针对这些问题，省局财务处与技术人员共同研究制定了相应的解决方案和策略，保证系统的顺利运行。

#### 1. 互联网运行速度慢，网速不稳定

本系统通过互联网进行数据上传与下达，所以网络因素的不稳定性对系统具有严重的影响，这也是系统设计中重点考虑的因素。为防止网络超时中断而引起的数据错误，系统在数据传输中使用中间件技术对数据进行加密与打包处理，对于不完整的数据系统不予处理。系统处理数据的最小的包为单个月的单项数据，如单个月的凭证，如果某一个月的数据上报成功则该月的凭证一定是完整的，也就是说不可能只传一半凭证到服务器上。

### 2. 由于长期联网，导致服务器系统很容易感染病毒或死机

在初期系统建设中，由于对安全问题的不重视，引起了大量的安全事件。为此，省局专门组织专家对系统进行安全设计，建立了安全体系，并加强了网络操作的安全管理，基本解决了这一问题。详细方案请参阅网络安全说明。

### 3. 部分单位账套科目代码不一致，致使上报数据结果不正确

本系统内建立了一套科目代码与资金项目代码之间的对应关系表，同时针对养路费、通行费和路网项目建立了各自的项目对应关系表，系统通过资金项目实现数据的提取与汇总。对于科目体系与本系统模板所使用的科目体系不一致的单位，则需要针对您的账套单独定义科目与项目之间的对应关系以满足系统的要求。

### 4. 服务器连接不顺畅，出现传输数据连接不上的情况

网络速度受多方面因素的影响，如服务器配置较低、使用拨号网络速度低、使用电信网络在与网通网络互联时降低速度等。为解决这一问题，一方面在程序设计中使用中间件保证数据的完整度，另一方面通过错开数据上报时间以减轻服务器的并发负担。

## 二、制定切实可靠的计划保证系统

资金监管系统涉及各级公路管理部门的切身利益，要使系统能够顺利实施，要求各单位必须理解系统应用的意义和必要性，提高各单位的积极性。同时，要制定切实可行的实施方案和计划，在保证系统实施质量的前提下提高系统实施的进度。

（1）通过会议、文件和培训学习班等多种形式宣传系统的作用、功能、目标，使各单位理解本系统的意义和目的。

（2）对各单位提出明确的要求，确保系统能够顺利实施。

（3）对各单位进行系统管理培训，使各单位至少有一人能够熟练操作使用系统，理解系统的工作流程与设计思路。

（4）建立专业实施队伍，保证系统实施中软件、硬件安装调试与功能顺利实现。

（5）建立专业维护队伍，及时处理各单位在使用中的问题。

# 第二节　应用效果

“公路事业单位资金监管系统”已经在各省辖市公路局和河南省交通厅公路管理局直属高速公路管理单位应用，为行业资金监管发挥了重要作用。在经部分省

辖市公路局试用后，河南省交通厅于 2004 年 12 月份组织了对《公路事业单位资金监管网络系统》项目的鉴定。鉴定委员会听取了项目研制工作报告、技术报告、查新报告和用户使用报告，并审阅了全部技术文档，观看了成果演示。鉴定委员会一致认为：①该项目利用先进的数据接口技术，通过与公路事业单位会计电算化系统的无缝连接，实现了与会计电算化系统数据共享。远程传输、实时监控，使上级单位可以随时掌握各单位资金收支和各项预算资金的执行情况。②该项目引入了数理统计理论和方法，将现行的资金管理体系和计算机技术有机结合，为公路事业单位资金管理提供分析数据，为制定正确决策提供科学依据。③该项目在公路事业单位多级资金管理的事前、事中控制方面，通过计算机与会计核算和财务管理技术的有机结合，对资金监管进行实时分层控制与三级管理。④系统用户界面直观，操作简便，运行安全可靠，稳定性强，易于维护。⑤该项目中使用了数据开采与数据挖掘技术，能够对公路事业单位各项资金进行全方位管理与监控。⑥该系统已在部分市公路局中试点实际应用，效果良好，对提高公路事业单位资金管理水平起到了积极的作用。最后，鉴定委员会认为，该研究成果在公路事业单位资金监管的网络系统方面达到了国际先进水平。

该项目通过鉴定以后，2005 年获得了河南省交通科学技术进步一等奖。近年来，随着河南公路建设的快速发展，资金投入的增加，如何有效地加强资金监管、保证资金安全将成为一个急需解决的问题。因此，非常有必要建立一个有效的能进行实时监控的资金监管系统平台，而“公路事业单位资金监管网络系统”有效地解决了这一问题。

“公路事业单位资金监管网络系统”项目的主要目的就是对河南省各级公路事业单位的资金流动情况进行动态汇总分析，以便于从整体上把握公路系统的资金资源状况，同时对资金的流量、流向进行监管，解决资金的控制问题，本系统是一个全局性的系统，涉及到省、市、县三级公路系统，可以从整本到局部进行控制。因此，本项目的实施将推动公路事业单位采取更加科学合理的筹资方式和正确的筹资渠道，降低筹资成本，防范和降低筹资风险。将有助于公路事业单位采用合理的财务管理体系，建立内部风险防范机制和内部财务控制制度，切实加强公路建养资金的管理，管好用好每一分钱，降低投资成本，提高投资效益。

资金监管目前还是一个前沿课题，在实际的管理活动中，还有许多的管理方法和管理规范正在不断的探索中，本系统也是对资金管理的一个有效尝试，通过本系统可以对公路事业单位的各项资金进行整合和调整。管理活动的本身就是通过计划和控制达到预期的目标。公路事业单位资金管理的目的是通过计划和控制对资金进行有效的利用，使有限的资金资源发挥最大的作用。

# 第十章 安装手册

本系统的安装分为三个部分：客户端系统安装、客户端系统配置、客户端账套设置（服务器端的安装不在此说明）。客户端系统的安装适用于各市公路管理局、县公路管理局等二、三级单位，而服务器端的安装则适用于省公路管理局中心的服务器。

## 第一节　客户端安装

### 一、硬件系统安装

网络硬件连接有两种方案：一种方案是通过上报终端连接防火墙，再接入互联网。这种方案比较安全，只有上报终端暴露在外网下，只要作好上报终端的安全就可以了，如图 10-1-1。

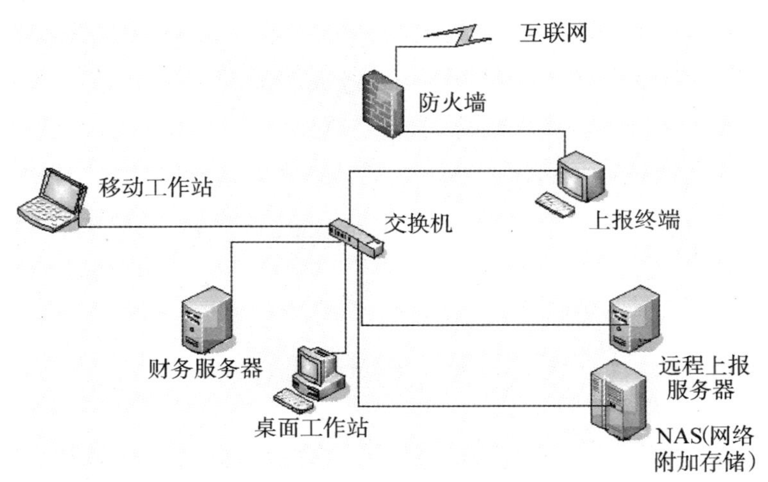


图 10-1-1　网络结构（方案 1）

第二种连接方案是把防火墙直接接入交换机，再通过防火墙接入互联网。这种方案所有内网计算机均暴露在外网下，需要作好全面防护，如图 10-1-2。

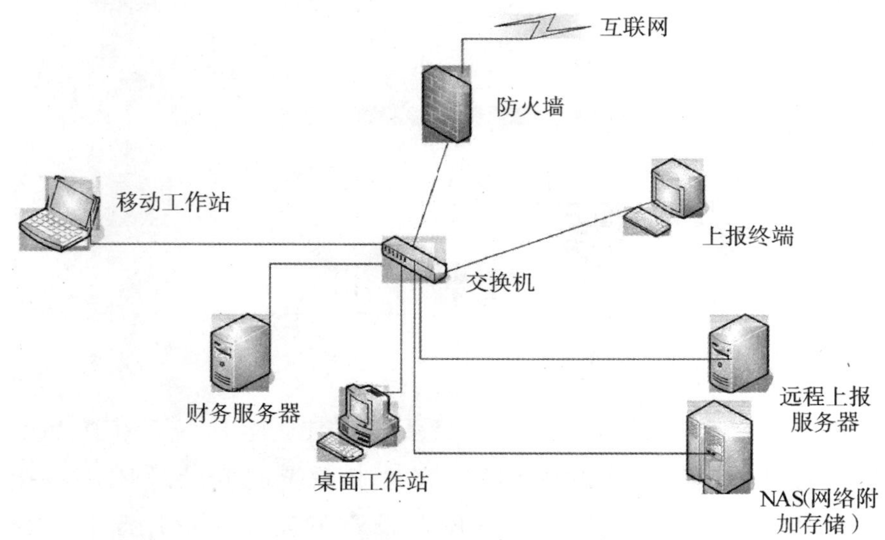


图 10-1-2　网络结构（方案 2）

## 二、防火墙的安装与设置

各市网络系统配备防火墙系统，以保护本地网络系统的安全。防火墙安装在本地财务网络系统和外网（或本单位网络）上，通过防火墙访问省局服务器（如图 10-1-3）。

防火墙安装完成后需要进行初始化与设置，操作过程如下：

防火墙的连接：

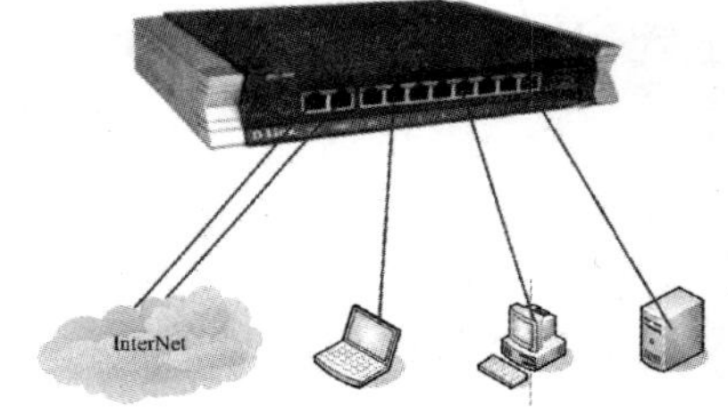


图 10-1-3　防火墙局部连接图

### 1. 系统复位

关闭防火墙，按住电源旁边的 Reset 键通上电源，10 秒后松开 Reset 键后系统自动复位。系统复位后大约需要 2 分钟 System 灯亮，这时系统复位成功。

### 2. 连接计算机

白色线（交叉线）连接系统设置计算机和 lan1 口，蓝色线（平行线）连接外网和 wan1 口，保证外网可以连通。

设置计算机 IP 地址为 192. 168. 1. *，子网掩码为 255. 255. 255. 0，可以不要 DNS。

## 3. 初始化向导

访问 192. 168. 1. 1 打开系统设置界面（如图 10-1-4），开始向导程序。初始口令 admin/admin。

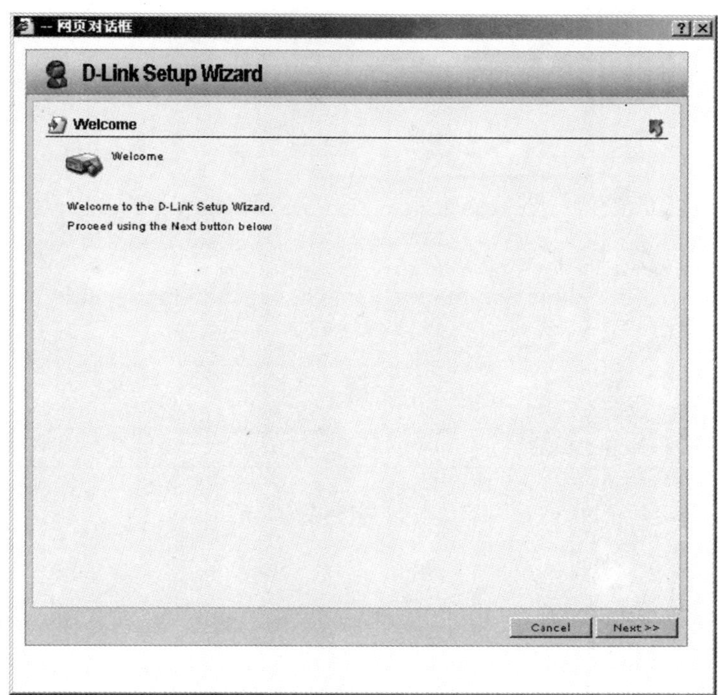


图 10-1-4　初始化界面

●WAN interfase settings 选择 wan1。

●WAN interface settings 选择外网接入方式，有 5 种，分别为：静态地址（Static）；动态地址（HDCP）；网通 ADSL 拨号（PPPoE）；PPPTP；Big Pond，选择静态地址（Static）方式。

●Static ip settings 设置静态地址

IP Address：192. 168. 121. 254 为外网地址；

Network：192. 168. 121. 0/24 为外网网段类型；

Gateway：192. 168. 121. 1 为外网网关；

Primany DNS server：202. 102. 224. 68 为 DNS 服务器 IP；

Secondary DNS server：为第二个 DNS 服务器 IP。

●检查 IP 设置：Object/Address Book/InterfaceAddresses。

●完成向导，等待 10 分钟后可以测试连接外网。首次连接速度较慢。

## 4. 网络连接

随机白色线连接 lan1 与内网交换机的级联口，随机蓝色线连接 wan1 与外网交换机的级联口。测试内网计算机是否可以访问外网。

## 5. 规则设置（图 10-1-5）

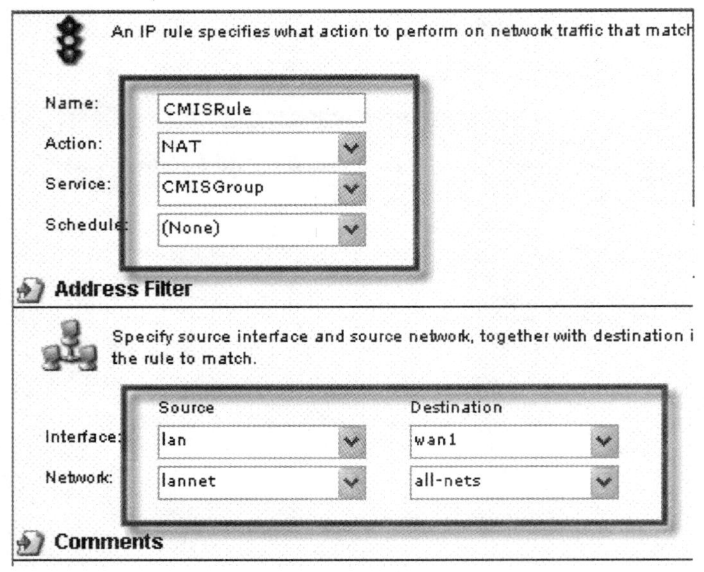


图 10-1-5　规则设定界面

Object/Services 中增加（Add）TCP/UDP Service

Name：CMIS

Type：TCP

Source：0～65535

Destination：5660～5670

Object/Services 中增加（Add）Service Group

Name：CMISGroup

Select：dns-all 和 all_ icmp 和 http-all 和 CMIS

Q. 这时系统可能自动增加一条记录"Untitled"，可以手动删除，或打开该项再关闭也可以自动删除。

Rules/IP Rules 中增加（Add）IP Rule-规则

## 6. 测试

执行升级及上报程序测试。

## 三、客户端软件安装

上报终端为定制的计算机系统，主要实现无人值守的金蝶账套数据的提取及上报任务。上报终端上需要安装的软件有资金监管网络系统、远程控制软件"pcAnyWhere10-1-5"的被控端、远程控制软件"Remote"的被控端

“RemoteServer”。

把本软件的安装光盘放入光盘驱动器中，双击安装目录下的“Setup. exe”文件开始系统安装向导。

第一步：启动安装向导程序（如图 10-1-6）。

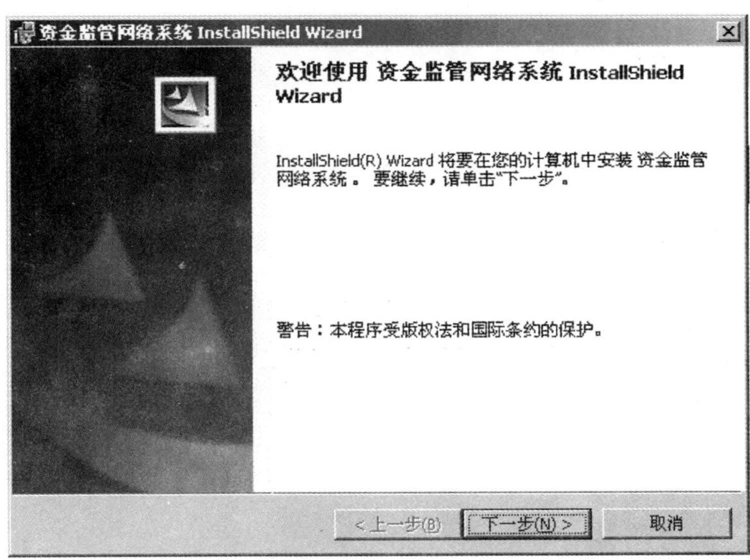


图 10-1-6　安装向导 1

第二步：系统安装许可协议（如图 10-1-7），需要选择接受协议继续安装。

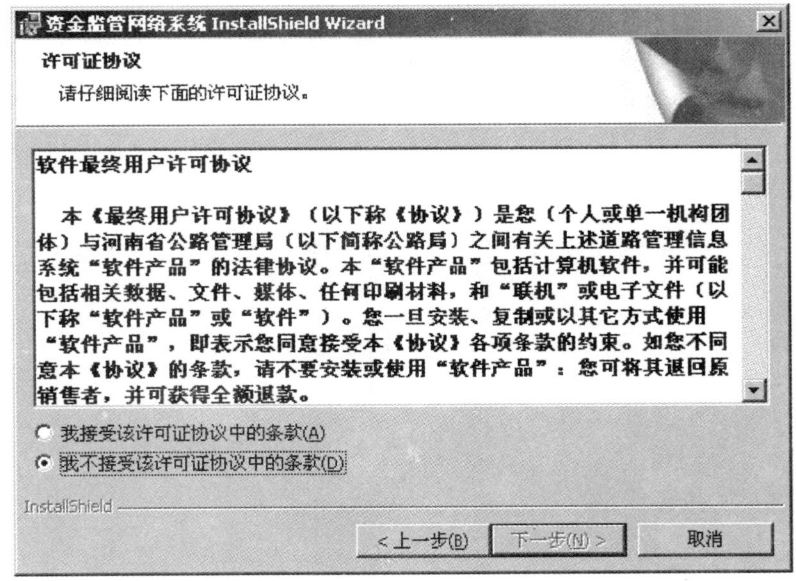


图 10-1-7　许可协议

第三步：选择本系统所适用 Windows 用户（如图 10-1-8）。

第四步：选择安装方式（如图 10-1-9），这时用户可以选择“自定义”命令选择安装到其他目录下。

第五步：设置完成提示，以决定系统是否正式安装（如图 10-1-10）。

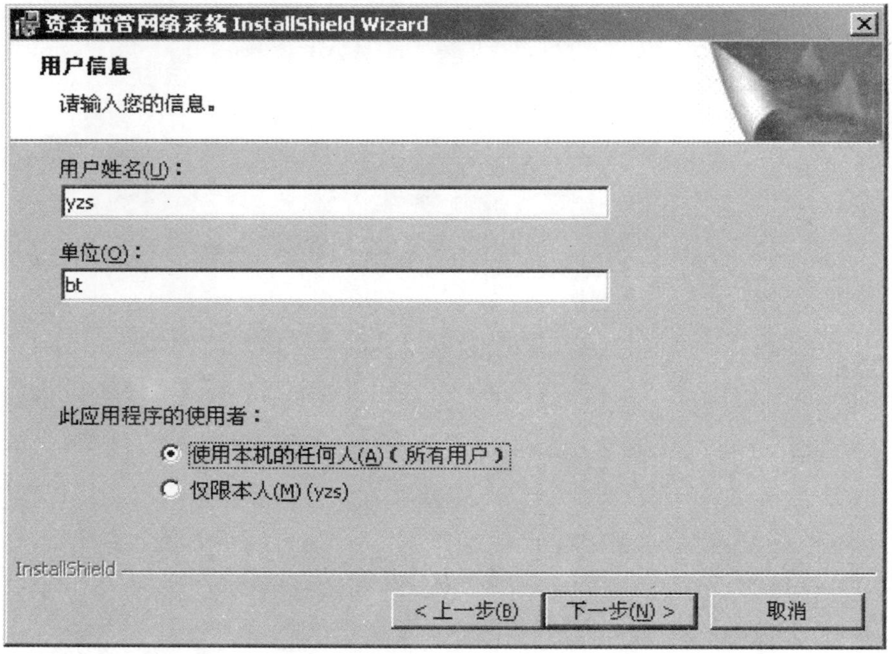

资金监管网络系统 InstallShield Wizard
用户信息
请输入您的信息。
用户姓名(U)：
yzs
单位(O)：
bt
此应用程序的使用者：
使用本机的任何人(A)（所有用户）
仅限本人(M) (yzs)
InstallShield
< 上一步(B)
下一步(N) >
取消

图 10-1-8　选择用户

资金监管网络系统 InstallShield Wizard
安装类型
选择最适合自己需要的安装类型。
请选择一个安装类型。
完整安装(O)
将安装所有的程序功能。（需要的磁盘空间最大）。
自定义(S)
选择要安装的程序功能和将要安装的位置。建议高级用户使用。
InstallShield
< 上一步(B)
下一步(N) >
取消

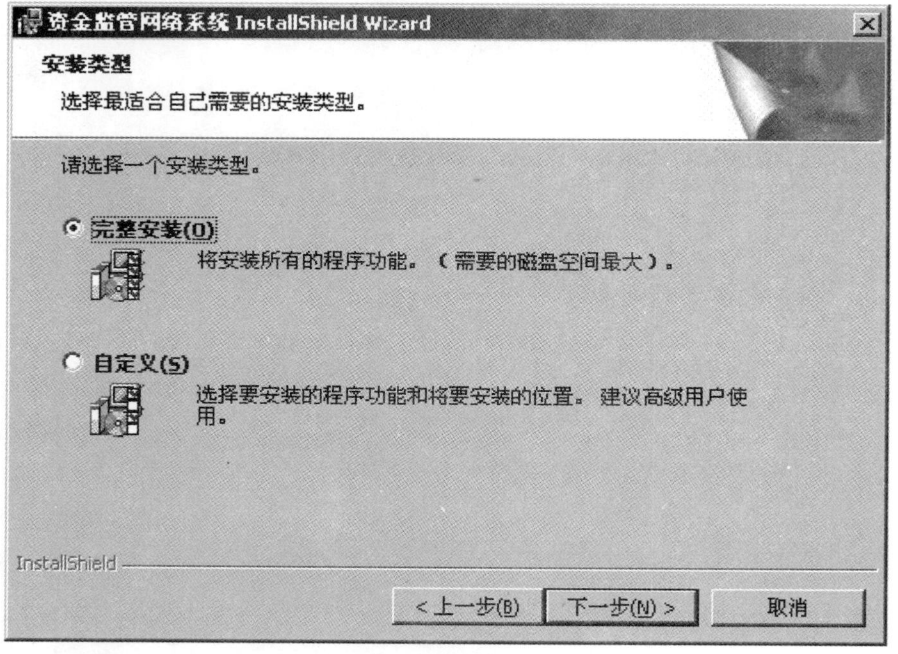

图 10-1-9　选择安装方式

第六步：拷贝系统文件并注册（如图 10-1-11）。

检查系统是否安装成功：系统缺省安装目录为“C：\Program Files\K&B Star\CMIS”，在此目录下安装了系统文件、辅助文件、本地数据库文件等。

安装系统补丁：如果客户端操作系统使用的是 Windows 2000 以前的版本，则需要安装额外的补丁——数据库升级补丁和 XML 支持补丁。这两个补丁可以从网

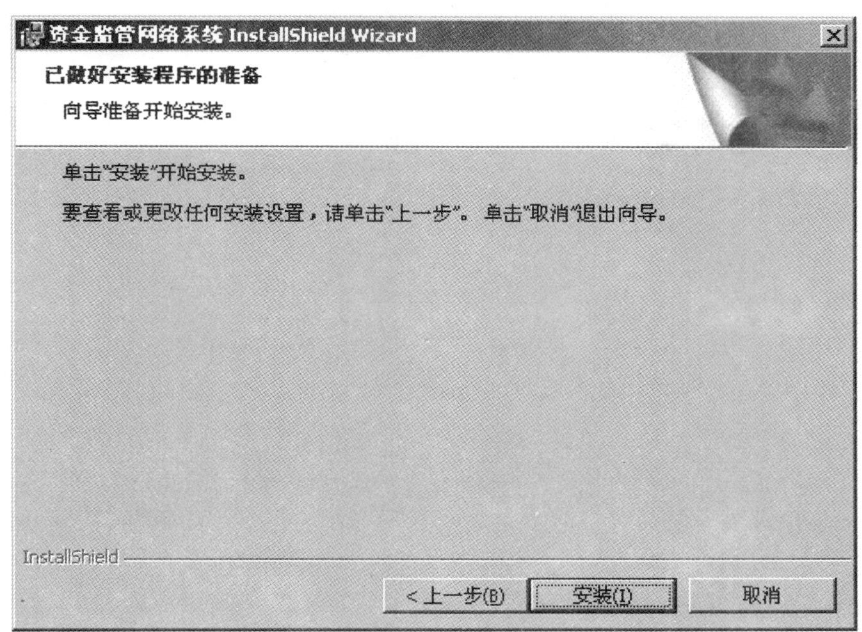


图 10-1-10 选择是否开始正式安装

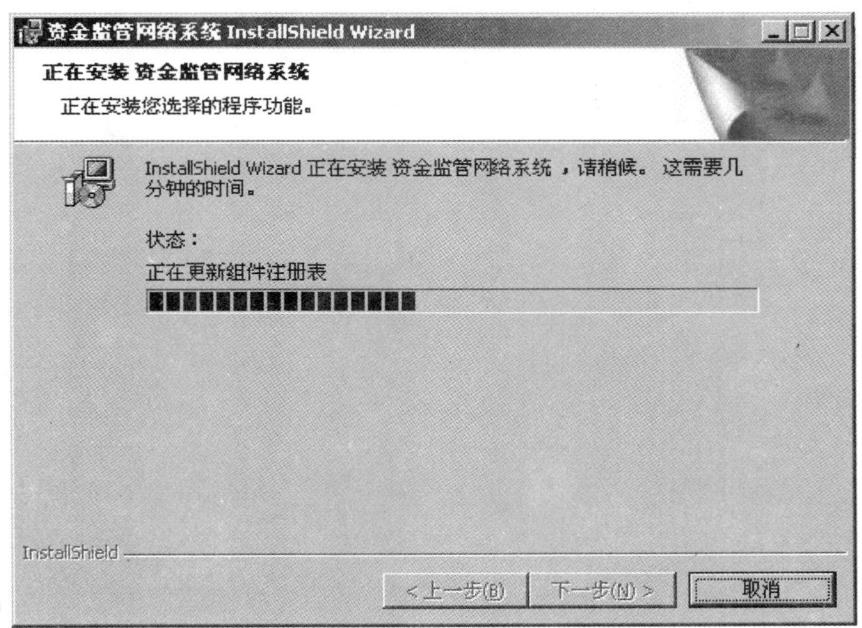


图 10-1-11 文件拷贝与注册

上免费下载，本系统安装盘上也提供了相应的安装程序"MDAC_ TYP7. EXE"和"MSXML4-KB925672-chs. exe"，安装时请参阅向导说明。

安装远程控制软件"pcAnyWhere"被控端。pcAnyWhere 提供了远程系统维护的功能，通过该系统可以直接对上报终端进行调试。在上报终端上安装 pcAnyWhere 时只需要安装被控端系统并使被控端为自动启动就可以了。

第一步：启动安装程序，选择"安装 pcAnywhere 10-1-5"（如图 10-1-12）。

图 10-1-12　系统安装界面

第二步：选择“仅被控端”继续安装（如图 10-1-13）。该安装过程为向导过程，根据系统提示安装即可。

图 10-1-13　安装项

第三步：自动启动设置。完成“pcAnywhere”安装后启动该程序，如图 10-1-14，在该界面下选择左方命令“Hosts”，在右方点击鼠标右键显示如图 10-1-15 命令项，选择命令“New Item”下的“Connect Wizard”命令，打开建立被控端向导如图 10-1-16，执行下一步打开图 10-1-17，在此请选择“I want to set up a user name and password”选项，执行下一步进入如图 10-1-18，在此窗口录入被控端用户名和密码（缺省应输入 cmis），完成该向导。这时生成一新的项目，在该项目上点右键上执行“properties”属性命令，打开属性窗口，选择“Setting”标签，显示如图 10-1-19，选择“Launch with Windows”选项，执行“确定”命令，重新启动系统后完成被控端设置。

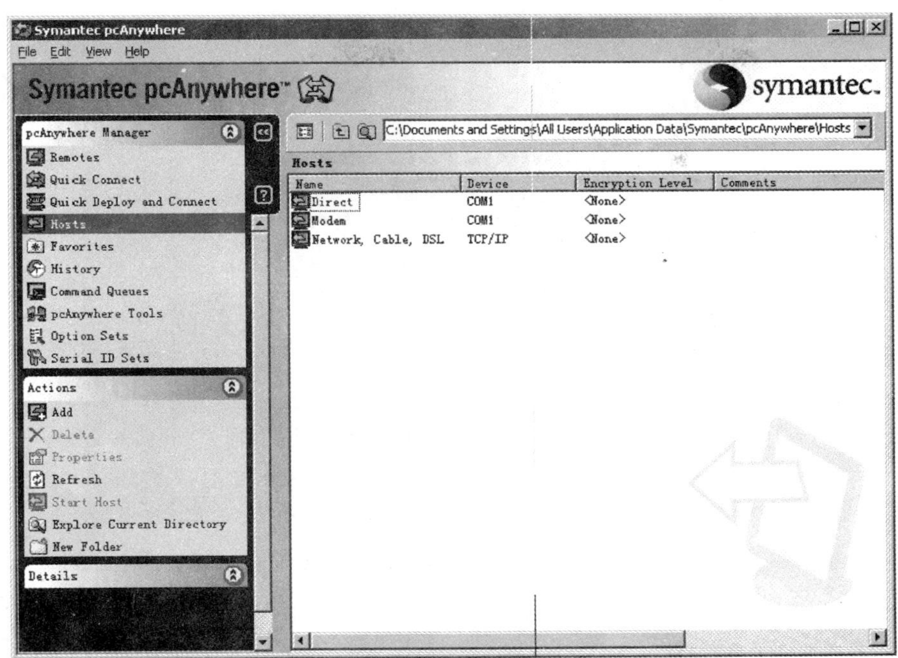


图 10-1-14　系统界面

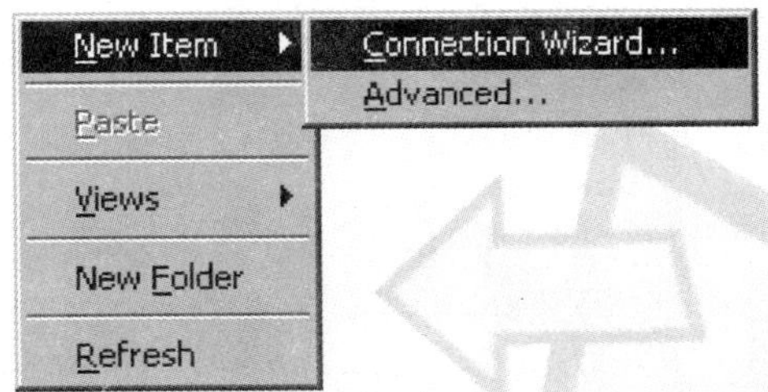


图 10-1-15　右键命令

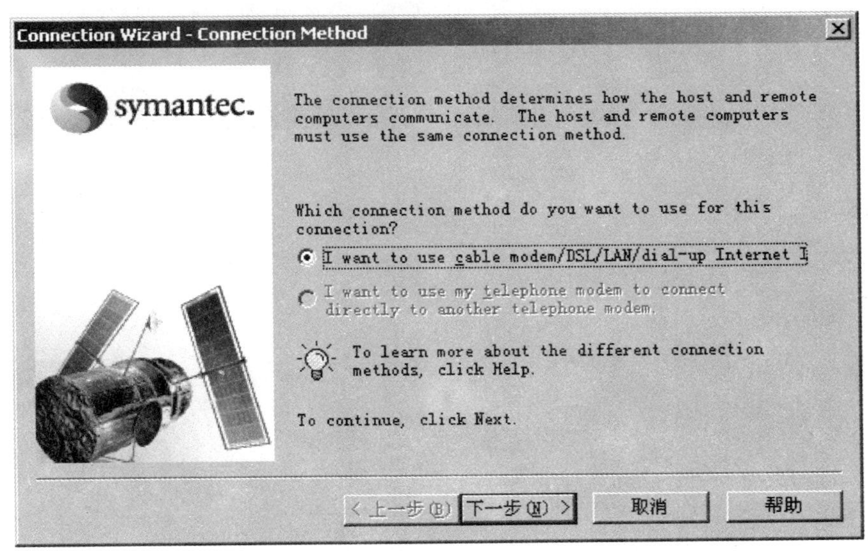


图 10-1-16　建立被控端向导

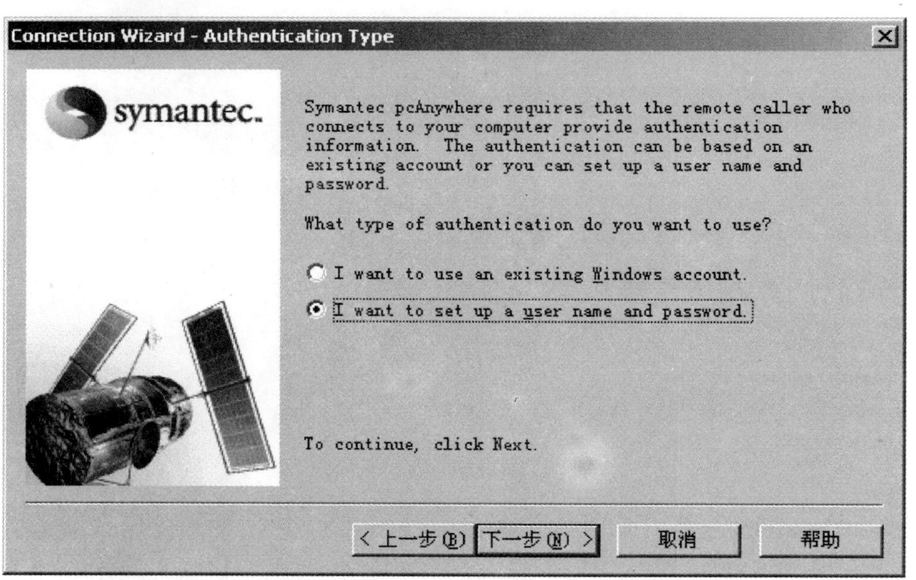


图 10-1-17　选择控制方式

图 10-1-18　被控端用户名与密码设置窗口

第四步：主控端安装。主控端为控制上报终端的计算机，可以是访问被控端的任意一台计算机。主控端的安装过程与被控端基本相同，但选择安装项目时应仅被选择控端。

启动被控端主程序后，打开界面如图 10-1-14，在左边选择“Remotes”项目，在右边单击右键选择命令“New Item”下的“Advanced”命令（如图 10-1-20），打开系统设置窗口如图 10-1-21，选择 Settings 标签，在 IP 地址栏输入被控端的 IP 地址，在 Login Name 和 Password 中输入被控端的地址和用户名、密码。

第五步：完成主控端后，系统生成主控标签，双击进行连接测试，系统打开被控端窗口，可以进行直接操作。

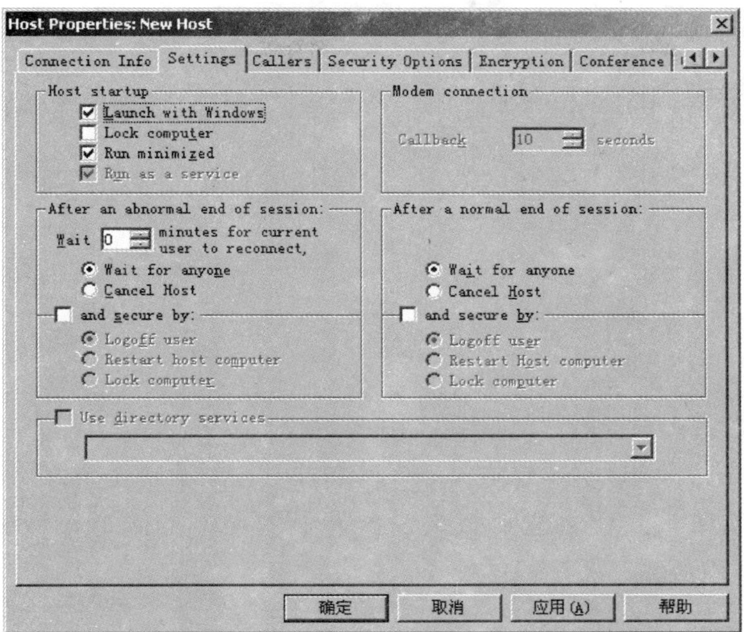


图 10-1-19　自动启动选择

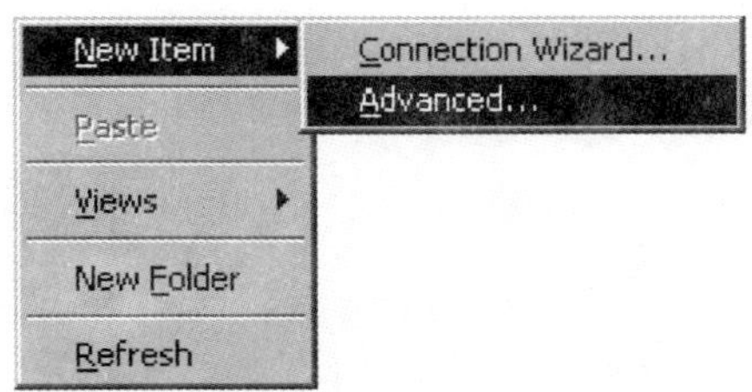


图 10-1-20　建立主控端命令

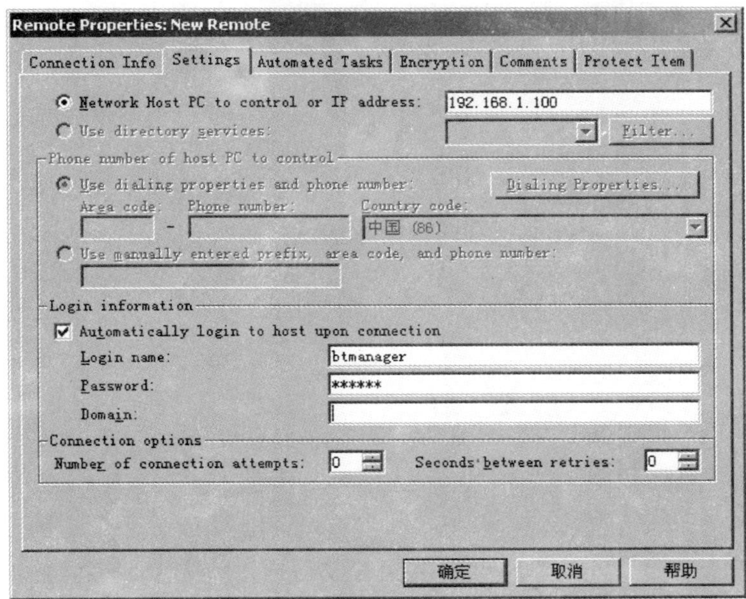


图 10-1-21　主控端设置

## 第二节　客户端配置

完成客户端安装后，需要对客户端系统进行配置以便完成系统安装。客户端配置包括三部分工作：下载本地数据库系统到本地系统中、配置本地上网环境、设置自动上报参数。

### 一、下载本地数据库

各地市公路局、高速公司及管理中心的系统数据库存放在省局“资金监管网络系统”网站服务器，要获取本单位的系统数据库，请以本单位的登录“用户”及登录“密码”登录省局“资金监管网络系统”网站服务器，在“系统维护→下载本地数据库”找到链接，下载本单位的数据库，并把下载的数据库文件重命名为“CMIS. DAT”。省局“资金监管网络系统”网站服务器地址为：http：//218. 28. 223. 39/cw，打开后显示如图 10-2-1。

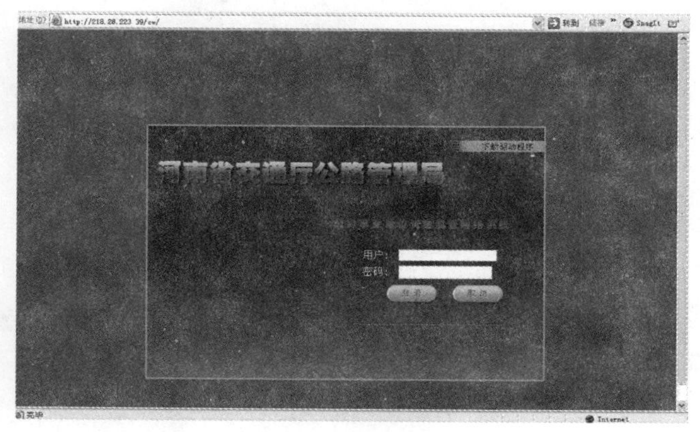


图 10-2-1　资金监管系统网络登录界面

有关“登录名”、“登录密码”的信息可以以省局的“登录名”和“登录密码”（“登录名”、“登录密码均为 41）登录“资金监管络系统”网站查询，系统默认登录密码与登录名相同，请于第一次登录网站后立即修改密码，修改登录网站密码后一定要修改上报终端“资金监管网络系统”的密码与网站一致，否则将影响数据的正常上报。第一次登录网站时，请在网站首页单击“下载驱动程序”按钮，安装认证卡的驱动程序（如图 10-2-2、图 10-2-3），安装认证卡的驱动程序前请不要把认证卡接入计算机 USB 接口。

认证卡驱动程序正确安装后就可以把认证卡接入电脑，输入正确的“登录名”和“登录密码”登录网站了。如果认证卡检查失败，登录网站时就会出现错误提示（如图 10-2-4），请仔细检查操作。

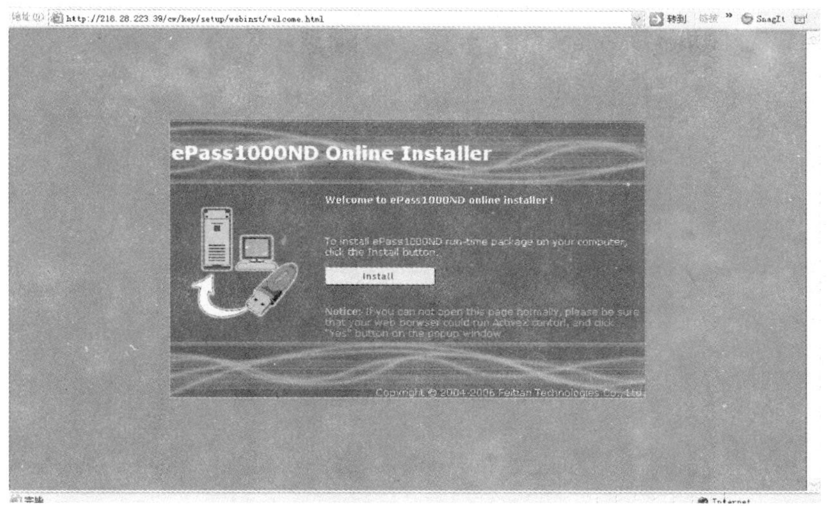


图 10-2-2　认证卡安装

图 10-2-3　认证卡安装完成

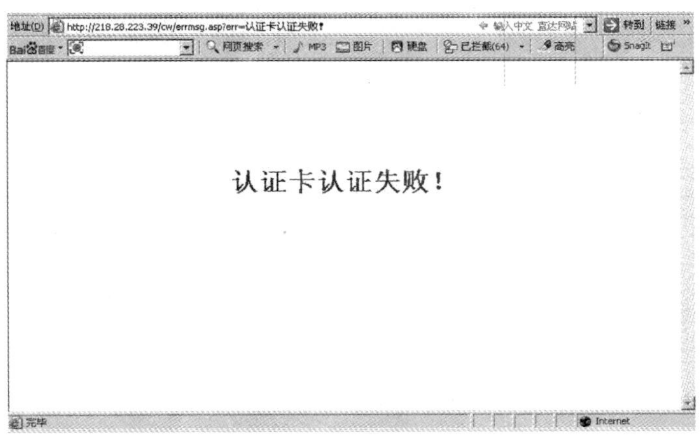


图 10-2-4　认证卡安装失败

认证卡检查通过就显示系统操作主界面（如图 10-2-5），在该界面下打开系统维护命令，执行“下载本地数据库”命令下载本地数据库文件（如图 10-2-6），该文件为一个 Access 数据库文件，请把该文件拷贝到资金监管系统主目录下的 Data 目录。

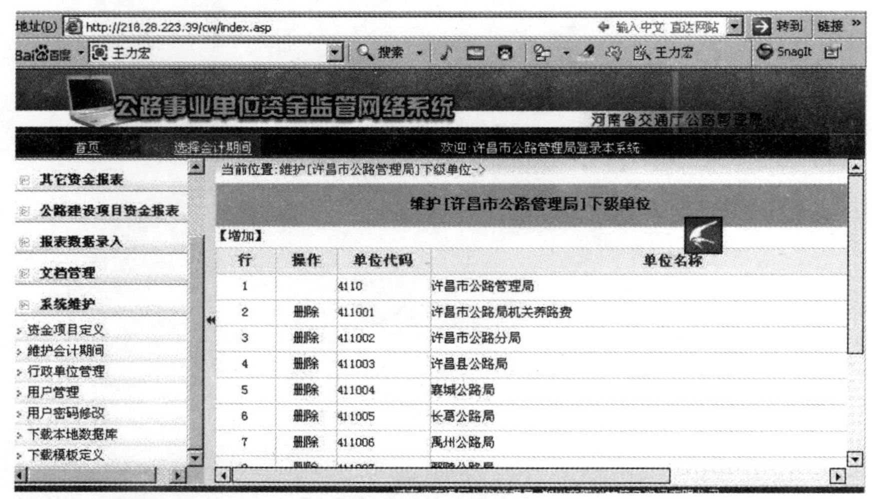


图 10-2-5　登录后系统操作界面

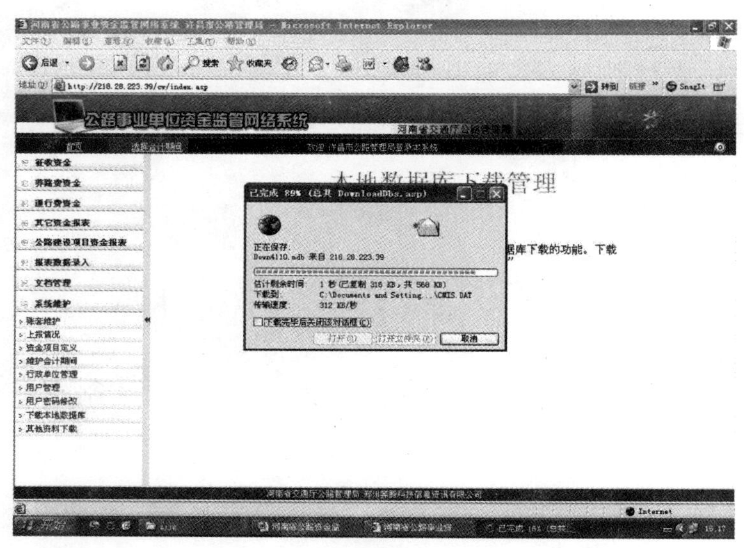


图 10-2-6　本地数据库下载界面

## 二、系统配置

### 1. 本地数据库配置

打开本地系统安装目录 Data 下的本地数据库配置文件 cmis. ini，根据以下说明修改系统配置参数。在修改系统配置参数时请注意参数格式及最后的“\”符号。

DbsName = data \ zjjg. mdb 数据库文件

DataPath = E：\ yzs \ 资金管理 \ Kingdee \ 工作目录

UploadUrl = http://218.28.223.39/cw/upload/

UpgradeUrl = http://218.28.223.39/cw/Upgrade/ } 网络配置

DownloadUrl = http://218.28.223.39/Download/ 网络配置

## 2. 修改远程登录配置文件

打开安装目录 Data 下的 Config. ini 文件，根据以下说明修改本地数据参数。需要注意的是，用户名和密码必须与网络上的用户名与密码一致，且具有相应的权限。

CompanyID = xxxx 单位代码

UserID = xxxx 用户代码

PassWord = xxxx 登录密码

Year = 2004

Month = 1 } 当前年月

## 3. 自动批处理文件 AutoExec. bat 配置

自动批处理用于数据上报处理，通过执行该批处理命令可以同时完成一系列操作：文件拷贝、系统升级、数据上报等。自动批处理缺省配置如下：

rem 准备账套文件

call copykingdee. bat

rme 退出远程控制系统，使系统可以升级

RemoteServer u

rem Upgrade 升级

UpgradeSelf

rem 系统升级

Upgrade

rem 上报数据

CMisUpload

rem 启动远程控制系统

callpp o 0 RemoteServer. exe

rem 暂停 20 秒

callapp p 20

## 4. 文件拷贝批处理命令 CopyKingdee. bat 配置

命令完成金蝶账套文件的拷贝工作，把目前正在使用的账套拷贝到工作目录下，这样可以使系统在不需要打开原数据库的情况下进行操作，减少对财务数据

库的影响。CopyKingdee. bat 格式如下，因各单位的账套文件所在的目录不同，所以需要根据不同的环境进行设置。对于该命令的执行需要相关的网络设置和网络登录，请参阅相关操作说明。

rem 拷贝账套文件

xcopy \\ cent \cw \ *. a?? kingdee /a /y

该批处理文件实现的功能为从财务服务器拷贝金蝶账套到上报终端的共享目录“KINGDEE”，各单位可根据本单位的实际情况修改该文件的内容。

### 5. 自动定时执行配置

从“资金监管系统网站”下载计划任务管理程序到“资金监管系统”安装目录并创建快捷方式到启动组，重新启动系统该程序就一直在任务栏处等待执行状态，把“资金监管系统”安装目录下的“Autoexec. bat”添加进计划任务（如图 10-2-7）。

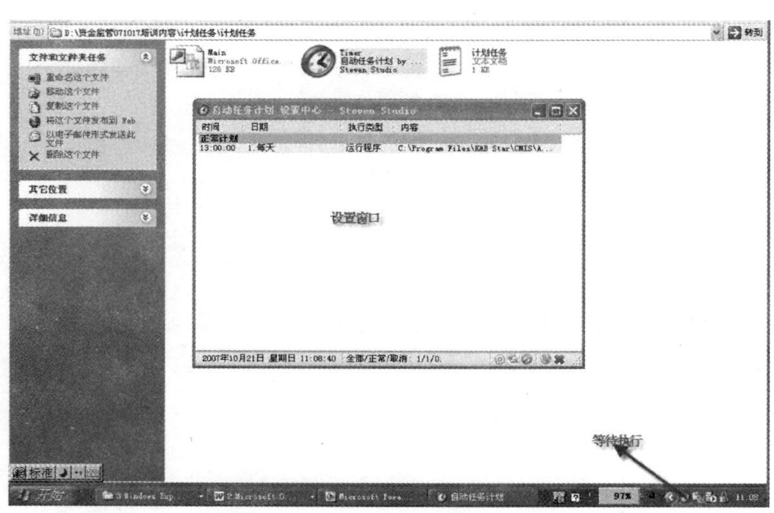


图 10-2-7　计划任务

## 第三节　客户端账套设置

完成客户端配置后还须定义需要上报的客户端账套，以便系统自动提取数据并上报服务器。打开客户端“资金监管网络系统”客户端管理程序，其主界面如图 10-3-1。

### 一、系统登录设置

首次使用系统时需要设置系统登录参数，该参数与系统配置文件中的参数一

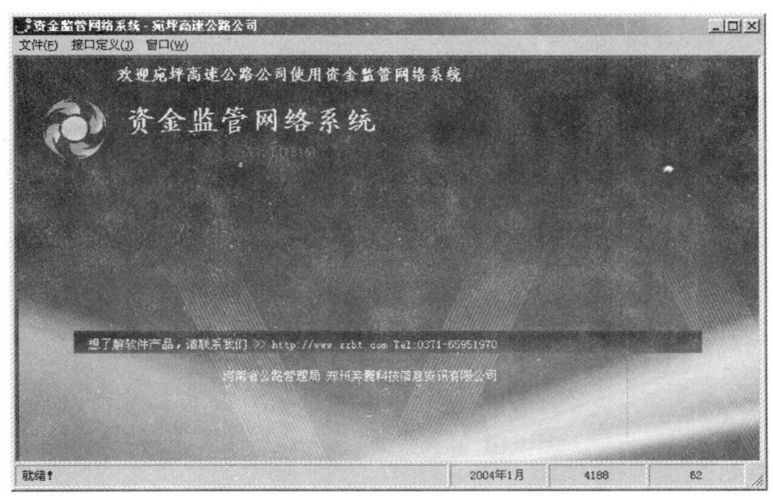


图 10-3-1　客户端管理程序

致。在系统使用时，通过程序设置与通过配置文件设置作用相同。打开文件命令下的“系统设置”命令，如图 10-3-2。

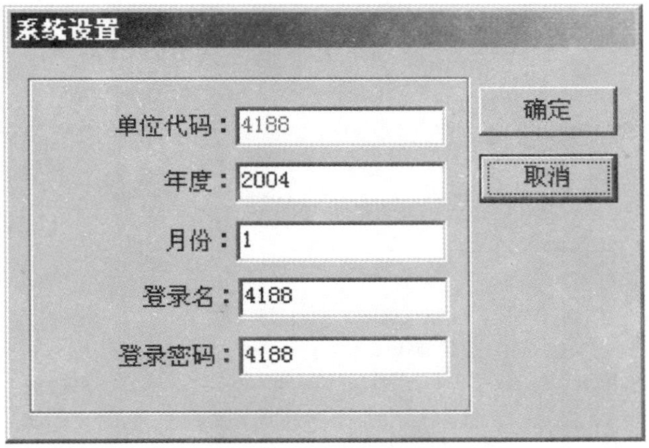

系统设置

单位代码：4188
年度：2004
月份：1
登录名：4188
登录密码：4188
确定
取消

图 10-3-2　系统设置

系统设置中的单位代码是全省统一代码，该代码具有全省单位代码的唯一性，由省局分配。年度、月份应与省局当前上报的年度与月份一致，登录名与登录密码为该单位远程服务器（省局服务器）登录密码，同样必须与省局服务器上的密码一致。当省局服务器对应的用户名密码修改后，该参数必须同步修改以保持一致。

## 二、接口账套管理

执行接口定义中的接口账套管理命令，打开接口账套管理窗口（如图 10-3-3），系统提供账套修改、增加、删除功能。执行增加、修改命令，打开图 10-3-4 窗口，在此需要完成如下设置：

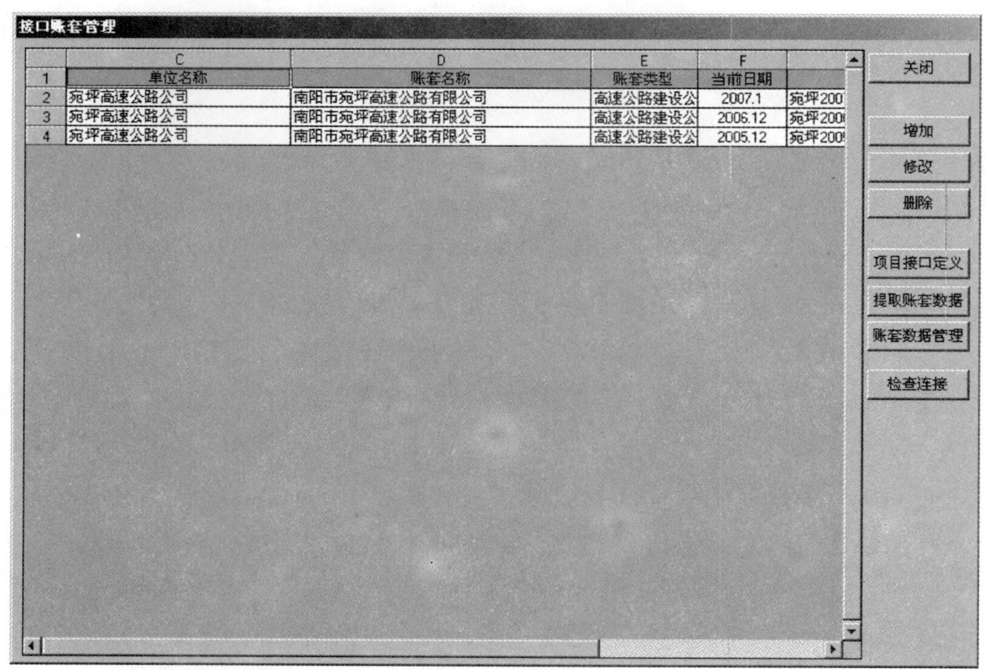


| | C | D | E | F | |
|---|---|---|---|---|---|
| 1 | 单位名称 | 账套名称 | 账套类型 | 当前日期 | |
| 2 | 宛坪高速公路公司 | 南阳市宛坪高速公路有限公司 | 高速公路建设公 | 2007.1 | 宛坪200 |
| 3 | 宛坪高速公路公司 | 南阳市宛坪高速公路有限公司 | 高速公路建设公 | 2006.12 | 宛坪200 |
| 4 | 宛坪高速公路公司 | 南阳市宛坪高速公路有限公司 | 高速公路建设公 | 2005.12 | 宛坪200 |

图 10-3-3　接收账套管理窗口

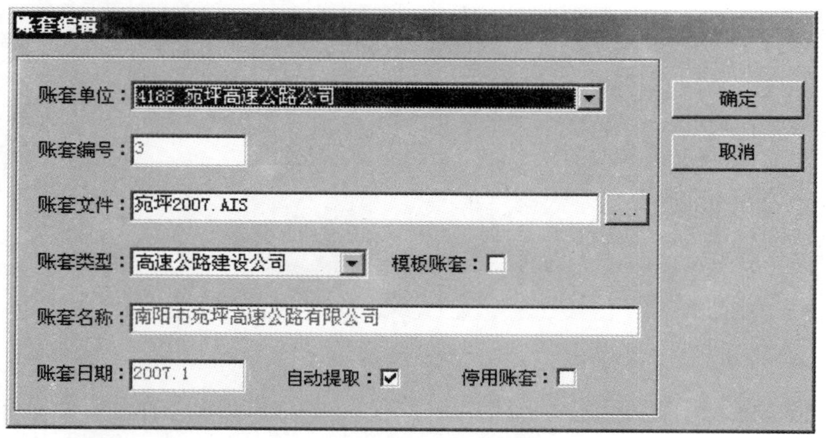


图 10-3-4　接口账套增加编辑窗口

（1）账套单位：选择本单位的单位代码，由系统分配。在完成系统设置后，程序会自动对应本单位代码。

（2）账套编号：由系统根据内部排序自动生成的编号，不需要输入，在保存数据时系统自动生成完成。

（3）账套文件：新增账套或编辑账套对应的账套文件为临时目录下的文件。需要注意的是，该文件是通过拷贝命令生成的新文件，请不要选择账务系统所使用的文件，以免影响账务系统运行。

（4）账套类型：当前账套所属类型，包括养路费收入资金、养路费支出资金、通行费收入资金、通行费支出资金、高速公路建设资金五类。

（5）模板账套：单选项，只有省局定义的账套可以是模板账套，其他单位均非模板账套。模板账套用于定义标准账套参数，用于各单位导入参数使用。

（6）账套名称与账套日期：所选择的账套的账套名以及该账套的当前日期，一般情况下该日期的年度应与省局当前日期的年度一致。

（7）自动提取：单选项，决定该账套是否自动提取数据并上报省局服务器。选择该功能后，在计划任务中定义的自动执行命令执行时会自动从该账套提取数据、处理数据、上报与汇总数据。

（8）停用账套：对于历年账套完成上报后，由于该账套不再变更，所以不再需要上报。通过选择停用账套可以停止对该账套的处理，减轻系统与网络的负担。

## 三、变更处理

接口账套管理中所定义的账套由自动执行程序进行处理，并定时上报省局服务器，如果系统没有变更，客户端的设置也不需要变更。但有如下情况的需要根据本操作说明进行相应的变更。

（1）服务器用户名和密码变更时本地配置需要同步变更。

（2）金蝶账套文件名变更后账套接口中需要同步修改账套名。

（3）金蝶账套文件位置变更时修改批处理文件 CopyKingdee. bat 中的命令。

（4）年度结账前需要最后上报一次数据，并在年度结账后需要增加新的一年的账套，并停止上年账套的上报设置。

# 第十一章 操作手册

操作手册是针对资金监管系统操作进行的说明，包括系统基本设置、数据录入、报表查询等。本操作手册不包括客户端的操作，客户端操作请参阅安装手册中的说明。“河南省公路事业单位资金监管系统”使用 B/S 结构设计，需要在 IE6.0 以上版本的浏览器下运行。本操作手册中所涉及的数据已经过处理，不代表真实数据，不作为会计核算参考。

## 第一节 登录与权限

“河南省公路事业单位资金监管系统”使用 B/S 结构设计，系统服务器存放于河南省交通厅通信中心，通过防火墙为内网用户和外网用户提供服务。本服务器内网地址为 10.35.0.129，外网地址为 218.28.223.39。

### 一、登录

打开浏览器，输入地址“http://218.28.223.39/cw”打开服务器登录页面如图 11-1-1，在此页面输入用户名和密码登录系统。登录系统后打开系统主页如图 11-1-2。系统主页由三部分构成，上方为系统标志及标题部分，登录用户名也显示在此部分；左下方为系统主菜单，在此选择执行的命令；右下方为工作区域，数据、报表等在此显示。

用户首次登录系统后，需要修改用户密码，以保证系统的安全。执行系统维护下的“用户密码修改”命令，打开密码修改窗口如图 11-1-3，录入旧密码，录入两次新密码，执行“提交”命令完成密码修改操作。

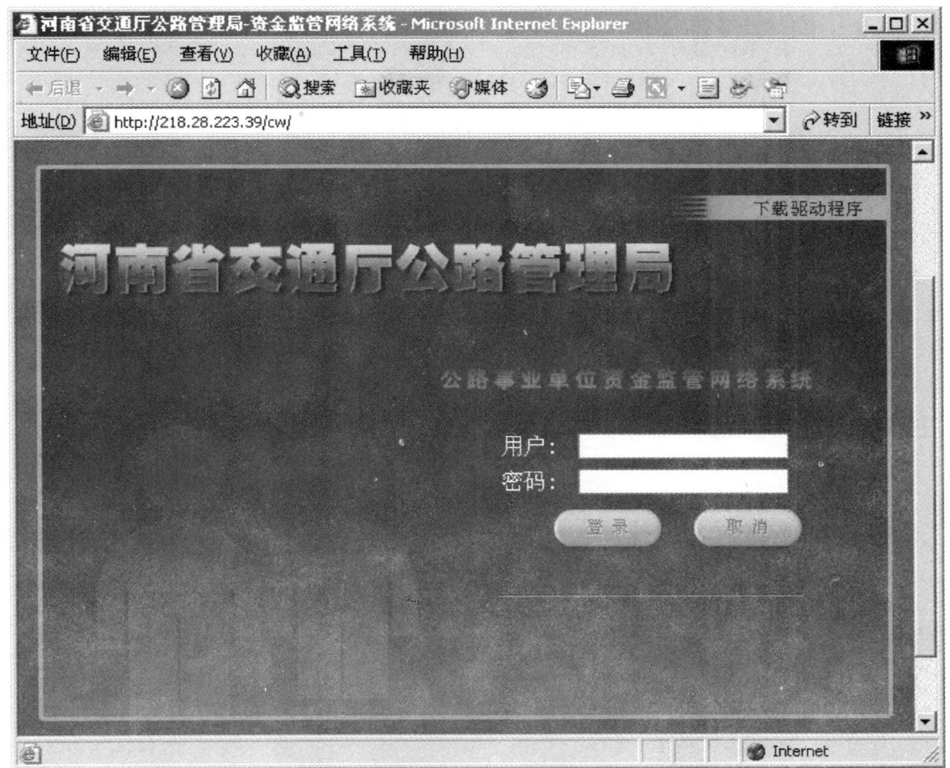


图 11-1-1　登录页面

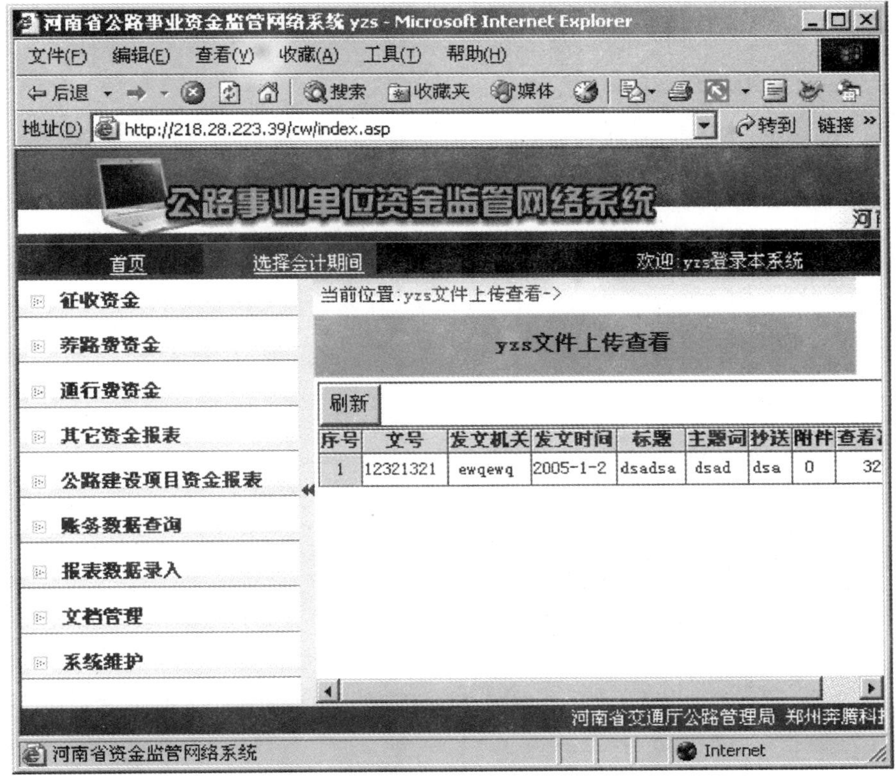


图 11-1-2　主界面

| 请先输入正确的旧密码，然后输入新密码和确认密码，最后提交 | |
|---|---|
| 旧密码： | * |
| 新密码： | * |
| 确认新密码： | * |
| | 提 交 |

图 11-1-3　密码修改

## 二、用户管理与权限

执行系统维护中的“用户管理”命令，打开用户管理窗口。在用户管理窗口中，可以查询本单位所有的在册用户及用户权限。

“增加用户”：新增本单位用户并设置权限，如图 11-1-4。

| 登 录 名: | |
|---|---|
| 姓　　名: | |
| 管 理 员: | ☐ |
| 数据录入: | ☐ |
| 数据查询: | ☐ |
| 数据提取: | ☐ |
| 账簿查询: | ☐ |

保存　退出

图 11-1-4　增加用户

“清除密码”：只有系统管理员可以清除其他用户的密码，但不能查询密码。为了保证系统安全，清除密码并非把密码清空，而是使用密码代码作为密码。

“删除”：删除当前用户。

“用户名”链接：修改用户。

增加用户同时设置用户权限。增加用户需要输入登录名（用户代码）和用户姓名，登录代码要求用字母数字且不超过 10 位，姓名要求不超过 20 位。

用户权限分管理员、数据录入、数据查询、数据提取和账簿查询权限。每个单位只能设置一个管理员。管理员除具有一般权限外，可以对系统进行维护，包括用户管理、下属单位管理、清除用户密码等。数据录入权限指该用户可以录入预算、计划等数据，这些数据无法从账上提取，需要直接录入系统。数据查询权限以查询报表数据，但不能查询账簿数据。数据提取权限用于远程数据上报（客户端）使用，需要与客户端的设置一致。账簿查询权限可以查询明细账、凭证等敏感数据，一般只有领导可以具有该权限。

### 三、下属单位管理

执行系统维护下的“行政单位管理”可以对下属单位进行维护，即进行增加与修改。其中单位名称列链接可以修改单位信息，在修改单位信息时不能修改单位代码。“增加”命令可以新增下属单位。增加下属单位如图 11-1-5。

| 单位代码: | |
| --- | --- |
| 单位名称: | |
| 养路费: | ☐ |
| 省管通行费: | ☐ |
| 市管通行费: | ☐ |

保存 退出

图 11-1-5 增加下属单位

下属单位代码需要进行全省统一编码，应使用行政代码与顺序号进行组合编码，如 4101 为郑州市编码，则郑州市下属单位的编码应为 410101、410102 等。单位属性表示本单位具有哪一类账务数据，包括养路费、省管通行费和市管通行费等三类。

## 第二节 系 统 维 护

系统维护是对本系统的基本设置与操作，主要包括会计期间维护、资金项目维护、上报情况检查、账套维护等。

### 一、会计期间维护

“会计期间”定义了会计核算的时间单位，一般情况下，一个会计期间对应于一个月，会计期间维护定义了当前正在处理的会计核算时间。会计期间定义如图 11-2-1，会计期间维护包括增加会计期间、锁定会计期间、作废会计期间等命令。

增加会计期间：增加新的会计核算期间，如图 11-2-2。在增加会计期间时可以只增加一个会计期间，还只输入年度同时增加一年的会计期间。

锁定会计期间：锁定会计期间后该会计期间不再允许上报数据和录入数据，但可以对该会计期间进行查询。锁定会计期间一般用于对历史数据进行锁定操作，

【增加】

| 行 | 锁定操作 | 作废操作 | 会计年度 | 会计月份 | 是否锁定 | 是否作废 |
|---|---|---|---|---|---|---|
| 1 | 锁定 恢复 | 作废 恢复 | 2004 | 1 | | |
| 2 | 锁定 恢复 | 作废 恢复 | 2004 | 2 | | |
| 3 | 锁定 恢复 | 作废 恢复 | 2004 | 3 | | |
| 4 | 锁定 恢复 | 作废 恢复 | 2004 | 4 | | |
| 5 | 锁定 恢复 | 作废 恢复 | 2004 | 5 | | |
| 6 | 锁定 恢复 | 作废 恢复 | 2004 | 6 | | |
| 7 | 锁定 恢复 | 作废 恢复 | 2004 | 7 | | |
| 8 | 锁定 恢复 | 作废 恢复 | 2004 | 8 | | |
| 9 | 锁定 恢复 | 作废 恢复 | 2004 | 9 | | |
| 10 | 锁定 恢复 | 作废 恢复 | 2004 | 10 | | |
| 11 | 锁定 恢复 | 作废 恢复 | 2004 | 11 | | |
| 12 | 锁定 恢复 | 作废 恢复 | 2004 | 12 | | |

首页 上一页 下一页 尾页 第 1 页 共 4 页 共 48 条记录 转到第 1 页

图 11-2-1 会计期间定义

图 11-2-2 增加会计期间

以防意外修改。

作废会计期间：作废会计期间后将关闭该会计期间的任何操作，包括查询、录入、上报等。

## 二、资金项目维护

资金项目是本系统财务数据与报表数据进行转换与计算的关键代码库，也是本系统中所有操作的核心。资金项目维护则提供了针对资金项目代码库的增加、编辑等操作。

执行系统维护中的资金项目定义命令打开资金项目维护页面如图 11-2-3。

图 11-2-3 中的资金项目定义一级项目窗口，系统中的一级项目是固定的项目，不提供系统增加与修改功能，通过单击项目名称的链接可以维护下级项目，子项目数显示该项目下属的子项目数，该项目数指其直属下级项目，不包括其三级子项目数。支出项目有 6 个二级项目，而这 6 个二级项目又有 12 个三级项目。单击子项目数链接可以以树型结构方式显示目录结构，如图 11-2-4。如果该资金项目没有下级项目，则项目名称不显示链接，子项目数不显示。

主项目：根项目(root)　刷新　返回

| 序号 | 项目代码 | 项目名称 | 项目说明 | 子项目数 |
|---|---|---|---|---|
| 1 | 101 | 资金收入 | 从事公路事业实际收入的资金 | 5 |
| 2 | 201 | 资金来源 | 公路事业单位维持自身运作而获取的资金 | 7 |
| 3 | 202 | 超限检测费收入 | | |
| 4 | 203 | 道路补偿收入 | | |
| 5 | 204 | 专项资金收入 | | |
| 6 | 205 | 工程项目资金拨入 | | 5 |
| 7 | 301 | 支出项目 | 公路事业单位实际支出的资金 | 6 |
| 8 | 302 | 超限检测支出 | | |
| 9 | 303 | 道路补偿支出 | | |
| 10 | 304 | 专项资金支出 | | |
| 11 | 305 | 工程项目资金支出 | | 4 |
| 12 | 401 | 成本分析项目 | | 2 |

图 11-2-3　资金项目定义

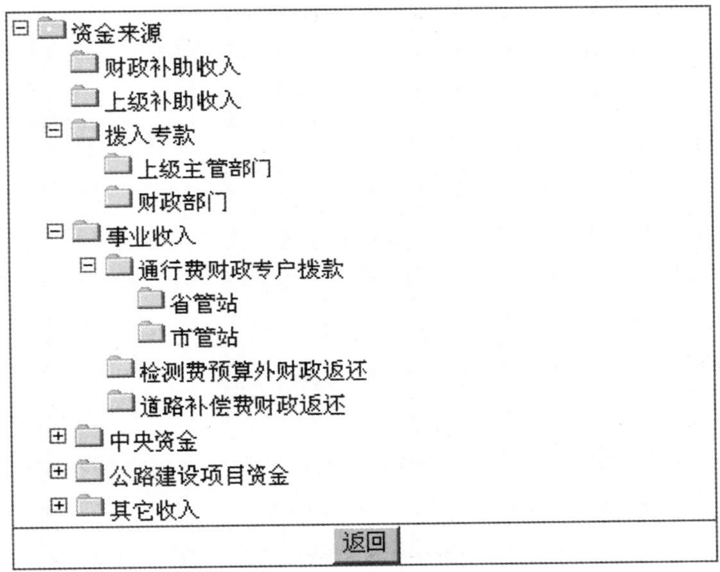


图 11-2-4　“资金来源”项目结构图

系统管理员可以对资金项目进行维护，双击项目序号可以维护该资金项目的下级项目，如图 11-2-5 为事业收入的下级项目的维护页面。资金项目维护中，提供了增加、修改、保存、删除命令。

“增加”：在当前表中增加新的行记录用于增加一个新的资金项目。

“修改”：在图 11-2-5 表中直接修改、编辑记录。

“保存”：保存当前修改或增加的记录信息。

“删除”：删除命令只能删除刚增加的记录，而原记录因已使用是不能删除的。删除一行记录使用该行最右边的“ – ”号。

项目代码：项目代码定义请参阅第五章。

当前项目：事业收入 (20104) 刷新 保存

| 序号 | 项目代码 | 项目名称 | 汇总项目 | 征收项目 | | | | 养路费 | | 通行费 | | 超限项目 | | 道路补偿 | | 专项资金 | | 项目资金 | |
|---|---|---|---|---|---|---|---|---|---|---|---|---|---|---|---|---|---|---|---|
| | | | | 征收资金 | 养路费 | 省管通行费 | 市管通行费 | 收入 | 支出 | 收入 | 支出 | 收入 | 支出 | 收入 | 支出 | 收入 | 支出 | 收入 | 支出 |
| 1 | 20104 | 事业收入 | ☑ | ☐ | ☐ | ☐ | ☐ | ☐ | ☐ | ☑ | ☐ | ☐ | ☐ | ☐ | ☐ | ☐ | ☐ | ☐ | ☐ |
| 2 | 2010401 | 通行费财政专户拨款 | ☑ | ☐ | ☐ | ☐ | ☐ | ☐ | ☐ | ☑ | ☐ | ☐ | ☐ | ☐ | ☐ | ☐ | ☐ | ☐ | ☐ |
| 3 | 201040101 | 省管站 | ☐ | ☐ | ☐ | ☐ | ☐ | ☐ | ☐ | ☑ | ☐ | ☐ | ☐ | ☐ | ☐ | ☐ | ☐ | ☐ | ☐ |
| 4 | 201040102 | 市管站 | ☐ | ☐ | ☐ | ☐ | ☐ | ☐ | ☐ | ☑ | ☐ | ☐ | ☐ | ☐ | ☐ | ☐ | ☐ | ☐ | ☐ |
| 5 | 2010402 | 检测费预算外财政返还 | ☐ | ☐ | ☐ | ☐ | ☐ | ☐ | ☐ | ☑ | ☐ | ☐ | ☐ | ☐ | ☐ | ☐ | ☐ | ☐ | ☐ |
| 5 | 2010403 | 道路补偿费财政返还 | ☐ | ☐ | ☐ | ☐ | ☐ | ☐ | ☐ | ☑ | ☐ | ☐ | ☐ | ☐ | ☐ | ☐ | ☐ | ☐ | ☐ |

增加 保存 退出

图 11-2-5 资金项目维护

汇总项目：表示该项目的数据是否从下级项目中汇总生成。

## 三、上报情况检查

上报情况检查是为从网上检查客户端上报数据是否正常而设置的功能，通过该功能可以分析判断客户端的问题。执行系统维护中的“上报情况”命令打开上报情况检查窗口如图 11-2-6。

| 单位代码 | 单位名称 | 上报时间 | 上报账套 | 凭证日期 | 养路费 | 省管通行费 | 市管通行费 |
|---|---|---|---|---|---|---|---|
| 41 | 河南省交通厅公路管理局 | | 3 | | * | * | * |
| 4100 | 省局机关 | 2007-4-23 18:07:47 | 5 | 2007-4-19 | * | * | * |
| 4101 | 郑州市公路管理局 | 2007-7-9 17:39:36 | 8 | 2007-7-3 | * | * | * |
| 4102 | 开封市公路管理局 | 2007-9-19 18:20:46 | 10 | 2007-2-8 | * | * | * |
| 4103 | 洛阳市公路管理局 | 2007-10-20 18:46:47 | 9 | 2007-9-30 | * | * | * |
| 4104 | 平顶山市公路管理局 | 2007-9-25 16:31:32 | 9 | 2007-9-18 | * | * | * |
| 4105 | 安阳市公路管理局 | 2007-9-18 18:17:32 | 8 | 2007-9-14 | * | * | * |
| 4106 | 鹤壁市公路管理局 | 2007-9-20 9:42:31 | 7 | 2007-8-31 | * | * | * |
| 4107 | 新乡市公路管理局 | 2007-9-20 13:35:31 | 10 | 2007-9-18 | * | * | * |
| 4108 | 焦作市公路管理局 | 2007-9-25 9:34:34 | 9 | 2007-9-24 | * | * | * |
| 4109 | 濮阳市公路管理局 | 2007-9-18 1:13:30 | 9 | 2007-9-14 | * | * | * |
| 4110 | 许昌市公路管理局 | 2007-9-26 17:18:30 | 4 | 2007-8-30 | * | * | * |
| 4111 | 漯河市公路管理局 | 2007-10-20 10:40:37 | 9 | 2007-9-30 | * | * | * |
| 4112 | 三门峡市公路局 | 2007-10-20 10:46:34 | 12 | 2007-10-18 | * | * | * |
| 4113 | 南阳市公路管理局 | 2007-9-21 9:39:33 | 12 | 2007-9-14 | * | * | * |
| 4114 | 商丘市公路管理局 | 2007-9-20 14:30:42 | 6 | 2007-8-31 | * | * | * |
| 4115 | 信阳市公路管理局 | 2007-9-19 14:13:31 | 10 | 2007-9-18 | * | * | * |
| 4116 | 周口市公路管理局 | 2007-10-20 14:07:31 | 9 | 2007-10-16 | * | * | * |
| 4117 | 驻马店市公路管理局 | 2007-9-13 18:21:33 | 9 | 2007-9-13 | * | * | * |
| 4181 | 济源市公路管理局 | 2007-10-16 10:59:46 | 16 | 2007-9-21 | * | * | * |

图 11-2-6 上报情况检查

上报时间：本单位最后一次上报数据的时间，该时间反映了各单位最后一次完整上报数据的时间。

凭证时间：反映该单位最后一张凭证的制证日期。

当上报时间不是当前时间时表明该单位的网络连接有问题，可能该单位没有上报数据。

当上报时间是当前时间而凭证时间不是当前时间时，可能是因为拷贝金蝶账套失败，请从本地网络连接、网络登录等方面查找原因。

## 四、账套维护

账套维护主要包括两个方面：一是检查账套数据的完整性，二是定义账套属性及上报属性。打开系统维护中的账套维护命令，显示账套维护窗口如图 11-2-7。

单位：郑州市公路管理局　账套类型：--请选择类型--
年度：　刷新
1：养路费收入账套、2：养路费支出账套、3：通行费收入账套、4：通行费支出账套、5：高速公路建设公司、6：路网项目　保存

| 单位 | 支出定义 | 拨款定义 | 账套名称（余额表查询） | 账套类型 | 账套年度 | 数据期间 | 停用标志 | 文件名 |
|---|---|---|---|---|---|---|---|---|
| 郑州市公路管理局(4101) | 10 | + | 郑州市路网改造 | 1 | 2005 | 2005.12 | □ | 二00三年路网改造.A05 |
| 郑州市公路管理局(4101) | 63 | 8 | 郑州市公路管理局 | 2 | 2005 | 2005.12 | □ | 2005养路费新科目.AIS |
| 郑州市公路管理局(4101) | 63 | + | 郑州市市管通行费 | 4 | 2005 | 2005.12 | □ | 二00三年市管通行费.A05 |
| 郑州市公路管理局(4101) | 63 | + | 郑州市省管通行费 | 4 | 2005 | 2005.12 | □ | 2003年省管通行费.A05 |
| 郑州市公路管理局(4101) | 6 | + | 郑州市路网改造 | 1 | 2006 | 2006.12 | □ | 二00三年路网改造.AIS |
| 郑州市公路管理局(4101) | 63 | 7 | 郑州市公路管理局 | 2 | 2007 | 2007.7 | □ | 养路费新科目.AIS |
| 郑州市公路管理局(4101) | 63 | + | 郑州市省管通行费 | 4 | 2007 | 2007.1 | □ | 2003年省管通行费.AIS |
| 郑州市公路管理局(4101) | 63 | 7 | 郑州市市管通行费 | 4 | 2007 | 2007.6 | □ | 二00三年市管通行费.AIS |

图 11-2-7　账套维护

支出定义：该项定义了当前账套所有从账上提取支出资金项目的公式个数。通过该链接可以打开公式定义窗口进行公式定义，公式定义方式请参阅第三节。

拨款定义：该项定义了从当前账套中提取拨款数据的公式个数。通过该链接可以打开公式定义窗口进行公式定义，公式定义方式请参阅第三节。

账套名称：显示该账套金蝶账务系统中的账套名，因各单位所起的账套名不一致，所以该名称不能反映该账套的真实类型。账套名称链接到账务数据查询功能，其详细操作请参阅第五节。

账套类型：在此需要输入该账套的类型，本系统中共定义了 5 类账套，其代码分别为 1：养路费收入账套、2：养路费支出账套、3：通行费收入账套、4：通行费支出账套、5：高速公路建设公司、6：路网项目。

账套年度：该账套的会计年度。

数据期间：指该账套的最后一张凭证的会计期间。

停用标志：指该会计期间是否再修改数据、上报数据，设置该标志后，不再允许上报数据和输入数据。对于历史账套，需要设置该标志以减轻服务器负荷。

文件名：指该账套所对应的账套文件的文件名。

账套类型编辑：在本窗口可以修改账套类型，在定义类型后执行保存命令完成设置。

## 第三节　取数公式定义

客户端上报数据包括科目余额表数据、凭证数据等，该数据直接上报到中心数据库相应的表中，在完成上报后由中心数据库对该单位的数据进行同步处理：提取账务数据到资金项目表中，生成相关报表。而从账务系统提取数据到项目表中依据的是公式系统。本系统的公式系统分为两类：支出取数定义和拨款取数定义。

打开系统维护的账套维护窗口如图 11-3-1，单击支出定义或拨款定义链接进入支出定义或拨款定义维护窗口。

账套维护

单位：河南省交通厅公路管理局　账套类型：--请选择类型--

年度：　刷新

1:养路费收入账套、2:养路费支出账套、3:通行费收入账套、4:通行费支出账套、5:高速公路建设公司、6:路网项目　保存

| 单位 | 支出定义 | 拨款定义 | 账套名称(余额表查询) | 账套类型 | 账套年度 | 数据期间 | 停用标志 | 文件名 |
|---|---|---|---|---|---|---|---|---|
| 河南省交通厅公路管理局(41) | 63 | + | 模板账套 | 2 | 2005 | | ☑ | |
| 河南省交通厅公路管理局(41) | 63 | + | 模板账套 | 4 | 2006 | | ☑ | |
| 河南省交通厅公路管理局(41) | 8 | + | 模板账套 | 5 | 2006 | | ☑ | |

图　11-3-1

### 一、支出定义

支出定义完成资金项目中与支出相关的取数公式的定义，建立账务系统中的科目与资金项目之间的对应关系——取数公式。支出定义窗口如图 11-3-2，该页面显示当前账套的所有支出项目定义公式（63 项），下部显示与该页面相关的操作说明，图 11-3-3 中省略了中间部分数据。

支出项目定义提供了公式修改、增加、删除命令，同时提供了与资金项目定义相关的数据计算（计算当月数据、计算全年数据、转账凭证定义）和模板操作命令（导入上年定义和导入模板定义）。

增加公式：执行“添加”命令增加新的公式。

修改公式：单击“资金项目”修改该项目对应的公式。

删除公式：单击公式右边的“－”号删除该行对应的公式。

项目定义

| 单位: 河南省交通厅公路管理局 | 账套: 模板账套(2005) | 转账凭证定义 |
|---|---|---|
| 项目: | 账套类型:养路费支出账套(2) | 定义转入模板　导入模板定义 |
| 年度: 2005 | 月份: 　刷新　添加 | 计算当月数据　计算全年数据 |

| 序号 | 资金项目（修改） | 科目名称（余额表） | 取数方式 | 计算方式 | 工程项目 | 账套数据 | |
|---|---|---|---|---|---|---|---|
| 1 | (20101)财政补助收入 | (401)财政补助收入 | 取本期发生额贷方 | 唯一数 | | | - |
| 2 | (20102)上级补助收入 | (403)上级补助收入 | 取本期发生额贷方 | 唯一数 | | | - |
| 3 | (20103)拨入专款 | (404)拨入专款 | 取本期发生额贷方 | 唯一数 | | | - |
| 4 | (2010701)投资收益 | (41301)投资收益 | 取本期发生额贷方 | 唯一数 | | | - |
| 5 | (2010702)转让无形资产 | (41302)转让无形资产 | 取本期发生额贷方 | 唯一数 | | | - |
| 6 | (2010703)接受捐赠收入 | (41303)捐赠收入 | 取本期发生额贷方 | 唯一数 | | | - |
| 7 | (2010704)利息收入 | (41304)利息收入 | 取本期发生额贷方 | 唯一数 | | | - |

图　11-3-2

| 单位: 郑州市公路管理局 | 账套: 郑州市公路管理局(2007) | 转账凭证定义 |
|---|---|---|
| 项目: | 账套类型:养路费支出账套(2) | 导入上年定义　导入模板定义 |
| 年度: 2007 | 月份: 　刷新　添加 | 计算当月数据　计算全年数据 |

| 序号 | 资金项目（修改） | 科目名称（余额表） | 取数方式 | 计算方式 | 工程项目 | 账套数据 | |
|---|---|---|---|---|---|---|---|
| 1 | (20101)财政补助收入 | (401)财政补助收入 | 取本期发生额贷方 | 唯一数 | | | - |
| 2 | (20102)上级补助收入 | (403)上级补助收入 | 取本期发生额贷方 | 唯一数 | | | - |
| 3 | (20103)拨入专款 | (404)拨入专款 | 取本期发生额贷方 | 唯一数 | | | - |
| 4 | (2010701)投资收益 | (41301)投资收益 | 取本期发生额贷方 | 唯一数 | | | - |
| 5 | (2010702)转让无形资产 | (41302)转让无形资产 | 取本期发生额贷方 | 唯一数 | | | - |
| 6 | (2010703)接受捐赠收入 | (41303)捐赠收入 | 取本期发生额贷方 | 唯一数 | | | - |
| 7 | (2010704)利息收入 | (41304)利息收入 | 取本期发生额贷方 | 唯一数 | | | - |
| ------ | | | | | | | |
| 55 | (301020218)路况及交通量调查费 | (50420)路况及交通量调查费 | 取本期发生额借方 | 唯一数 | | | - |
| 56 | (301020219)路政管理费 | (50421)路政管理费 | 取本期发生额借方 | 唯一数 | | | - |
| 57 | (301020220)交通通讯经费 | (50422)交通通讯经费 | 取本期发生额借方 | 唯一数 | | | - |
| 58 | (301020221)流动资金贷款利息 | (50423)流动资金贷款利息 | 取本期发生额借方 | 唯一数 | | | - |
| 59 | (301020222)其它费 | (50424)其他 | 取本期发生额借方 | 唯一数 | | | - |
| 60 | (3010203)其它事业支出 | (3010203) | 取本期发生额借方 | 唯一数 | | | - |
| 61 | (30103)专款支出 | (503)专款支出 | 取本期发生额借方 | 唯一数 | | | - |
| 62 | (30104)上缴上级支出 | (516)上缴上级支出 | 取本期发生额借方 | 唯一数 | | | - |
| 63 | (3010601)专用基金 | (303)专用基金 | 取本期发生额借方 | 唯一数 | | | - |

说明：

1、当修改项目定义后请执行“计算全年数据”，根据新的项目定义对全年数据进行重新计算。

2、计算前请检查账套年度与选择年度应一致。

3、模板根据账套类型进行处理，导入模板会删除当前系统中的定义，请谨慎操作。

4、右列“-”为删除命令。

5、所有需要生成支出报表的账套均需要在此处进行支出项目定义。

图 11-3-3　支出项目取数定义

## 1. 增加与修改公式

执行增加公式或修改公式命令，打开窗口如图 11-3-4。在该窗口中提供了“保存”命令，公式参数则在窗口中直接修改。

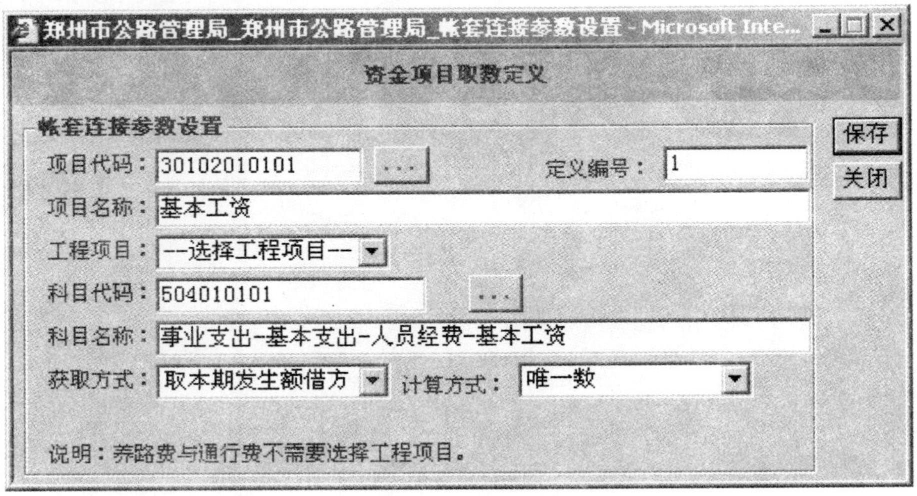

郑州市公路管理局_郑州市公路管理局_帐套连接参数设置 - Microsoft Inte...

资金项目取数定义

帐套连接参数设置

项目代码：30102010101 ... 定义编号：1

项目名称：基本工资

工程项目：--选择工程项目--

科目代码：504010101 ...

科目名称：事业支出-基本支出-人员经费-基本工资

获取方式：取本期发生额借方 计算方式：唯一数

说明：养路费与通行费不需要选择工程项目。

保存

关闭

图 11-3-4 支出项目定义

定义编号：指公式编号，由系统自动生成。

项目代码：选择公式对应的项目代码，通过项目代码后的“…”命令可以打开项目代码目录进行选择，如图 11-3-5。在定义项目代码取数公式时，必须选择

选择项目 - Microsoft Internet Explorer

双击项目代码选择对应项目

| 项目代码 | 项目名称 |
|---|---|
| 3010201 | 基本支出 |
| 301020101 | 人员经费 |
| 30102010101 | 基本工资 |
| 30102010102 | 补助工资 |
| 30102010103 | 其它工资 |
| 30102010104 | 职工福利费 |
| 30102010105 | 工会经费 |
| 30102010106 | 医疗保险费 |
| 30102010107 | 离退休个人支出 |
| 30102010108 | 离退休公用支出 |
| 30102010109 | 住房公积金 |
| 30102010110 | 住房补贴 |
| 30102010111 | 社会保障缴费 |
| 301020103 | 公用经费 |
| 30102010301 | 办公费 |
| 30102010302 | 会议费 |
| 30102010303 | 差旅费 |
| 30102010304 | 水电费 |
| 30102010305 | 取暖费 |
| 30102010306 | 机动车使用费 |
| 30102010307 | 劳动保护费 |

图 11-3-5 项目选择

明细项目代码，不能定义非明细项目的项目代码公式，否则会引起数据的重复汇总计算。选择项目代码后，系统自动在项目名称栏填写该项目代码对应的项目名称。

工程项目：如果有工程项目核算，则需要选择该项目对应的工程项目名称。

科目代码：指账务系统中的科目代码，该科目与所选择的项目进行数据转换处理。通过科目代码后的“…”命令可以选择该账套的科目，如图11-3-6，选择科目后由系统自动填写科目名称。

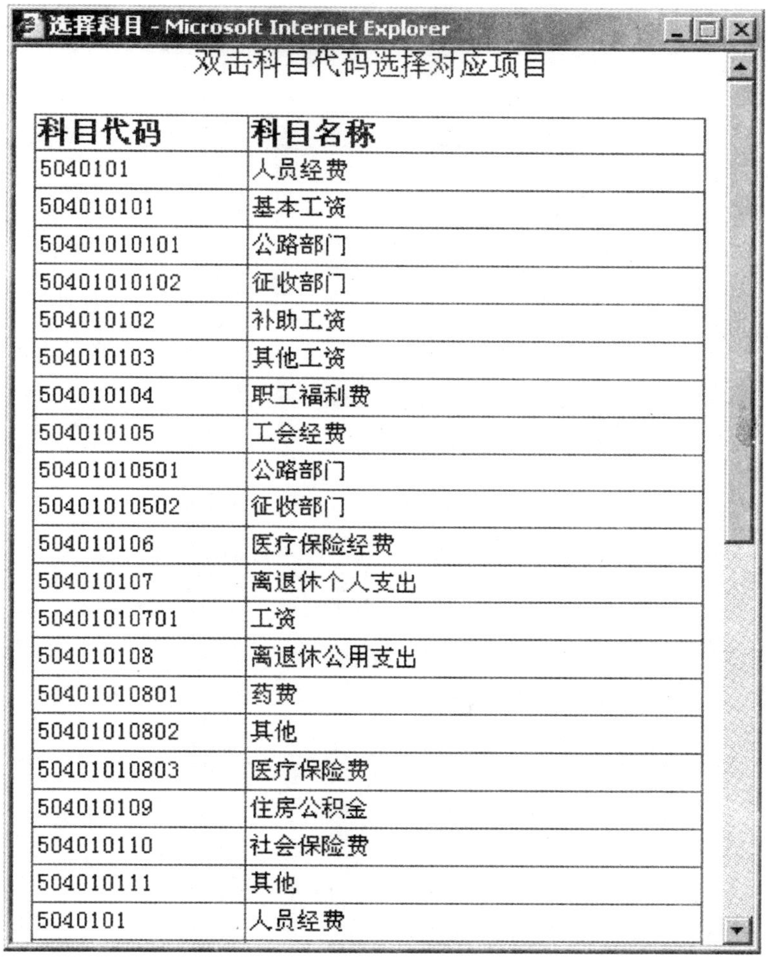

选择科目 - Microsoft Internet Explorer

双击科目代码选择对应项目

| 科目代码 | 科目名称 |
|---|---|
| 5040101 | 人员经费 |
| 504010101 | 基本工资 |
| 50401010101 | 公路部门 |
| 50401010102 | 征收部门 |
| 504010102 | 补助工资 |
| 504010103 | 其他工资 |
| 504010104 | 职工福利费 |
| 504010105 | 工会经费 |
| 50401010501 | 公路部门 |
| 50401010502 | 征收部门 |
| 504010106 | 医疗保险经费 |
| 504010107 | 离退休个人支出 |
| 50401010701 | 工资 |
| 504010108 | 离退休公用支出 |
| 50401010801 | 药费 |
| 50401010802 | 其他 |
| 50401010803 | 医疗保险费 |
| 504010109 | 住房公积金 |
| 504010110 | 社会保险费 |
| 504010111 | 其他 |
| 5040101 | 人员经费 |

图11-3-6　科目选择

获取方式：指当前项目代码从账务系统取数时的取数类型，或者说从账务系统取哪一个数据。本系统支持从账务系统提取数据类型参见表11-3-1账务系统数据分类说明。

表11-3-1

| 数据类型 | 说　　明 |
|---|---|
| 借方金额 | 取本期的借方金额累计 |
| 贷方金额 | 取本期的贷方金额累计 |

续上表

| 数据类型 | 说明 |
|---|---|
| 累计借方发生额 | 取截止本月的本年借方金额累计 |
| 累计贷方发生额 | 取截止本月的本年贷方金额累计 |
| 期初借方余额 | 取本期期初余额，如果是借方取正数，否则取负数 |
| 期初贷方余额 | 取本期期初余额，如果是贷方取负数，否则取正数 |
| 期末借方余额 | 取本期期末余额，如果是借方取正数，否则取负数 |
| 期末贷方余额 | 取本期期末余额，如果是贷方取正数，否则取负数 |
| 本期发生额借方 | 本期借方减本期贷方 |
| 本期发生额贷方 | 本期贷方减本期借方 |
| 本年发生额借方 | 本年借方减本期贷方 |
| 本年发生额贷方 | 本年贷方减本期借方 |
| 年初借方余额 | 取1月期初余额，如果是借方取正数，否则取负数 |
| 年初贷方余额 | 取1月期初余额，如果是贷方取负数，否则取正数 |

计算方式：如果当前资金项目从一个科目取数则选择唯一数，否则选择合计数。

## 2. 转账凭证处理

在从账务系统提取数据时，因年底时部分科目需要结转，结转后该科目的余额结平（为0），发生额冲销，这时该科目的发生额和余额无法再反映该科目所核算的财务情况。为此，我们需要找到年终结转的凭证，对其进行处理，冲销转账数据，以使该科目反映真实情况。转账凭证的标记在年度结账后对上年账套进行处理，处理后需要对数据进行重新计算。打开转账凭证窗口如图 11-3-7。

在设置年末转账凭证时，需要找到转账凭证对其作标记（图 11-3-7 中的标记列作“√”标记），其操作过程为：

（1）选择单位、账套和年度，刷新窗口显示账套凭证。

（2）输入起止凭证号刷新找到转账凭证。

（3）每个凭证双击标记列对凭证进行标记，完成后刷新完成标记工作。

（4）执行“重新计算当月报表”命令完成凭证标记后的报表处理。

## 3. 数据计算与报表生成

公式定义中提供“计算当月数据”和“计算当年数据”功能，当凭证标记完成后需要计算当月数据，该功能与凭证标记中的计算功能相同，只需要在一个地方执行就可以了。“计算当年数据”则对全年报表进行计算，当修改公式后需要执行“计算当年数据”命令。

| 单位: 开封市公路管理局 | 账套: 开封市公路管理局养路费(2006) | |
|---|---|---|
| 年度: 2006 | 月份: 12 | |
| 开始凭证号: 121 | 结束凭证号: 999 | 刷新　重新计算当月报表 |

| 序号 | 标志 | 凭证号 | 日期 | 科目 | 摘要 | 借方金额 | 贷方金额 | 余额 |
|---|---|---|---|---|---|---|---|---|
| 1 | √ | 121 | 2006-12-30 | 其他收入-利息收入 | 结转利息收入 | 6,547.19 | | |
| 2 | √ | 121 | 2006-12-30 | 事业结余 | 结转利息收入 | | 1,309.44 | |
| 3 | √ | 122 | 2006-12-30 | 事业结余 | 结转事业结余 | 6,547.19 | | |
| 4 | √ | 122 | 2006-12-30 | 结余分配-提取专用基金 | 结转事业结余 | | 654.72 | |
| 90 | √ | 127 | 2006-12-30 | 结余分配-事业基金 | 年终结转事业结余 | 24,403.68 | | |
| 91 | √ | 127 | 2006-12-30 | 结余分配-提取专用基金 | 年终结转事业结余 | 24,403.68 | | |
| 92 | √ | 127 | 2006-12-30 | 事业结余 | 年终结转事业结余 | | 9,761.47 | |
| 93 | √ | 128 | 2006-12-30 | 专用基金-职工福利基金 | 年终结转结余分配 | 24,403.68 | | |
| 94 | √ | 128 | 2006-12-30 | 事业基金-一般基金 | 年终结转结余分配 | 24,403.68 | | |
| 95 | √ | 128 | 2006-12-30 | 结余分配-提取专用基金 | 年终结转结余分配 | | 4,880.74 | |
| 96 | √ | 128 | 2006-12-30 | 结余分配-事业基金 | 年终结转结余分配 | | 4,880.74 | |
| 97 | √ | 129 | 2006-12-30 | 拨入专款-市财政局-商品粮基地专项资金 | 结转专款收入、支出 | 1,215,000.00 | | |
| 98 | √ | 129 | 2006-12-30 | 拨入专款-市交通局-商品粮基地项目工程款 | 结转专款收入、支出 | 621,000.00 | | |
| 99 | √ | 129 | 2006-12-30 | 专款支出-商品粮项目G106邢口至五里河 | 结转专款收入、支出 | | 72,000.00 | |
| 100 | √ | 129 | 2006-12-30 | 专款支出-商品粮项目S213杜良至杞县五里河 | 结转专款收入、支出 | | 171,000.00 | |
| 101 | √ | 129 | 2006-12-30 | 专款支出-[2004]447S213杜良至八里湾 | 结转专款收入、支出 | | 64,000.00 | |
| 102 | √ | 129 | 2006-12-30 | 专款支出-[2004]447S219七里头至北关 | 结转专款收入、支出 | | 27,000.00 | |
| 103 | √ | 129 | 2006-12-30 | 专款支出-[2004]447兰考G106北关至南关 | 结转专款收入、支出 | | 33,200.00 | |

说明：

1、凭证"标志"指年底转账凭证标志，如果该凭证为年底转账凭证则不参与报表汇总。双击可以修改"标志"，年底需要通过该界面对转账凭证进行处理。

2、修改标志后需要执行"重新计算当月报表"。

3、操作时请注意选择"年度"与"账套年度"的一致性。

图 11-3-7　转账凭证操作窗口

## 二、拨款定义

拨款公式定义与支出公式定义操作基本相同，但也有一点区别，在此我们只对操作上的区别作一说明。

打开拨款定义窗口如图 11-3-8，在此可以增加、修改拨款公式定义。图 11-3-9 为拨款公式定义窗口，比支出窗口定义多了一项"拨入单位"栏目，在此需要选择一个下属单位。

| 单位: 开封市公路管理局 | 账套: 开封市公路管理局养路费(养路费支出账套2006) | 转账凭证定义 |
|---|---|---|
| 项目: - | 类型: | 刷新　添加　导入上年定义 |
| 年度: 2007 | 月份: | 计算当月数据　计算全年数据 |

| 序号 | 项目代码 | 拨出单位(修改定义) | 科目代码(明细账) | 科目名称 | 拨款类型 | 拨出金额 | 提取数据 | |
|---|---|---|---|---|---|---|---|---|
| 1 | (30101)拨出经费 | (410201)开封市公路管理局机关养路费 | 开封市公路管理局机关养路费 | 50107 | 拨出经费-局机关 | 养路费 | | - |
| 2 | (30101)拨出经费 | (410203)开封市城区公路局 | 开封市城区公路局 | 50106 | 拨出经费-城区公路局 | 养路费 | 1,847,800.00 | - |
| 3 | (30101)拨出经费 | (410204)开封县公路局 | 开封县公路局 | 50105 | 拨出经费-开封县段 | 养路费 | | - |
| 4 | (30101)拨出经费 | (410205)兰考县公路局 | 兰考县公路局 | 50101 | 拨出经费-兰考段 | 养路费 | | - |
| 5 | (30101)拨出经费 | (410206)杞县公路局 | 杞县公路局 | 50102 | 拨出经费-杞县段 | 养路费 | | - |
| 6 | (30101)拨出经费 | (410207)通许县公路局 | 通许县公路局 | 50103 | 拨出经费-通许段 | 养路费 | | - |
| 7 | (30101)拨出经费 | (410208)尉氏县公路局 | 尉氏县公路局 | 50104 | 拨出经费-尉氏段 | 养路费 | | - |

图 11-3-8　拨款定义

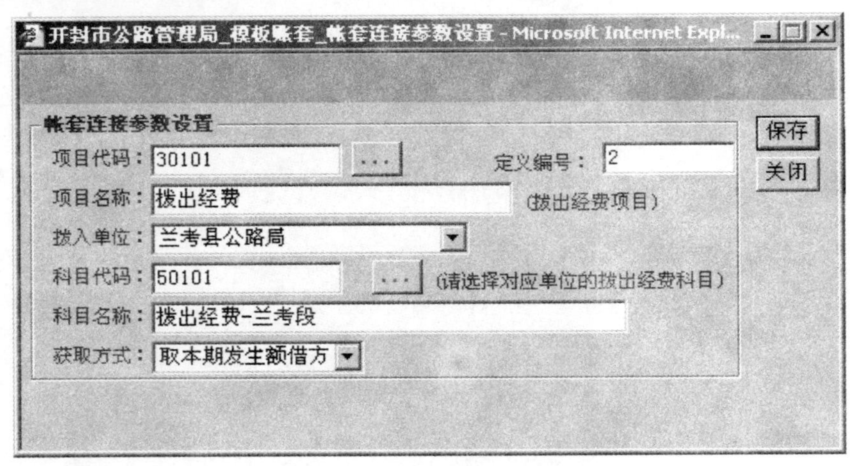


图 11-3-9　拨款公式定义

## 三、报表数据校对

通过公式提取的数据最后经报表系统进行表现，数据从凭证汇总到科目余额表，从科目余额表到资金项目，从资金项目汇总后生成报表表项，最后生成报表。为了验证报表的正确性，系统设计了逆向验证程序，其操作过程如下：

第一步：在报表显示中的每个从账上提取的数据均有链接，单击该链接打开数据来源窗口，如图 11-3-10。单击市公路局对应的本期支出“－61715104.94”打开资金来源窗口如图 11-3-11。

单位：河南省交通厅公路管理局　年度：2006　月份：12　刷新　打印

| 单位（+/分析） | 本年预算 | 本期支出 | 累计支出 | 去年同期 | 去年累计 | 累计支出占预算% | 累计支出占去年% |
|---|---|---|---|---|---|---|---|
| 河南省交通厅公路管理局 + / | | -23,632,972.07 | 142,118,656.80 | 36,198,603.24 | 84,741,754.05 | | 167.71 |
| 省局机关 + / | | 37,490,895.16 | 45,714,301.22 | | | | |
| 郑州市公路管理局 + / | | 4,478,437.53 | 9,352,001.61 | 3,941,212.23 | 11,954,003.87 | | 78.23 |
| 开封市公路管理局 + / | 18,726,931.00 | 692,232.27 | 11,715,756.82 | | | 62.56 | |
| 洛阳市公路管理局 + / | | -61,715,104.94 | -51,971,909.96 | 14,677,498.01 | 19,620,750.27 | | -264.88 |
| 平顶山市公路管理局 + / | | -8,916,946.78 | 159,185.31 | 1,280,206.64 | 4,802,024.39 | | 3.31 |

图 11-3-10　预算支出对比表

第二步：在数据来源窗口中显示了数据“－35471455.12”的来源，它是由 15 项数据汇总而成。如果我们对任何一项数据有疑问，单击该数据对应的项目链接，如绿化费项目 301020208（金额“－491170”）系统，打开绿化费的取数据公式定义如图 11-3-12。

第三步：在图 11-3-12 公式中，单击绿化费（301020208）对应的科目“（50409）绿化费”，系统打开绿化费余额表如图 11-3-13。在此表中反映了绿化费

| 报表数据定义 | | | | | | | |
|---|---|---|---|---|---|---|---|
| 序号 | 项目代码(项目定义) | 项目名称 | 单位 | 账套 | 年度 | 月份 | 数据 |
| 1 | 30102010308 | 业务费 | 洛阳市公路管理局(4103) | 洛阳市公路管理局养路费(4) | 2006 | 12 | -2,233.13 |
| 2 | 30102010309 | 业务招待费 | 洛阳市公路管理局(4103) | 洛阳市公路管理局养路费(4) | 2006 | 12 | -13,786.00 |
| 3 | 30102020102 | 养护材料费 | 洛阳市公路管理局(4103) | 洛阳市公路管理局养路费(4) | 2006 | 12 | -2,999,996.80 |
| 4 | 301020202 | 公路中修 | 洛阳市公路管理局(4103) | 洛阳市公路管理局养路费(4) | 2006 | 12 | -22,972,916.35 |
| 5 | 301020203 | 公路大修 | 洛阳市公路管理局(4103) | 洛阳市公路管理局养路费(4) | 2006 | 12 | -8,491,004.75 |
| 6 | 301020204 | 公路抢修 | 洛阳市公路管理局(4103) | 洛阳市公路管理局养路费(4) | 2006 | 12 | -210,000.00 |
| 7 | 301020205 | 公路改建 | 洛阳市公路管理局(4103) | 洛阳市公路管理局养路费(4) | 2006 | 12 | -16,001,673.53 |
| 8 | 301020208 | 绿化费 | 洛阳市公路管理局(4103) | 洛阳市公路管理局养路费(4) | 2006 | 12 | -491,170.00 |
| 9 | 301020210 | 机械设备购置费 | 洛阳市公路管理局(4103) | 洛阳市公路管理局养路费(4) | 2006 | 12 | -2,946,044.64 |
| 10 | 301020211 | 县乡公路补助 | 洛阳市公路管理局(4103) | 洛阳市公路管理局养路费(4) | 2006 | 12 | -100,000.00 |
| 11 | 301020212 | 工程测设费 | 洛阳市公路管理局(4103) | 洛阳市公路管理局养路费(4) | 2006 | 12 | -5,622,689.08 |
| 12 | 301020216 | 科研及技术开发费 | 洛阳市公路管理局(4103) | 洛阳市公路管理局养路费(4) | 2006 | 12 | -50,000.00 |
| 13 | 301020218 | 路况及交通量调查费 | 洛阳市公路管理局(4103) | 洛阳市公路管理局养路费(4) | 2006 | 12 | -64,740.00 |
| 14 | 301020219 | 路政管理费 | 洛阳市公路管理局(4103) | 洛阳市公路管理局养路费(4) | 2006 | 12 | -11,377.66 |
| 15 | 301020222 | 其它费 | 洛阳市公路管理局(4103) | 洛阳市公路管理局养路费(4) | 2006 | 12 | -1,737,473.00 |
| 16 | | 合计 | | | | | -61,715,104.94 |

说明：报表数为-61715104.94，根据定义从账上取数为-61715104.94。
如果二个数据不一致，请重新计算本单位的数据，并检查项目定义是否有问题。如取数据定义中已定义的项目不是通行费项目等。

图 11-3-11　资金项目表

单位：洛阳市公路管理局　账套：洛阳市公路管理局养路费(2006)　转账凭证定义
项目：301020208　账套类型：养路费支出账套(2)　导入上年定义　导入模板定义
年度：2006　月份：12　刷新　添加　计算当月数据　计算全年数据

| 序号 | 资金项目(修改) | 科目名称(余额表) | 取数方式 | 计算方式 | 工程项目 | 账套数据 | |
|---|---|---|---|---|---|---|---|
| 1 | (20101)财政补助收入 | (401)财政补助收入 | 取本期发生额贷方 | 唯一数 | | -57,144,423.02 | - |
| 2 | (20102)上级补助收入 | (403)上级补助收入 | 取本期发生额贷方 | 唯一数 | | -7,190,000.00 | - |
| 43 | (301020205)公路改建 | (50406)公路改建 | 取本期发生额借方 | 唯一数 | | -106,016,735.33 | - |
| 44 | (301020206)新建公路补助 | (50407)新建公路补助 | 取本期发生额借方 | 唯一数 | | | - |
| 45 | (301020208)绿化费 | (50409)绿化费 | 取本期发生额借方 | 唯一数 | | -491,170.00 | - |
| 46 | (301020209)道班房修建费 | (50410)道班房修建费 | 取本期发生额借方 | 唯一数 | | | - |
| 47 | (301020210)机械设备购置费 | (50413)机械设备购置费 | 取本期发生额借方 | 唯一数 | | -2,946,044.64 | - |
| 62 | (30104)上缴上级支出 | (516)上缴上级支出 | 取本期发生额借方 | 唯一数 | | | - |
| 63 | (3010601)专用基金 | (303)专用基金 | 取本期发生额借方 | 唯一数 | | | - |

说明：
1、当修改项目定义后请执行“计算全年数据”，根据新的项目定义对全年数据进行重新计算。
2、计算前请检查账套年度与选择年度应一致。
3、模板根据账套类型进行处理，导入模板会删除当前系统中的定义，请谨慎操作。
4、右列“-”为删除命令。
5、所有需要生成支出报表的账套均需要在此处进行支出项目定义。

图 11-3-12　绿化费取数公式定义

的发生情况，从表中可以看到，在 11 月份发生绿化费“借方 98234”。单击“科目名称”打开 11 月份绿化费明细账如图 11-3-14。

第四步：绿化费明细账查询中显示了在 11 月 13 日发生了一笔绿化费支出，金额“491170”，凭证号 29 号。单击凭证号，打开凭证窗口如图 11-3-15。

单位：洛阳市公路管理局
账套：洛阳市公路管理局养路费(2006)　年度：2006　科目代码：50409　刷新

| 科目名称 | 月份 | 期初借方余额 | 期初贷方余额 | 本期借方 | 本期贷方 | 累计借方 | 累计贷方 | 期末借方余额 | 期末贷方余额 |
|---|---|---|---|---|---|---|---|---|---|
| 50409(50409) | 1 | | | | | | | | |
| 50409(50409) | 2 | | | | | | | | |
| 50409(50409) | 3 | | | | | | | | |
| 50409(50409) | 4 | | | | | | | | |
| 50409(50409) | 5 | | | | | | | | |
| 50409(50409) | 6 | | | | | | | | |
| 50409(50409) | 7 | | | | | | | | |
| 50409(50409) | 8 | | | | | | | | |
| 50409(50409) | 9 | | | | | | | | |
| 50409(50409) | 10 | | | | | | | | |
| 绿化费(50409) | 11 | | | 491,170.00 | | 98,234.00 | | 49,117.00 | |
| 绿化费(50409) | 12 | 98,234.00 | | -491,170.00 | | | | | |

图 11-3-13　绿化费发生情况表

单位：洛阳市公路管理局　账套：洛阳市公路管理局养路费(2006)
年度：2006　月份：11
科目代码：50409　科目名称：事业支出-绿化费　刷新

| 序号 | 标志 | 凭证号(查凭证) | 日期 | 科目 | 摘要 | 借方金额 | 贷方金额 | 借方余额 | 贷方余额 |
|---|---|---|---|---|---|---|---|---|---|
| 1 | | | 2006-11-1 | | 期初余额(+) | | | | |
| 1 | | 养 29 | 2006-11-13 | 事业支出-绿化费 | 拨绿化处绿化费 | 49,117.00 | | 49,117.00 | |
| 3 | | | 2006-11-13 | | 期末余额 | 49,117.00 | | 49,117.00 | |

图 11-3-14　绿化明细账

单位：洛阳市公路管理局　账套：洛阳市公路管理局养路费(2006)
年度：2006　月份：11
开始凭证号：29　结束凭证号：　刷新　重新计算当月数据

| 序号 | 标志 | 凭证号 | 日期 | 科目 | 摘要 | 借方金额 | 贷方金额 | 余额 |
|---|---|---|---|---|---|---|---|---|
| 1 | × | 养 29 | 2006-11-13 | 50409-事业支出-绿化费 | 拨绿化处绿化费 | 49,117.00 | | |
| 2 | × | 养 29 | 2006-11-13 | 11001-其他应收款-内部往来 | 扣绿化费质保金 | | 982.34 | |
| 3 | × | 养 29 | 2006-11-13 | 11003-其他应收款-市财政国库支付户 | 拨70%绿化处绿化费 | | 6,876.38 | |
| 4 | × | 养 29 | 2006-11-13 | 11001-其他应收款-内部往来 | 30%绿化费挂往来 | | 1,984.68 | |

图 11-3-15　凭证

通过以上过程，从报表数据查询到该数据的来源及凭证，为报表核对提供了依据。

## 四、模板账套定义

由以上操作可以看出，报表公式的定义是一项繁琐的工作，每个账套均需要进行定义与设置。为此，系统提供了公式模板定义，通过模板简化公式定义操作。

账套模板定义是按照账套类型进行定义的，每一类账套可以定义一套模板与之对应。完成模板定义后，当需要定义账套公式时可以直接从模板中导入，如图11-3-12 中的“导入模板”命令。

同时，系统提供了导入上年公式的功能，如果账套名没有变更，则可以直接从去年账套中导入公式，请参阅图 11-3-12。

## 第四节　数 据 录 入

### 1. 收入计划录入

收入计划录入指各单位征收计划的录入，包括养路费征收计划和通行费征收计划。该数据由征收部门提供，直接录入。收入计划为年度计划，每年计划下达时录入一次，如图 11-4-1。

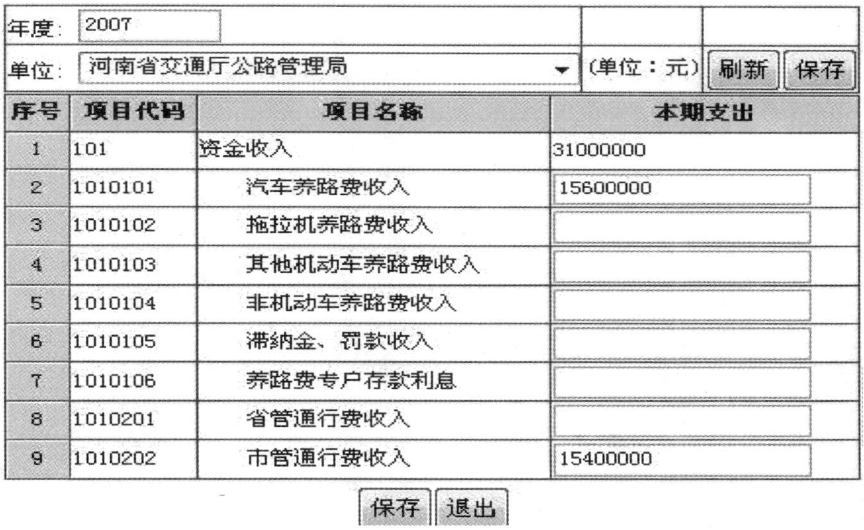

年度：2007

单位：河南省交通厅公路管理局　(单位：元)　刷新　保存

| 序号 | 项目代码 | 项目名称 | 本期支出 |
|---|---|---|---|
| 1 | 101 | 资金收入 | 31000000 |
| 2 | 1010101 | 汽车养路费收入 | 15600000 |
| 3 | 1010102 | 拖拉机养路费收入 | |
| 4 | 1010103 | 其他机动车养路费收入 | |
| 5 | 1010104 | 非机动车养路费收入 | |
| 6 | 1010105 | 滞纳金、罚款收入 | |
| 7 | 1010106 | 养路费专户存款利息 | |
| 8 | 1010201 | 省管通行费收入 | |
| 9 | 1010202 | 市管通行费收入 | 15400000 |

保存　退出

图　11-4-1

### 2. 征收完成录入

征收完成情况指各单位养路费和通行费实际完成的征收额，通过养路费征收部门每月汇总后上报和各收费站每月上报后汇总填入。征收完成录入需要每月录入一次。部分收费站收入账建立有金蝶账套的通行费征收，完全可以直接从账中提取，但需要另设取数公式，如图 11-4-2。

### 3. 养路费预算录入

养路费预算录入指各单位年度养路费支出预算，分为省级预算资金和小修保养切块资金，上年结余资金也在此输入。本系统中的所有支出项目均可以有年度

| 年度: 2007 | | | 月份: 11 | | | | |
|---|---|---|---|---|---|---|---|
| 单位: 郑州市公路管理局 | | | (单位：元) 刷新 保存 | | | | |
| 序号 | 项目代码 | 项目名称 | 本期实际完成 | 上解省财政 | 上解市财政 | 省财政返还 | 市财政返还 |
| 1 | 101 | 资金收入 | | | | | |
| 2 | 1010101 | 汽车养路费收入 | | | | | |
| 3 | 1010102 | 拖拉机养路费收入 | | | | | |
| 4 | 1010103 | 其他机动车养路费收入 | | | | | |
| 5 | 1010104 | 非机动车养路费收入 | | | | | |
| 6 | 1010105 | 滞纳金、罚款收入 | | | | | |
| 7 | 1010106 | 养路费专户存款利息 | | | | | |
| 8 | 1010201 | 省管通行费收入 | | | | | |
| 9 | 1010202 | 市管通行费收入 | | | | | |

保存 退出

图 11-4-2

预算，当然也可以只制定一个总的预算。预算在每年预算下达后输入，如图 11-4-3。

| 年度: 2007 | | | | | | |
|---|---|---|---|---|---|---|
| 单位: 河南省交通厅公路管理局 | | | (单位：元) 刷新 保存 | | | |
| 序号 | 项目代码 | 项目名称 | 省级预算 | 切块资金 | 上年结转 | 合计 |
| 1 | 301 | 支出项目 | | | | |
| 2 | 30101 | 拨出经费 | | | | |
| 3 | 30102 | 事业支出 | | | | |
| 4 | 3010201 | 基本支出 | | | | |
| 5 | 301020101 | 人员经费 | | | | |
| 6 | 30102010101 | 基本工资 | | | | |
| 7 | 30102010102 | 补助工资 | | | | |
| 8 | 30102010103 | 其它工资 | | | | |
| 9 | 30102010104 | 职工福利费 | | | | |
| 65 | 3010502 | 基建拨款 | | | | |
| 66 | 3010503 | 设备投资 | | | | |
| 67 | 3010504 | 待摊投资 | | | | |
| 68 | 3010505 | 器材采购 | | | | |
| 69 | 3010506 | 采购保管费 | | | | |
| 70 | 3010507 | 预付备料款 | | | | |
| 71 | 3010508 | 预付工程款 | | | | |
| 72 | 30106 | 基金支出 | | | | |
| 73 | 3010601 | 专用基金 | | | | |

保存 退出

图 11-4-3

## 4. 养路费支出录入

养路费支出指养路费管理、小修保养、大中修等相关支出。养路费支出一般由系统从各单位上报养路费账套中自动提取，提取方式请参阅公式设计部分。养路费支出也可以从这里录入或修改，按月核算，如图 11-4-4。

| 年度: 2007 | | 月份: 11 | |
|---|---|---|---|
| 单位: 河南省交通厅公路管理局 | | (单位：元) | 刷新 保存 |

| 序号 | 项目代码 | 项目名称 | 本期支出 |
|---|---|---|---|
| 1 | 301 | 支出项目 | |
| 2 | 30101 | 拨出经费 | |
| 3 | 30102 | 事业支出 | |
| 4 | 3010201 | 基本支出 | |
| 5 | 301020101 | 人员经费 | |
| 6 | 30102010101 | 基本工资 | |
| 7 | 30102010102 | 补助工资 | |
| 8 | 30102010103 | 其它工资 | |
| 9 | 30102010104 | 职工福利费 | |
| 68 | 3010505 | 器材采购 | |
| 69 | 3010506 | 采购保管费 | |
| 70 | 3010507 | 预付备料款 | |
| 71 | 3010508 | 预付工程款 | |
| 72 | 30106 | 基金支出 | |
| 73 | 3010601 | 专用基金 | |

保存　退出

图　11-4-4

## 5. 养路费拨款录入

养路费拨款包括拨入和拨出，一般由系统自动从上报的账务数据中提取，按月进行核算，也可以在此直接录入修改，如图 11-4-5。

## 6. 通行费预算录入

通行费预算包括省管通行费预算、市管通行费预算和上年结余，在年度通行费预算下达后输入，如图 11-4-6。

## 7. 通行费支出录入

通行费支出指收费站等的经费支出数据，一般从通行费账套上提取数据，在此可以修改或直接录入。通行费支出属月度核算，在单位上报数据时自动生成，如图 11-4-7、图 11-4-8。

| 年度: | 2007 | 月份: | 11 | | | |
|---|---|---|---|---|---|---|
| 单位: | 河南省交通厅公路管理局 | (单位：元) | 刷新 | 保存 | | |

| 序号 | 项目(单位)代码 | 项目(单位)名称 | 拨入 | | 拨出 | |
|---|---|---|---|---|---|---|
| | | | 预算资金 | 切块资金 | 预算资金 | 切块资金 |
| 1 | 201 | 资金来源 | | | | |
| 2 | 20101 | 财政补助收入 | | | | |
| 3 | 20102 | 上级补助收入 | | | | |
| 4 | 20103 | 拨入专款 | | | | |
| 5 | 2010301 | 上级主管部门 | | | | |
| 6 | 2010302 | 财政部门 | | | | |
| 7 | 20105 | 中央资金 | | | | |
| 8 | 2010501 | 中央车购税 | | | | |
| 9 | 2010502 | 中央国债 | | | | |
| 10 | 2010503 | 客货运附加 | | | | |
| 37 | 4112 | 三门峡市公路局 | | | | |
| 38 | 4113 | 南阳市公路管理局 | | | | |
| 39 | 4114 | 商丘市公路管理局 | | | | |
| 40 | 4115 | 信阳市公路管理局 | | | | |
| 41 | 4116 | 周口市公路管理局 | | | | |
| 42 | 4117 | 驻马店市公路管理局 | | | | |
| 43 | 4181 | 济源市公路管理局 | | | | |

保存 退出

图 11-4-5

| 年度: | 2007 | | | |
|---|---|---|---|---|
| 单位: | 河南省交通厅公路管理局 | (单位：元) | 刷新 | 保存 |

| 序号 | 项目代码 | 项目名称 | 省管通行费 | 市管通行费 | 上年结转 | 合计 |
|---|---|---|---|---|---|---|
| 1 | 301 | 支出项目 | | | | |
| 2 | 30101 | 拨出经费 | | | | |
| 3 | 30102 | 事业支出 | | | | |
| 4 | 3010201 | 基本支出 | | | | |
| 5 | 301020101 | 人员经费 | | | | |
| 6 | 30102010101 | 基本工资 | | | | |
| 7 | 30102010102 | 补助工资 | | | | |
| 8 | 30102010103 | 其它工资 | | | | |
| 67 | 3010504 | 待摊投资 | | | | |
| 68 | 3010505 | 器材采购 | | | | |
| 69 | 3010506 | 采购保管费 | | | | |
| 70 | 3010507 | 预付备料款 | | | | |
| 71 | 3010508 | 预付工程款 | | | | |
| 72 | 30106 | 基金支出 | | | | |
| 73 | 3010601 | 专用基金 | | | | |

保存 退出

图 11-4-6

| 年度: 2007 | | 月份: 11 | |
|---|---|---|---|
| 单位: 河南省交通厅公路管理局 | | (单位：元) | 刷新 保存 |
| **序号** | **项目代码** | **项目名称** | **本期支出** |
| 1 | 301 | 支出项目 | |
| 2 | 30101 | 拨出经费 | |
| 3 | 30102 | 事业支出 | |
| 4 | 3010201 | 基本支出 | |
| 5 | 301020101 | 人员经费 | |
| 6 | 30102010101 | 基本工资 | |
| 7 | 30102010102 | 补助工资 | |
| 8 | 30102010103 | 其它工资 | |
| 9 | 30102010104 | 职工福利费 | |
| 10 | 30102010105 | 工会经费 | |
| 66 | 3010503 | 设备投资 | |
| 67 | 3010504 | 待摊投资 | |
| 68 | 3010505 | 器材采购 | |
| 69 | 3010506 | 采购保管费 | |
| 70 | 3010507 | 预付备料款 | |
| 71 | 3010508 | 预付工程款 | |
| 72 | 30106 | 基金支出 | |
| 73 | 3010601 | 专用基金 | |

保存　退出

图　11-4-7

| 年度: 2007 | | | 月份: 11 | |
|---|---|---|---|---|
| 单位: 洛阳西南绕城高速公司 | | | (单位：元) | 刷新 保存 |
| 项目: 洛阳西南环城高速公路 | | | | |
| **序号** | **项目代码** | **项目名称** | **到位资金** | **本期支出** |
| 1 | 205 | 工程项目资金拨入 | | |
| 2 | 20501 | 省转贷 | 0 | |
| 3 | 20502 | 汽车养路费 | 0 | |
| 4 | 20503 | 中央预算内资金 | 0 | |
| 5 | 20504 | 市县自筹 | 0 | |
| 6 | 20505 | 其他资金 | 0 | |
| 7 | 305 | 工程项目资金支出 | | |
| 8 | 30501 | 建安投资 | | 0 |
| 9 | 30502 | 其他投资 | | 0 |
| 10 | 30503 | 设备投资 | | 0 |
| 11 | 30504 | 待摊投资 | | 0 |

保存　退出

图　11-4-8

## 8. 通行费拨款录入

通行费拨款包括拨入和拨出两部分，一般由系统自动从账务系统上提取数据，也可以在此直接录入或修改。在上传数据时系统自动生成通行费拨款数据，如图11-4-9。

年度：2007　月份：11
单位：河南省交通厅公路管理局　(单位：元)　刷新　保存

| 序号 | 项目代码 | 项目名称 | 拨入 | 拨出 |
|---|---|---|---|---|
| 1 | 201 | 资金来源 | | |
| 2 | 20101 | 财政补助收入 | | |
| 3 | 20104 | 事业收入 | | |
| 4 | 2010401 | 通行费财政专户拨款 | | |
| 5 | 201040101 | 省管站 | | |
| 6 | 201040102 | 市管站 | | |
| 7 | 2010402 | 检测费预算外财政返还 | | |
| 8 | 2010403 | 道路补偿费财政返还 | | |
| 38 | 4115 | 信阳市公路管理局 | | |
| 39 | 4116 | 周口市公路管理局 | | |
| 40 | 4117 | 驻马店市公路管理局 | | |
| 41 | 4181 | 济源市公路管理局 | | |
| 42 | 4189 | 少林寺至洛阳高速公路管理中心 | | |
| 43 | 4190 | 济源至洛阳高速公路管理中心 | | |
| 44 | 4191 | 洛阳西南环城高速公路管理中心 | | |
| 45 | 4192 | 济源至焦作高速公路管理中心 | | |

保存　退出

图　11-4-9

## 9. 超限检测费录入

各单位超限检测费包括收入计划和支出数据。收入计划直接输入支出金额，可以录入，也可以从账务系统中提取数据，取决于公式的设定，如图11-4-10。

年度：2007　月份：11
单位：河南省交通厅公路管理局　(单位：元)　刷新　保存

| 序号 | 项目代码 | 项目名称 | 本期收入 | 本期支出 |
|---|---|---|---|---|
| 1 | 202 | 超限检测费收入 | 0 | |
| 2 | 302 | 超限检测支出 | | 0 |

保存　退出

图　11-4-10

## 10. 道路补偿费录入

这部分包括各单位道路补偿费的收入计划和支出数据。收入计划直接输入，支出金额则可以录入，也可以从账务系统中提取数据，取决于公式的设定，如图11-4-11。

| 年度: 2007 | | | 月份: 11 | |
|---|---|---|---|---|
| 单位: 河南省交通厅公路管理局 | | | (单位：元) | 刷新 保存 |
| 序号 | 项目代码 | 项目名称 | 本期收入 | 本期支出 |
| 1 | 203 | 道路补偿收入 | 0 | |
| 2 | 303 | 道路补偿支出 | | 0 |

保存 退出

图 11-4-11

## 11. 专项资金录入

这部分包括各单位专项资金的收入计划和支出数据。收入计划直接输入，支出金额则可以录入，也可以从账务系统中提取数据，取决于公式的设定，如图11-4-12。

| 年度: 2007 | | | 月份: 11 | |
|---|---|---|---|---|
| 单位: 河南省交通厅公路管理局 | | | (单位：元) | 刷新 保存 |
| 序号 | 项目代码 | 项目名称 | 本期收入 | 本期支出 |
| 1 | 204 | 专项资金收入 | 0 | |
| 2 | 304 | 专项资金支出 | | 0 |

保存 退出

图 11-4-12

## 12. 工程项目资金录入

这部分主要为在建高速公路项目的预算资金录入。支出资金可以直接从账务系统中提取数据，如图11-4-13。

| 年度: 2007 | | | 月份: 11 | |
|---|---|---|---|---|
| 单位: 洛阳西南绕城高速公司 | | | (单位：元) | 刷新 保存 |
| 项目: 洛阳西南环城高速公路 | | | | |

| 序号 | 项目代码 | 项目名称 | 到位资金 | 本期支出 |
|---|---|---|---|---|
| 1 | 205 | 工程项目资金拨入 | | |
| 2 | 20501 | 省转贷 | 0 | |
| 3 | 20502 | 汽车养路费 | 0 | |
| 4 | 20503 | 中央预算内资金 | 0 | |
| 5 | 20504 | 市县自筹 | 0 | |
| 6 | 20505 | 其他资金 | 0 | |
| 7 | 305 | 工程项目资金支出 | | |
| 8 | 30501 | 建安投资 | | 0 |
| 9 | 30502 | 其他投资 | | 0 |
| 10 | 30503 | 设备投资 | | 0 |
| 11 | 30504 | 待摊投资 | | 0 |

保存 退出

图 11-4-13

## 第五节 报 表 系 统

本系统提供了四大类报表供分析，包括收入报表分析、通行费报表分析、养路费报表分析和其他报表分析。

### 一、报表的一般操作

#### 1. 报表打印

本系统使用浏览器提供的功能进行报表打印。打开报表后，在 IE 中执行文件下的打印预览命令，则系统打开页面打印功能。在此窗口中所显示的是整个网页内容，报表是不完整的。为此，我们需要对打印参数进行设置。

页眉页脚设置：在“文件”中打开页面设置命令，在页面设置窗口中（如图

11-5-1）清除页眉页脚的内容。该项操作只需要设置一次永久有效。

纸张大小及页面设置：在图 11-5-2 中选择纸张类型和打印方向。根据报表形状可以选择纵向打印或横向打印。

只打印报表：把图 11-5-2 中的“按屏幕所列布局打印”换成“仅打印选定框架”。

把显示比例换成“100%”，观看打印效果，决定是否打印。

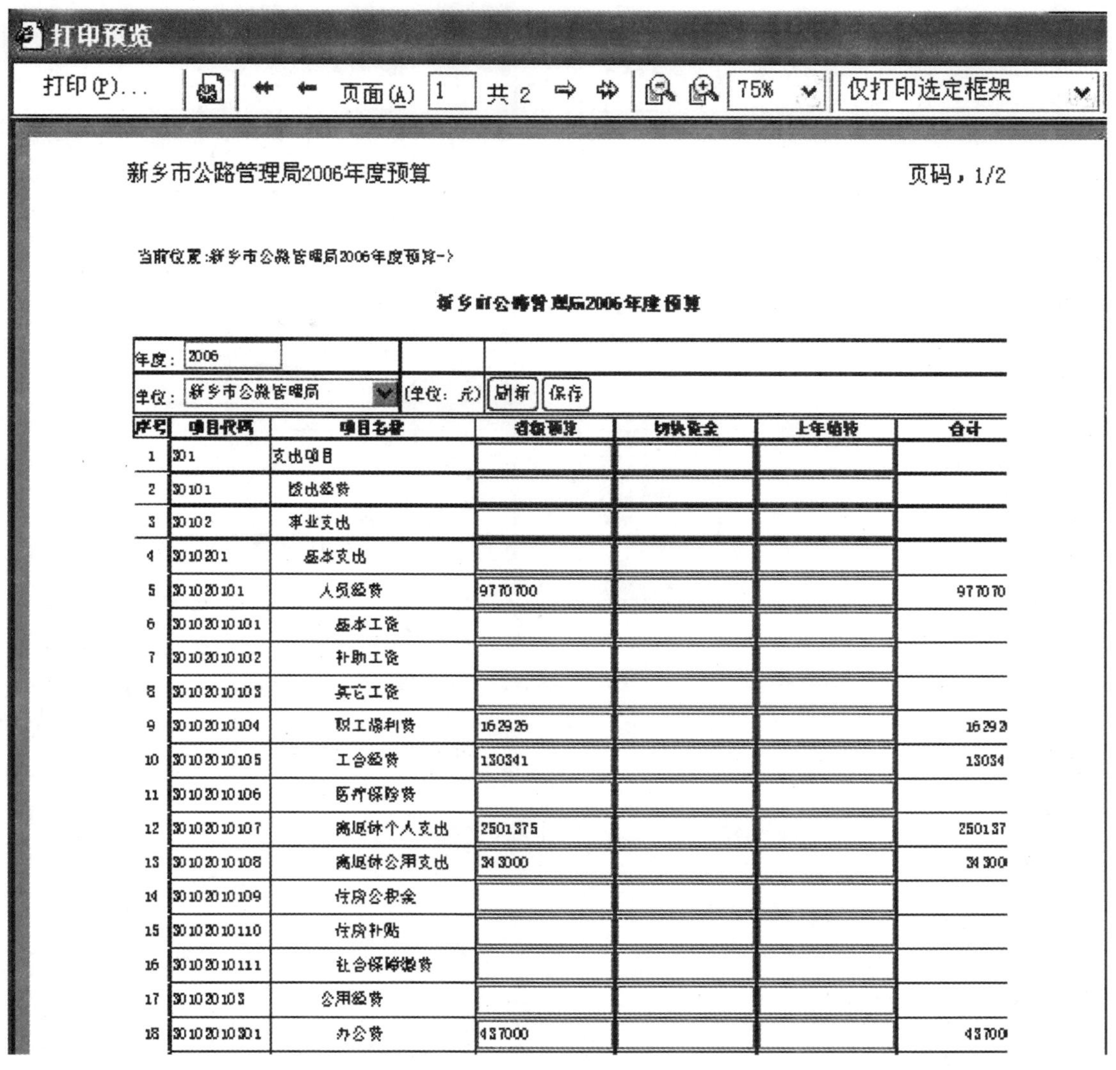


新乡市公路管理局2006年度预算　　　　页码，1/2

当前位置:新乡市公路管理局2006年度预算->

新乡市公路管理局2006年度预算

年度：2006

单位：新乡市公路管理局　(单位：元)　刷新　保存

| 序号 | 项目代码 | 项目名称 | 省级预算 | 切块资金 | 上年结转 | 合计 |
|---|---|---|---|---|---|---|
| 1 | 301 | 支出项目 | | | | |
| 2 | 30101 | 拨出经费 | | | | |
| 3 | 30102 | 事业支出 | | | | |
| 4 | 3010201 | 基本支出 | | | | |
| 5 | 301020101 | 人员经费 | 9770700 | | | 977070 |
| 6 | 30102010101 | 基本工资 | | | | |
| 7 | 30102010102 | 补助工资 | | | | |
| 8 | 30102010103 | 其它工资 | | | | |
| 9 | 30102010104 | 职工福利费 | 162926 | | | 16292 |
| 10 | 30102010105 | 工会经费 | 130341 | | | 13034 |
| 11 | 30102010106 | 医疗保险费 | | | | |
| 12 | 30102010107 | 离退休个人支出 | 2501375 | | | 250137 |
| 13 | 30102010108 | 离退休公用支出 | 343000 | | | 34300 |
| 14 | 30102010109 | 住房公积金 | | | | |
| 15 | 30102010110 | 住房补贴 | | | | |
| 16 | 30102010111 | 社会保障缴费 | | | | |
| 17 | 301020103 | 公用经费 | | | | |
| 18 | 30102010301 | 办公费 | 437000 | | | 43700 |

图　11-5-1

## 2. 直方图使用

对所有报表，均提供直方图显示命令，其操作方法是直接点击报表项目名称，系统根据该项目数据生成直方图，如图 11-5-3。

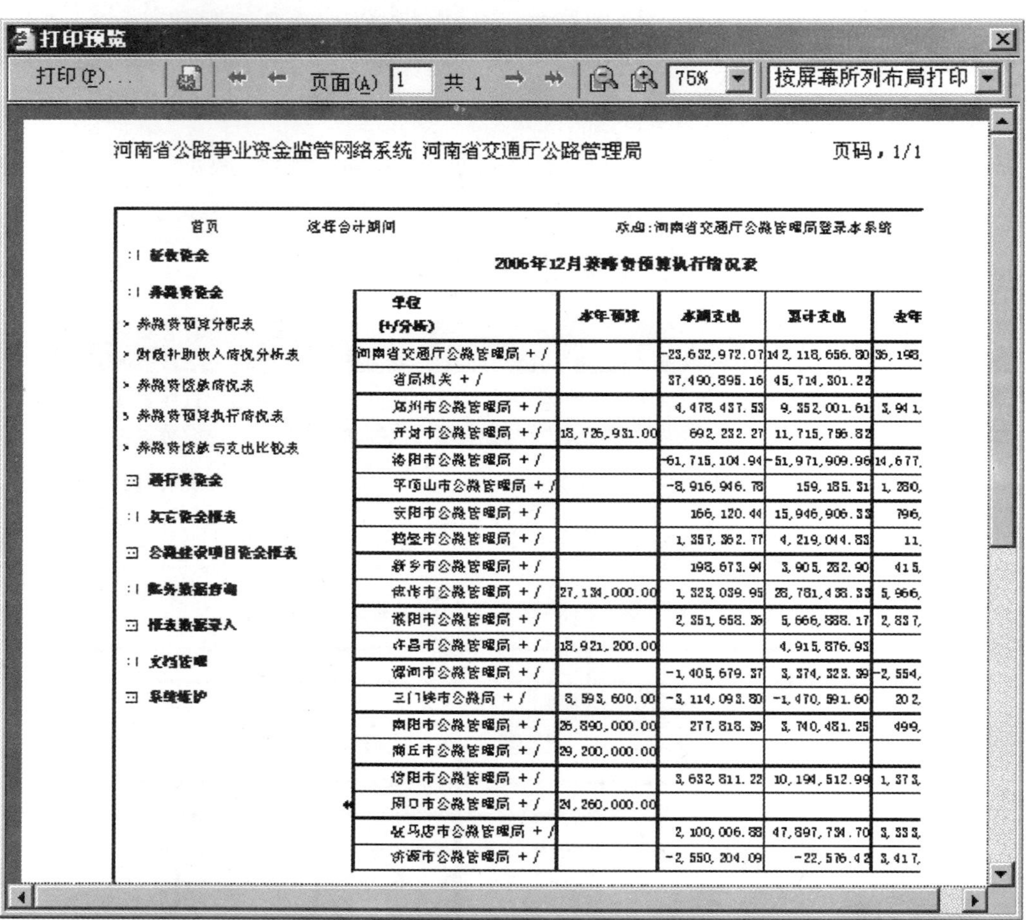


2006年12月养路费预算执行情况表

| 单位(+/分拆) | 本年预算 | 本期支出 | 累计支出 | 去年 |
|---|---|---|---|---|
| 河南省交通厅公路管理局 +/ | | -23,632,972.07 | 142,118,656.80 | 36,198, |
| 省局机关 +/ | | 37,490,895.16 | 45,714,301.22 | |
| 郑州市公路管理局 +/ | | 4,478,437.53 | 9,352,001.61 | 3,941, |
| 开封市公路管理局 +/ | 18,726,931.00 | 692,232.27 | 11,715,756.82 | |
| 洛阳市公路管理局 +/ | | -61,715,104.94 | -51,971,909.96 | 14,677, |
| 平顶山市公路管理局 +/ | | -8,916,946.78 | 159,185.31 | 1,280, |
| 安阳市公路管理局 +/ | | 166,120.44 | 15,946,906.33 | 796, |
| 鹤壁市公路管理局 +/ | | 1,357,362.77 | 4,219,044.83 | 11, |
| 新乡市公路管理局 +/ | | 198,673.94 | 3,905,282.90 | 415, |
| 焦作市公路管理局 +/ | 27,134,000.00 | 1,323,039.95 | 28,781,438.33 | 5,966, |
| 濮阳市公路管理局 +/ | | 2,351,658.36 | 5,666,888.17 | 2,837, |
| 许昌市公路管理局 +/ | 18,921,200.00 | | 4,915,876.93 | |
| 漯河市公路管理局 +/ | | -1,405,679.37 | 3,374,323.39 | -2,554, |
| 三门峡市公路局 +/ | 8,593,600.00 | -3,114,093.80 | -1,470,591.60 | 202, |
| 南阳市公路管理局 +/ | 26,890,000.00 | 277,818.39 | 3,740,481.25 | 499, |
| 商丘市公路管理局 +/ | 29,200,000.00 | | | |
| 信阳市公路管理局 +/ | | 3,632,811.22 | 10,194,512.99 | 1,373, |
| 周口市公路管理局 +/ | 24,260,000.00 | | | |
| 驻马店市公路管理局 +/ | | 2,100,006.88 | 47,897,734.70 | 3,333, |
| 济源市公路管理局 +/ | | -2,550,204.09 | -22,576.42 | 3,417, |

图 11-5-2 打印预览

图 11-5-3 直方图

## 二、征收资金报表

征收报表指针对征收资金的报表，主要有养路费收入解交表、养路费征收完成情况表、养路费收入解交与返还表、省管通行费征收计划执行情况表、省管通行费收入解交与返还表、市管通行费征收计划执行情况表、市管通行费收入解交与返还表等。

### 1. 养路费收入解交表（如图 11-5-4）

单位：河南省交通厅公路管理局　年度：2007　月份：11　刷新　打印

| 单位 | 本期收入 | 累计收入 | 累计应上解 | 累计已上解 |
|---|---|---|---|---|
| 河南省交通厅公路管理局 + | | 22,661,571.00 | | 113,300,000.00 |
| 省局机关 + | | | | |
| 郑州市公路管理局 + | | | | |
| 开封市公路管理局 + | | 22,660,000.00 | | 113,300,000.00 |
| 洛阳市公路管理局 + | | | | |
| 平顶山市公路管理局 + | | | | |
| 安阳市公路管理局 + | | 1,571.00 | | |
| 鹤壁市公路管理局 + | | | | |
| 新乡市公路管理局 + | | | | |
| 焦作市公路管理局 + | | | | |
| 濮阳市公路管理局 + | | | | |
| 许昌市公路管理局 + | | | | |
| 漯河市公路管理局 + | | | | |
| 三门峡市公路局 + | | | | |
| 南阳市公路管理局 + | | | | |
| 商丘市公路管理局 + | | | | |
| 信阳市公路管理局 + | | | | |
| 周口市公路管理局 + | | | | |
| 驻马店市公路管理局 + | | | | |
| 济源市公路管理局 + | | | | |

图　11-5-4

## 2. 养路费征收完成情况表（如图 11-5-5）

单位：河南省交通厅公路管理局　年度：2007　月份：11　刷新　打印

| 单位 | 本年计划 | 完成情况 | | 去年同期 | | 比去年增长% | |
|---|---|---|---|---|---|---|---|
| | | 本期实际 | 本年累计 | 实际 | 累计 | 同期 | 累计 |
| 河南省交通厅公路管理局 | 15,600,000.00 | | 22,661,571.00 | 40,786,000.00 | 66,331,640.00 | | 34.16 |
| 省局机关 | | | | | | | |
| 郑州市公路管理局 | | | | | | | |
| 开封市公路管理局 | 29,000,000.00 | | 22,660,000.00 | | 25,545,640.00 | | 88.7 |
| 洛阳市公路管理局 | | | | | | | |
| 平顶山市公路管理局 | | | | | | | |
| 安阳市公路管理局 | 28.00 | | 1,571.00 | | | | |
| 鹤壁市公路管理局 | | | | | | | |
| 新乡市公路管理局 | | | | | | | |
| 焦作市公路管理局 | | | | 40,786,000.00 | 40,786,000.00 | | |
| 濮阳市公路管理局 | | | | | | | |
| 许昌市公路管理局 | | | | | | | |
| 漯河市公路管理局 | | | | | | | |
| 三门峡市公路局 | | | | | | | |
| 南阳市公路管理局 | | | | | | | |
| 商丘市公路管理局 | | | | | | | |
| 信阳市公路管理局 | | | | | | | |
| 周口市公路管理局 | | | | | | | |
| 驻马店市公路管理局 | | | | | | | |
| 济源市公路管理局 | | | | | | | |

图　11-5-5

## 3. 养路费收入解交与返还表（如图 11-5-6）

单位：河南省交通厅公路管理局　年度：2007　月份：11　刷新　打印

| 单位 | 实际完成 | | 上解省财政收入 | | | | 省财政返还 | | | |
|---|---|---|---|---|---|---|---|---|---|---|
| | 本期 | 累计 | 应上解 | 本期上解 | 累计上解 | 欠解 | 应返还 | 本期返还 | 累计返还 | 返还率 |
| 河南省交通厅公路管理局 | | 22,661,571.00 | 22,661,571.00 | | 113,300,000.00 | -90,638,429.00 | 113,300,000.00 | | | |
| 省局机关 | | | | | | | | | | |
| 郑州市公路管理局 | | | | | | | | | | |
| 开封市公路管理局 | | 22,660,000.00 | 22,660,000.00 | | 113,300,000.00 | -90,640,000.00 | 113,300,000.00 | | | |
| 洛阳市公路管理局 | | | | | | | | | | |
| 平顶山市公路管理局 | | | | | | | | | | |
| 安阳市公路管理局 | | 1,571.00 | 1,571.00 | | | 1,571.00 | | | | |
| 鹤壁市公路管理局 | | | | | | | | | | |
| 新乡市公路管理局 | | | | | | | | | | |
| 焦作市公路管理局 | | | | | | | | | | |
| 濮阳市公路管理局 | | | | | | | | | | |
| 许昌市公路管理局 | | | | | | | | | | |
| 漯河市公路管理局 | | | | | | | | | | |
| 三门峡市公路局 | | | | | | | | | | |
| 南阳市公路管理局 | | | | | | | | | | |
| 商丘市公路管理局 | | | | | | | | | | |
| 信阳市公路管理局 | | | | | | | | | | |
| 周口市公路管理局 | | | | | | | | | | |
| 驻马店市公路管理局 | | | | | | | | | | |
| 济源市公路管理局 | | | | | | | | | | |

图　11-5-6

## 4. 省管通行费征收计划执行情况表（如图 11-5-7）

单位：河南省交通厅公路管理局　年度：2007　月份：11　刷新　打印

| 单位 | 本年计划 | 完成情况 | | 去年同期 | | 完成计划% | 对比增长 | |
|---|---|---|---|---|---|---|---|---|
| | | 本期实际 | 本年累计 | 同期实际 | 同期累计 | | 同期对比增长（%） | 累计对比增长（%） |
| 河南省交通厅公路管理局 | | | 157.60 | | | | | |
| 省局机关 | | | | | | | | |
| 郑州市公路管理局 | | | | | | | | |
| 开封市公路管理局 | | | | | | | | |
| 洛阳市公路管理局 | | | | | | | | |
| 平顶山市公路管理局 | | | | | | | | |
| 安阳市公路管理局 | 1,557.60 | | 157.60 | | | | | |
| 鹤壁市公路管理局 | | | | | | | | |
| 新乡市公路管理局 | | | | | | | | |
| 焦作市公路管理局 | | | | | | | | |
| 濮阳市公路管理局 | | | | | | | | |
| 许昌市公路管理局 | | | | | | | | |
| 漯河市公路管理局 | | | | | | | | |
| 三门峡市公路局 | | | | | | | | |
| 南阳市公路管理局 | | | | | | | | |
| 商丘市公路管理局 | | | | | | | | |
| 信阳市公路管理局 | | | | | | | | |
| 周口市公路管理局 | | | | | | | | |
| 驻马店市公路管理局 | | | | | | | | |
| 济源市公路管理局 | | | | | | | | |
| 少林寺至洛阳高速公路管理中心 | | | | | | | | |
| 济源至洛阳高速公路管理中心 | 23,800,000.00 | | | | | | | |
| 洛阳西南环城高速公路管理中心 | 17,300,000.00 | | | | | | | |
| 济源至焦作高速公路管理中心 | 14,200,000.00 | | | | | | | |

图　11-5-7

## 5. 省管通行费收入解交与返还表（如图 11-5-8）

单位：河南省交通厅公路管理局　年度：2007　月份：11　刷新　打印

| 单位 | 实际完成 | | 上解省财政收入 | | | | 省财政返还 | | | |
|---|---|---|---|---|---|---|---|---|---|---|
| | 本期收入 | 累计收入 | 应上解 | 本期上解 | 累计上解 | 欠解 | 应返还 | 本期返还 | 累计返还 | 返还率 |
| 河南省交通厅公路管理局 | | 157.60 | 157.60 | | | 157.60 | | | | |
| 省局机关 | | | | | | | | | | |
| 郑州市公路管理局 | | | | | | | | | | |
| 开封市公路管理局 | | | | | | | | | | |
| 洛阳市公路管理局 | | | | | | | | | | |
| 平顶山市公路管理局 | | | | | | | | | | |
| 安阳市公路管理局 | | 157.60 | 157.60 | | | 157.60 | | | | |
| 鹤壁市公路管理局 | | | | | | | | | | |
| 新乡市公路管理局 | | | | | | | | | | |
| 焦作市公路管理局 | | | | | | | | | | |
| 濮阳市公路管理局 | | | | | | | | | | |
| 许昌市公路管理局 | | | | | | | | | | |
| 漯河市公路管理局 | | | | | | | | | | |
| 三门峡市公路局 | | | | | | | | | | |
| 南阳市公路管理局 | | | | | | | | | | |
| 商丘市公路管理局 | | | | | | | | | | |
| 信阳市公路管理局 | | | | | | | | | | |
| 周口市公路管理局 | | | | | | | | | | |
| 驻马店市公路管理局 | | | | | | | | | | |
| 济源市公路管理局 | | | | | | | | | | |
| 少林寺至洛阳高速公路管理中心 | | | | | | | | | | |
| 济源至洛阳高速公路管理中心 | | | | | | | | | | |
| 洛阳西南环城高速公路管理中心 | | | | | | | | | | |
| 济源至焦作高速公路管理中心 | | | | | | | | | | |

图　11-5-8

## 6. 市管通行费征收计划执行情况表（如图 11-5-9）

单位：河南省交通厅公路管理局　年度：2007　月份：11　刷新　打印

| 单位 | 本年计划 | 完成情况 | | 去年同期 | | 完成计划% | 对比增长 | |
|---|---|---|---|---|---|---|---|---|
| | | 本期实际 | 本年累计 | 同期实际 | 同期累计 | | 同期对比增长（%） | 累计对比增长（%） |
| 河南省交通厅公路管理局 | 15,400,000.00 | | 24,270,542.40 | 14,068,661.63 | 116,205,439.11 | | 20.89 | 20.89 |
| 省局机关 | | | | | | | | |
| 郑州市公路管理局 | | | | | | | | |
| 开封市公路管理局 | 30,040,000.00 | | 10,416,407.00 | | 26,136,828.60 | | 39.85 | 39.85 |
| 洛阳市公路管理局 | 20,260,000.00 | | 12,272,000.00 | | 26,386,000.00 | | 46.51 | 46.51 |
| 平顶山市公路管理局 | | | | | | | | |
| 安阳市公路管理局 | 135.40 | | 135.40 | | 31,954,150.00 | | 0 | 0 |
| 鹤壁市公路管理局 | | | | | | | | |
| 新乡市公路管理局 | 3,732.00 | | | | | | | |
| 焦作市公路管理局 | | | | 9,392,000.00 | 9,392,000.00 | | | |
| 濮阳市公路管理局 | | | | | | | | |
| 许昌市公路管理局 | | | | | | | | |
| 漯河市公路管理局 | 8,860,000.00 | | | | | | | |
| 三门峡市公路局 | 16,900,000.00 | | 1,582,000.00 | 4,676,661.63 | 9,002,279.06 | | 17.57 | 17.57 |
| 南阳市公路管理局 | | | | | | | | |
| 商丘市公路管理局 | | | | | | | | |
| 信阳市公路管理局 | | | | | | | | |
| 周口市公路管理局 | | | | | | | | |
| 驻马店市公路管理局 | | | | | | | | |
| 济源市公路管理局 | | | | | 13,334,181.45 | | | |

图　11-5-9

## 7. 市管通行费收入解交与返还表（如图 11-5-10）

| 单位 | 实际完成 | | 上解市财政收入 | | | | 市财政返还 | | | |
|---|---|---|---|---|---|---|---|---|---|---|
| | 本期收入 | 累计收入 | 应上解 | 本期上解 | 累计上解 | 欠解 | 应返还 | 本期返还 | 累计返还 | 返还率 |
| 河南省交通厅公路管理局 | | 24,270,542.40 | 24,270,542.40 | | 81,208,786.00 | -56,938,243.60 | 6,496,702,880.00 | | 21,990,000.00 | .34 |
| 省局机关 | | | | | | | | | | .34 |
| 郑州市公路管理局 | | | | | | | | | | .34 |
| 开封市公路管理局 | | 10,416,407.00 | 10,416,407.00 | | 56,658,786.00 | -46,242,379.00 | 4,532,702,880.00 | | 21,990,000.00 | .49 |
| 洛阳市公路管理局 | | 12,272,000.00 | 12,272,000.00 | | 24,550,000.00 | -12,278,000.00 | 1,964,000,000.00 | | | .49 |
| 平顶山市公路管理局 | | | | | | | | | | .49 |
| 安阳市公路管理局 | | 135.40 | 135.40 | | | 135.40 | | | | .49 |
| 鹤壁市公路管理局 | | | | | | | | | | .49 |
| 新乡市公路管理局 | | | | | | | | | | .49 |
| 焦作市公路管理局 | | | | | | | | | | .49 |
| 濮阳市公路管理局 | | | | | | | | | | .49 |
| 许昌市公路管理局 | | | | | | | | | | .49 |
| 漯河市公路管理局 | | | | | | | | | | .49 |
| 三门峡市公路局 | | 1,582,000.00 | 1,582,000.00 | | | 1,582,000.00 | | | | .49 |
| 南阳市公路管理局 | | | | | | | | | | .49 |
| 商丘市公路管理局 | | | | | | | | | | .49 |
| 信阳市公路管理局 | | | | | | | | | | .49 |
| 周口市公路管理局 | | | | | | | | | | .49 |
| 驻马店市公路管理局 | | | | | | | | | | .49 |
| 济源市公路管理局 | | | | | | | | | | .49 |

图　11-5-10

# 三、养路费报表

## 1. 养路费预算分配表（如图 11-5-11）

单位：河南省交通厅公路管理局 年度：2007 月份：11 刷新 打印

| 单位 | 本年预算 | | | | 基本支出 | 项目支出 | 其它事业支出 |
|---|---|---|---|---|---|---|---|
| | 合计 | 省预算资金 | 切块资金 | 上年结转 | | | |
| 河南省交通厅公路管理局 | | | | | | | |
| 省局机关 | | | | | | | |
| 郑州市公路管理局 | | | | | | | |
| 开封市公路管理局 | 13,096,325.80 | | 13,096,325.80 | | | | |
| 洛阳市公路管理局 | | | | | | | |
| 平顶山市公路管理局 | | | | | | | |
| 安阳市公路管理局 | 9,335.40 | 9,335.40 | | | | | |
| 鹤壁市公路管理局 | | | | | | | |
| 新乡市公路管理局 | | | | | | | |
| 焦作市公路管理局 | | | | | | | |
| 濮阳市公路管理局 | | | | | | | |
| 许昌市公路管理局 | | | | | | | |
| 漯河市公路管理局 | | | | | | | |
| 三门峡市公路局 | | | | | | | |
| 南阳市公路管理局 | | | | | | | |
| 商丘市公路管理局 | | | | | | | |
| 信阳市公路管理局 | | | | | | | |
| 周口市公路管理局 | | | | | | | |
| 驻马店市公路管理局 | | | | | | | |
| 济源市公路管理局 | | | | | | | |

图 11-5-11

## 2. 财政补助收入情况分析表（如图 11-5-12）

单位：河南省交通厅公路管理局 年度：2007 月份：11 刷新 打印

| 单位名称 | 本年预算 | | | 累计财政拨入 | | | 财政拨入预算比（%） | | |
|---|---|---|---|---|---|---|---|---|---|
| | 小计 | 切块资金 | 省级预算资金 | 小计 | 切块资金 | 省级预算资金 | 小计 | 切块资金 | 省级预算资金 |
| 河南省交通厅公路管理局 + | | | | 127,334,701.21 | 7,783,200.00 | 119,551,501.21 | | | |
| 省局机关 + | | | | 73,664.05 | | 73,664.05 | | | |
| 郑州市公路管理局 + | | | | 9,469,886.47 | | 9,469,886.47 | | | |
| 开封市公路管理局 + | 13,096,325.80 | 13,096,325.80 | | 13,096,325.80 | | 13,096,325.80 | 100.00 | | |
| 洛阳市公路管理局 + | | | | | | | | | |
| 平顶山市公路管理局 + | | | | | | | | | |
| 安阳市公路管理局 + | 9,335.40 | | 9,335.40 | | | | | | |
| 鹤壁市公路管理局 + | | | | 9,071,000.00 | 7,783,200.00 | 1,287,800.00 | | | |
| 新乡市公路管理局 + | | | | | | | | | |
| 焦作市公路管理局 + | | | | 22,927,683.23 | | 22,927,683.23 | | | |
| 濮阳市公路管理局 + | | | | 13,949,500.08 | | 13,949,500.08 | | | |
| 许昌市公路管理局 + | | | | | | | | | |
| 漯河市公路管理局 + | | | | 10,398,712.82 | | 10,398,712.82 | | | |
| 三门峡市公路局 + | | | | | | | | | |
| 南阳市公路管理局 + | | | | | | | | | |
| 商丘市公路管理局 + | | | | | | | | | |
| 信阳市公路管理局 + | | | | 26,496,136.46 | | 26,496,136.46 | | | |
| 周口市公路管理局 + | | | | | | | | | |
| 驻马店市公路管理局 + | | | | 14,459,670.96 | | 14,459,670.96 | | | |
| 济源市公路管理局 + | | | | 7,392,121.34 | | 7,392,121.34 | | | |

图 11-5-12

## 3. 养路费拨款情况表（如图 11-5-13）

单位：河南省交通厅公路管理局　年度：2007　月份：11　刷新　打印

| 单位名称 | 本年预算 | 本期拨款 | 累计拨款 | 本年累计拨款占预算数(%) |
|---|---|---|---|---|
| 河南省交通厅公路管理局 | | | 127, 334, 701. 21 | |
| 省局机关 | | | 73, 664. 05 | |
| 郑州市公路管理局 | | | 9, 469, 886. 47 | |
| 开封市公路管理局 | 13, 096, 325. 80 | | 13, 096, 325. 80 | 100. 00 |
| 洛阳市公路管理局 | | | | |
| 平顶山市公路管理局 | | | | |
| 安阳市公路管理局 | 9, 335. 40 | | | |
| 鹤壁市公路管理局 | | | 9, 071, 000. 00 | |
| 新乡市公路管理局 | | | | |
| 焦作市公路管理局 | | | 22, 927, 683. 23 | |
| 濮阳市公路管理局 | | | 13, 949, 500. 08 | |
| 许昌市公路管理局 | | | | |
| 漯河市公路管理局 | | | 10, 398, 712. 82 | |
| 三门峡市公路局 | | | | |
| 南阳市公路管理局 | | | | |
| 商丘市公路管理局 | | | | |
| 信阳市公路管理局 | | | 26, 496, 136. 46 | |
| 周口市公路管理局 | | | | |
| 驻马店市公路管理局 | | | 14, 459, 670. 96 | |
| 济源市公路管理局 | | | 7, 392, 121. 34 | |

图　11-5-13

## 4. 养路费预算执行情况表（如图 11-5-14）

单位：河南省交通厅公路管理局　年度：2007　月份：11　刷新　打印

| 单位(+/分析) | 本年预算 | 本期支出 | 累计支出 | 去年同期 | 去年累计 | 累计支出占预算% | 累计支出占去年% |
|---|---|---|---|---|---|---|---|
| 河南省交通厅公路管理局 + / | | | 105, 517, 492. 69 | 21, 833, 786. 67 | 165, 751, 628. 87 | | 63. 66 |
| 省局机关 + / | | | 2, 781, 582. 60 | 386, 436. 04 | 8, 223, 406. 06 | | 33. 83 |
| 郑州市公路管理局 + / | | | 2, 442, 243. 16 | 242, 875. 03 | 4, 873, 564. 08 | | 50. 11 |
| 开封市公路管理局 + / | 13, 096, 325. 80 | | 6, 951, 204. 40 | 769, 881. 03 | 11, 023, 524. 55 | 53. 08 | 63. 06 |
| 洛阳市公路管理局 + / | | | | 664, 900. 91 | 9, 743, 194. 98 | | |
| 平顶山市公路管理局 + / | | | | 641, 668. 11 | 9, 076, 132. 09 | | |
| 安阳市公路管理局 + / | 9, 335. 40 | | 157. 00 | 2, 451, 806. 13 | 15, 780, 785. 89 | 1. 68 | 0 |
| 鹤壁市公路管理局 + / | | | 30, 935, 050. 75 | 136, 116. 90 | 2, 861, 682. 06 | | 1081. 01 |
| 新乡市公路管理局 + / | | | | 319, 537. 06 | 3, 706, 608. 96 | | |
| 焦作市公路管理局 + / | | | 22, 422, 529. 25 | 2, 873, 441. 94 | 27, 458, 398. 38 | | 81. 66 |
| 濮阳市公路管理局 + / | | | 4, 451, 847. 84 | 1, 739, 146. 82 | 3, 315, 229. 81 | | 134. 28 |
| 许昌市公路管理局 + / | | | | 413, 413. 77 | 4, 915, 876. 93 | | |
| 漯河市公路管理局 + / | | | 2, 267, 269. 65 | 3, 214, 085. 50 | 4, 780, 002. 76 | | 47. 43 |
| 三门峡市公路局 + / | | | | 113, 860. 10 | 1, 643, 502. 20 | | |
| 南阳市公路管理局 + / | | | | 552, 747. 50 | 3, 462, 662. 86 | | |
| 商丘市公路管理局 + / | | | | | | | |
| 信阳市公路管理局 + / | | | 17, 231, 426. 37 | 445, 557. 10 | 6, 561, 701. 77 | | 262. 61 |
| 周口市公路管理局 + / | | | | | | | |
| 驻马店市公路管理局 + / | | | 12, 708, 990. 59 | 6, 678, 639. 54 | 45, 797, 727. 82 | | 27. 75 |
| 济源市公路管理局 + / | | | 3, 325, 191. 08 | 189, 673. 19 | 2, 527, 627. 67 | | 131. 55 |

图　11-5-14

## 5. 养路费拨款与支出比较表（如图 11-5-15）

单位：河南省交通厅公路管理局　年度：2007　月份：11　刷新　打印

| 单位 | 预算 | 上级拨款 | | 拨出经费 | | 支出 | | 已完项目节超 | 未完项目结转 |
|---|---|---|---|---|---|---|---|---|---|
| | | 本期 | 累计 | 本期 | 累计 | 本期 | 累计 | | |
| 河南省交通厅公路管理局 | | | 127,334,701.21 | | 2,775,474.20 | | 105,517,492.69 | | |
| 省局机关 | | | 73,664.05 | | | | 2,781,582.60 | | |
| 郑州市公路管理局 | | | 9,469,886.47 | | 601,800.00 | | 2,442,243.16 | | |
| 开封市公路管理局 | 13,096,325.80 | | 13,096,325.80 | | | | 6,951,204.40 | | |
| 洛阳市公路管理局 | | | | | | | | | |
| 平顶山市公路管理局 | | | | | | | | | |
| 安阳市公路管理局 | 9,335.40 | | | | | | 157.00 | | |
| 鹤壁市公路管理局 | | | 9,071,000.00 | | 632,894.20 | | 30,935,050.75 | | |
| 新乡市公路管理局 | | | | | | | | | |
| 焦作市公路管理局 | | | 22,927,683.23 | | 1,500,780.00 | | 22,422,529.25 | | |
| 濮阳市公路管理局 | | | 13,949,500.08 | | 40,000.00 | | 4,451,847.84 | | |
| 许昌市公路管理局 | | | | | | | | | |
| 漯河市公路管理局 | | | 10,398,712.82 | | | | 2,267,269.65 | | |
| 三门峡市公路局 | | | | | | | | | |
| 南阳市公路管理局 | | | | | | | | | |
| 商丘市公路管理局 | | | | | | | | | |
| 信阳市公路管理局 | | | 26,496,136.46 | | | | 17,231,426.37 | | |
| 周口市公路管理局 | | | | | | | | | |
| 驻马店市公路管理局 | | | 14,459,670.96 | | | | 12,708,990.59 | | |
| 济源市公路管理局 | | | 7,392,121.34 | | | | 3,325,191.08 | | |

图　11-5-15

## 四、通行费报表

## 1. 通行费预算分配表（如图 11-5-16）

单位：河南省交通厅公路管理局　年度：2007　月份：11

| 单位 | 本年预算 | | | | 公路小修保养 | 公路中修 | 公路大修 | 公路抢修 |
|---|---|---|---|---|---|---|---|---|
| | 合计 | 省管通行费 | 市管通行费 | 上年结转 | | | | |
| 河南省交通厅公路管理局 | | | | | | | | |
| 省局机关 | | | | | | | | |
| 郑州市公路管理局 | | | | | | | | |
| 开封市公路管理局 | | | | | | | | |
| 洛阳市公路管理局 | | | | | | | | |
| 平顶山市公路管理局 | | | | | | | | |
| 安阳市公路管理局 | | | | | | | | |
| 鹤壁市公路管理局 | | | | | | | | |
| 新乡市公路管理局 | | | | | 240.00 | 76.26 | | |
| 焦作市公路管理局 | | | | | | | | |
| 濮阳市公路管理局 | | | | | | | | |
| 许昌市公路管理局 | | | | | | | | |
| 漯河市公路管理局 | | | | | | | | |
| 三门峡市公路局 | | | | | | | | |
| 南阳市公路管理局 | | | | | | | | |
| 商丘市公路管理局 | | | | | | | | |
| 信阳市公路管理局 | | | | | | | | |
| 周口市公路管理局 | | | | | | | | |
| 驻马店市公路管理局 | | | | | | | | |
| 济源市公路管理局 | | | | | | | | |
| 少林寺至洛阳高速公路管理中心 | | | | | | | | |
| 济源至洛阳高速公路管理中心 | | | | | 594,000.00 | | | |
| 洛阳西南环城高速公路管理中心 | 17,300,000.00 | 17,300,000.00 | | | 590,000.00 | | | |
| 济源至焦作高速公路管理中心 | | | | | 674,000.00 | | | |

图　11-5-16

## 2. 事业收入情况分析表（如图 11-5-17）

单位：河南省交通厅公路管理局　年度：2007　月份：11　刷新　打印

| 单位名称 | 本年预算 | 本期财政拨入 | | | 累计财政拨入 | | | 财政拨入预算比（%） | | |
|---|---|---|---|---|---|---|---|---|---|---|
| | | 小计 | 省管通行费 | 市管通行费 | 小计 | 市管通行费 | 省管通行费 | 小计 | 市管通行费 | 省管通行费 |
| 河南省交通厅公路管理局 + | | | | | 3,714,100.02 | 1,991,096.98 | 1,723,003.04 | | | |
| 省局机关 + | | | | | | | | | | |
| 郑州市公路管理局 + | | | | | | | | | | |
| 开封市公路管理局 + | | | | | | | | | | |
| 洛阳市公路管理局 + | | | | | | | | | | |
| 平顶山市公路管理局 + | | | | | | | | | | |
| 安阳市公路管理局 + | | | | | 9,780.58 | 4,890.29 | 4,890.29 | | | |
| 鹤壁市公路管理局 + | | | | | 460,000.00 | 230,000.00 | 230,000.00 | | | |
| 新乡市公路管理局 + | | | | | | | | | | |
| 焦作市公路管理局 + | | | | | 2,849,370.08 | 1,424,685.04 | 1,424,685.04 | | | |
| 濮阳市公路管理局 + | | | | | 37,700.96 | 18,850.48 | 18,850.48 | | | |
| 许昌市公路管理局 + | | | | | | | | | | |
| 漯河市公路管理局 + | | | | | 87,470.62 | 43,735.31 | 43,735.31 | | | |
| 三门峡市公路局 + | | | | | | | | | | |
| 南阳市公路管理局 + | | | | | | | | | | |
| 商丘市公路管理局 + | | | | | | | | | | |
| 信阳市公路管理局 + | | | | | 1,683.84 | 841.92 | 841.92 | | | |
| 周口市公路管理局 + | | | | | | | | | | |
| 驻马店市公路管理局 + | | | | | | | | | | |
| 济源市公路管理局 + | | | | | | | | | | |
| 少林寺至洛阳高速公路管理中心 + | | | | | 93,663.71 | 93,663.71 | | | | |
| 济源至洛阳高速公路管理中心 + | | | | | 23,108.75 | 23,108.75 | | | | |
| 洛阳西南环城高速公路管理中心 + | 17,300,000.00 | | | | 151,321.48 | 151,321.48 | | | | |
| 济源至焦作高速公路管理中心 + | | | | | | | | | | |

图　11-5-17

## 3. 通行费拨款情况表（如图 11-5-18）

单位：河南省交通厅公路管理局　年度：2007　月份：11　刷新　打印

| 单位名称 | 本年预算 | 本期拨款 | 累计拨款 | 本年累计拨款占预算数（%） |
|---|---|---|---|---|
| 河南省交通厅公路管理局 | | | 1,991,096.98 | |
| 省局机关 | | | | |
| 郑州市公路管理局 | | | | |
| 开封市公路管理局 | | | | |
| 洛阳市公路管理局 | | | | |
| 平顶山市公路管理局 | | | | |
| 安阳市公路管理局 | | | 4,890.29 | |
| 鹤壁市公路管理局 | | | 230,000.00 | |
| 新乡市公路管理局 | | | | |
| 焦作市公路管理局 | | | 1,424,685.04 | |
| 濮阳市公路管理局 | | | 18,850.48 | |
| 许昌市公路管理局 | | | | |
| 漯河市公路管理局 | | | 43,735.31 | |
| 三门峡市公路局 | | | | |
| 南阳市公路管理局 | | | | |
| 商丘市公路管理局 | | | | |
| 信阳市公路管理局 | | | 841.92 | |
| 周口市公路管理局 | | | | |
| 驻马店市公路管理局 | | | | |
| 济源市公路管理局 | | | | |
| 少林寺至洛阳高速公路管理中心 | | | 93,663.71 | |
| 济源至洛阳高速公路管理中心 | | | 23,108.75 | |
| 洛阳西南环城高速公路管理中心 | 17,300,000.00 | | 151,321.48 | .87 |
| 济源至焦作高速公路管理中心 | | | | |

图　11-5-18

## 4. 通行费预算执行情况表（如图 11-5-19）

单位: 河南省交通厅公路管理局　年度: 2007　月份: 11　刷新　打印

| 单位 | 本年预算 | 本期支出 | 累计支出 | 去年同期 | 去年累计 | 累计支出占预算% | 累计支出占去年% |
|---|---|---|---|---|---|---|---|
| 河南省交通厅公路管理局 + / | | | 24,463,615.48 | 3,881,371.69 | 396,138,067.55 | | 1619.29 |
| 省局机关 + / | | | 20,000,000.00 | | 350,390,000.00 | | 1751.95 |
| 郑州市公路管理局 + / | | | | | | | |
| 开封市公路管理局 + / | | | | 461,193.48 | 5,670,149.94 | | |
| 洛阳市公路管理局 + / | | | | 729,120.00 | 10,390,621.66 | | |
| 平顶山市公路管理局 + / | | | | 28,698.78 | 1,196,416.18 | | |
| 安阳市公路管理局 + / | | | 158,647.47 | 5,748.40 | 308,538.31 | | 194.48 |
| 鹤壁市公路管理局 + / | | | | | | | |
| 新乡市公路管理局 + / | | | | 101,471.22 | 610,960.65 | | |
| 焦作市公路管理局 + / | | | 1,357,421.78 | 180,029.30 | 2,452,252.15 | | 180.66 |
| 濮阳市公路管理局 + / | | | 3,416,918.02 | 553,581.52 | 7,250,320.27 | | 212.19 |
| 许昌市公路管理局 + / | | | | | | | |
| 漯河市公路管理局 + / | | | 735,255.72 | 12,845.73 | 69,543.21 | | 9.46 |
| 三门峡市公路局 + / | | | | | 19,111.94 | | |
| 南阳市公路管理局 + / | | | | 50,967.49 | 679,059.86 | | |
| 商丘市公路管理局 + / | | | | | | | |
| 信阳市公路管理局 + / | | | -6,991,573.38 | 523,409.13 | 5,643,372.47 | | -80.72 |
| 周口市公路管理局 + / | | | | | | | |
| 驻马店市公路管理局 + / | | | 1,929,572.07 | 753,106.45 | 4,634,215.68 | | 240.17 |
| 济源市公路管理局 + / | | | 878,301.37 | 319,755.79 | 2,637,487.84 | | 300.29 |
| 少林寺至洛阳高速公路管理中心 + / | | | 1,504,639.52 | 119,080.55 | 1,083,097.23 | | 71.98 |
| 济源至洛阳高速公路管理中心 + / | | | 745,541.73 | -43,632.38 | 1,222,887.98 | | 164.03 |
| 洛阳西南环城高速公路管理中心 + / | 17,300,000.00 | | 728,891.18 | 85,996.23 | 1,880,032.18 | 4.21 | 257.93 |
| 济源至焦作高速公路管理中心 + / | | | | | | | |

图　11-5-19

## 5. 通行费拨款与支出比较表（如图 11-5-20）

单位: 河南省交通厅公路管理局　年度: 2007　月份: 11　刷新　打印

| 单位 | 预算 | 上级拨款 | | 拨出经费 | | 支出 | | 已完项目节超 | 未完项目结转 |
|---|---|---|---|---|---|---|---|---|---|
| | | 本期 | 累计 | 本期 | 累计 | 本期 | 累计 | | |
| 河南省交通厅公路管理局 | | | 1,991,096.98 | | 12,813,125.99 | | 24,463,615.48 | | |
| 省局机关 | | | | | | | 20,000,000.00 | | |
| 郑州市公路管理局 | | | | | 600,000.00 | | | | |
| 开封市公路管理局 | | | | | | | | | |
| 洛阳市公路管理局 | | | | | | | | | |
| 平顶山市公路管理局 | | | | | | | | | |
| 安阳市公路管理局 | | | 4,890.29 | | 4,655,926.00 | | 158,647.47 | | |
| 鹤壁市公路管理局 | | | 230,000.00 | | | | | | |
| 新乡市公路管理局 | | | | | | | | | |
| 焦作市公路管理局 | | | 1,424,685.04 | | 3,840,000.00 | | 1,357,421.78 | | |
| 濮阳市公路管理局 | | | 18,850.48 | | | | 3,416,918.02 | | |
| 许昌市公路管理局 | | | | | | | | | |
| 漯河市公路管理局 | | | 43,735.31 | | 3,716,199.99 | | 735,255.72 | | |
| 三门峡市公路局 | | | | | | | | | |
| 南阳市公路管理局 | | | | | | | | | |
| 商丘市公路管理局 | | | | | | | | | |
| 信阳市公路管理局 | | | 841.92 | | | | -6,991,573.38 | | |
| 周口市公路管理局 | | | | | | | | | |
| 驻马店市公路管理局 | | | | | | | 1,929,572.07 | | |
| 济源市公路管理局 | | | | | | | 878,301.37 | | |
| 少林寺至洛阳高速公路管理中心 | | | 93,663.71 | | | | 1,504,639.52 | | |
| 济源至洛阳高速公路管理中心 | | | 23,108.75 | | | | 745,541.73 | | |
| 洛阳西南环城高速公路管理中心 | 17,300,000.00 | | 151,321.48 | | | | 728,891.18 | | |
| 济源至焦作高速公路管理中心 | | | | | | | | | |

图　11-5-20

## 五、其他报表

### 1. 超限检测费收支情况表（如图 11-5-21）

单位：河南省交通厅公路管理局　年度：2007　月份：11　刷新　打印

| 单位 | 本期收入 | 累计收入 | 本期支出 | 累计支出 | 累计支出收入比% |
| --- | --- | --- | --- | --- | --- |
| 河南省交通厅公路管理局 | | | | | |
| 省局机关 | | | | | |
| 郑州市公路管理局 | | | | | |
| 开封市公路管理局 | | | | | |
| 洛阳市公路管理局 | | | | | |
| 平顶山市公路管理局 | | | | | |
| 安阳市公路管理局 | | | | | |
| 鹤壁市公路管理局 | | | | | |
| 新乡市公路管理局 | | | | | |
| 焦作市公路管理局 | | | | | |
| 濮阳市公路管理局 | | | | | |
| 许昌市公路管理局 | | | | | |
| 漯河市公路管理局 | | | | | |
| 三门峡市公路局 | | | | | |
| 南阳市公路管理局 | | | | | |
| 商丘市公路管理局 | | | | | |
| 信阳市公路管理局 | | | | | |
| 周口市公路管理局 | | | | | |
| 驻马店市公路管理局 | | | | | |
| 济源市公路管理局 | | | | | |

图　11-5-21

### 2. 道路补偿费收支情况表（如图 11-5-22）

单位：河南省交通厅公路管理局　年度：2007　月份：11　刷新　打印

| 单位 | 本期收入 | 累计收入 | 本期支出 | 累计支出 | 累计支出收入比% |
| --- | --- | --- | --- | --- | --- |
| 河南省交通厅公路管理局 | | | | | |
| 省局机关 | | | | | |
| 郑州市公路管理局 | | | | | |
| 开封市公路管理局 | | | | | |
| 洛阳市公路管理局 | | | | | |
| 平顶山市公路管理局 | | | | | |
| 安阳市公路管理局 | | | | | |
| 鹤壁市公路管理局 | | | | | |
| 新乡市公路管理局 | | | | | |
| 焦作市公路管理局 | | | | | |
| 濮阳市公路管理局 | | | | | |
| 许昌市公路管理局 | | | | | |
| 漯河市公路管理局 | | | | | |
| 三门峡市公路局 | | | | | |
| 南阳市公路管理局 | | | | | |
| 商丘市公路管理局 | | | | | |
| 信阳市公路管理局 | | | | | |
| 周口市公路管理局 | | | | | |
| 驻马店市公路管理局 | | | | | |
| 济源市公路管理局 | | | | | |

图　11-5-22

## 3. 专项资金收支情况表（如图 11-5-23）

单位：河南省交通厅公路管理局　年度：2007　月份：11　刷新　打印

| 单位名称 | 上级拨入 | | 实际支出 | | 结余（或超支） |
|---|---|---|---|---|---|
| | 本期 | 累计 | 本期 | 累计 | |
| 河南省交通厅公路管理局 | | | | | |
| 省局机关 | | | | | |
| 郑州市公路管理局 | | | | | |
| 开封市公路管理局 | | | | | |
| 洛阳市公路管理局 | | | | | |
| 平顶山市公路管理局 | | | | | |
| 安阳市公路管理局 | | | | | |
| 鹤壁市公路管理局 | | | | | |
| 新乡市公路管理局 | | | | | |
| 焦作市公路管理局 | | | | | |
| 濮阳市公路管理局 | | | | | |
| 许昌市公路管理局 | | | | | |
| 漯河市公路管理局 | | | | | |
| 三门峡市公路局 | | | | | |
| 南阳市公路管理局 | | | | | |
| 商丘市公路管理局 | | | | | |
| 信阳市公路管理局 | | | | | |
| 周口市公路管理局 | | | | | |
| 驻马店市公路管理局 | | | | | |
| 济源市公路管理局 | | | | | |

图 11-5-23

## 4. 工程项目资金来源情况表（如图 11-5-24、如图 11-5-25）

单位：河南省交通厅公路管理局　年度：2007　月份：11　刷新　打印

| 工程项目 | 管理单位 | 计划投资 | | | | | |
|---|---|---|---|---|---|---|---|
| | | 合计 | 省转贷 | 汽车养路费 | 预算内资金（国债） | 市县自筹 | 其他资金 |
| 京珠高速4座大桥 | 鹤壁市公路管理局 | | 11770000 | | | | |
| S219永定线汤淡界改造 | 鹤壁市公路管理局 | | 20000000 | | | | |
| 济源至邵原高速公路 | 济源至邵原高速公路公司 | 3405841882 | 2213800000 | | | | 1192040000 |
| 安阳至南乐高速公路公司 | 安阳至南乐高速公路公司 | 2232903829 | | | | | |
| 济源至焦作高速（焦修项目） | 济源至焦作高速公路 | 1709679963 | | | | | |
| 济源至焦作高速 | 济源至焦作高速公路 | 1709679963 | | | | | |
| 龙腾高速公路公司 | 龙腾高速公路公司 | 2141700000 | | | 175700000 | | |
| 安阳黄河高速 | 安阳黄河高速公司 | | | | | | |
| 新乡黄河高速公司 | 新乡黄河高速公司 | 1387333795 | | | | | |
| 宛坪高速公路 | 宛坪高速公路公司 | | | | | | |
| 少洛高速 | 河南省少林寺至洛阳高速公路有限责任公司 | 1852124851 | | | | | |
| 洛阳西南环城高速公路 | 洛阳西南绕城高速公司 | 1426436398 | 1110000000 | | 126000000 | | 12000000 |

图 11-5-24

印

| 已到位资金 | | | | | | 资金到位率 | | | | | |
|---|---|---|---|---|---|---|---|---|---|---|---|
| 合计 | 省转贷 | 汽车养路费 | 预算内资金(国债) | 市县自筹 | 其他资金 | 全部资金到位率 | 省转贷 | 汽车养路费 | 预算内资金(国债) | 市县自筹 | 其他资金 |
| 0 | | | | | | | | | | | |
| 0 | | | | | | | | | | | |
| 39600000 | | | | | | 1.16 | | | | | 3.32 |
| 1750000000 | | | | | | 78.37 | | | | | |
| 578536000 | | | | | | 33.84 | | | | | |
| 622741633.5 | | | | | | 36.42 | | | | | |
| 2498380000 | | | | | | 116.65 | | | | | |
| 377766000 | | | | | | | | | | | |
| 902178065.85 | | | | | | 65.03 | | | | | |
| 5785580000 | | | | | | | | | | | |
| 0 | | | | | | 0 | | | | | |
| 0 | | | | | | 0 | | | | | |

图 11-5-25

## 5. 工程项目资金支出情况表（如图 11-5-26）

单位：河南省交通厅公路管理局　年度：2007　月份：11　刷新　打印

| 工程项目 | 管理单位 | 项目总预算 | 项目已到位资金 | 已支出项目款合计 | 支付率% | 建筑安装工程投资 | | | 设备投资 | | | 待摊投资 | | | 其他投资 | | | 结余资金 | 备注 |
|---|---|---|---|---|---|---|---|---|---|---|---|---|---|---|---|---|---|---|---|
| | | | | | | 预算 | 已支付 | 支付率% | 预算 | 已支付 | 支付率% | 预算 | 已支付 | 支付率% | 预算 | 已支付 | 支付率% | | |
| 京珠高速4座大桥 | 鹤壁市公路管理局 | | | | | | | | | | | | | | | | | | |
| S219永定线汤浚界改造 | 鹤壁市公路管理局 | | | | | | | | | | | | | | | | | | |
| 济源至邵原高速公路 | 济源至邵原高速公路公司 | 3,405,841,882.00 | 39,600,000.00 | | | 2,870,274,553.00 | 839,899,303.80 | | 37,006,790.00 | 1,176,832.92 | | 496,895,021.00 | 771,562.80 | | 1,665,518.00 | 282,580,060.15 | | | |
| 安阳至南乐高速公路公司 | 安阳至南乐高速公路公司 | 2,232,903,829.00 | 1,750,000,000.00 | | | 1,637,152,130.00 | 1,120,864,764.40 | | 32,517,790.00 | 1,223,171.03 | | 462,441,657.00 | 2,207,402.00 | | 100,792,252.00 | 563,374,483.42 | | | |
| 济源至焦作高速(焦修项目) | 济源至焦作高速公路 | 1,709,679,963.00 | 578,536,000.00 | | | 1,208,109,029.00 | 396,450,747.80 | | 28,800,776.00 | 1,050,747.36 | | 283,089,632.00 | 1,456,755.80 | | 734,967.00 | 164,051,724.42 | | | |
| 济源至焦作高速 | 济源至焦作高速公路 | 1,709,679,963.00 | 622,741,633.50 | | | 1,208,109,029.00 | 1,546,544,308.15 | | 28,800,776.00 | 2,490,202.80 | | 283,089,632.00 | 2,667,100.00 | | 734,967.00 | 344,418,440.01 | | | |
| 龙腾高速公路公司 | 龙腾高速公路公司 | 2,141,700,000.00 | 2,498,380,000.00 | | | 1,593,738,822.00 | 212,999.98 | | 21,616,271.00 | 6,819,713.00 | | 355,182,332.00 | 240,799,096.68 | | 15,490,735.00 | 2,296,071,075.80 | | | |
| 安阳黄河高速 | 安阳黄河高速公司 | | 377,766,000.00 | | | | 536,165,159.40 | | | 1,604,077.20 | | | 1,983,686.94 | | | 119,019,773.96 | | | |
| 新乡黄河高速公司 | 新乡黄河高速公司 | 1,387,333,795.00 | 902,178,065.85 | | | 1,085,957,372.00 | 1,727,845,813.80 | | 7,718,812.00 | 4,692,211.02 | | 235,364,185.00 | 4,839,924.40 | | 58,293,426.00 | 419,567,432.34 | | | |
| 宛坪高速公路 | 宛坪高速公路公司 | | 5,785,580,000.00 | | | | 6,915,291,686.14 | | | 17,560,742.20 | | | | | | 1,811,844,330.72 | | | |
| 少洛高速 | 河南省少林寺至洛阳高速公路有限责任公司 | 1,852,124,851.00 | | | | 1,353,593,862.00 | | | 50,258,221.00 | | | 373,613,856.00 | | | 74,658,912.00 | | | | |
| 洛阳西南环城高速公路 | 洛阳西南绕城高速公司 | 1,426,436,398.00 | | | | 1,094,996,141.00 | | | 13,339,083.00 | | | 272,231,890.00 | | | 45,869,284.00 | | | | |

图 11-5-26

## 6. 高速项目支出情况表（如图 11-5-27）

年度：2007　月份 11

| 工程项目 | 项目总预算 | 项目已到位资金 | 已支出项目款合计 | 支付率% | 建筑安装工程投资 | | | 设备投资 | | | 待摊投资 | | | 其他投资 | | | 结余资金 | 备注 |
|---|---|---|---|---|---|---|---|---|---|---|---|---|---|---|---|---|---|---|
| | | | | | 预算 | 已支付 | 支付率% | 预算 | 已支付 | 支付率% | 预算 | 已支付 | 支付率% | 预算 | 已支付 | 支付率% | | |
| 济源至邵原高速公路 | 3,405,841,882.00 | | | | 2,870,274,553.00 | | | 496,895,021.00 | | | 1,665,518.00 | | | 37,006,790.00 | | | | |
| 安阳至南乐高速公路公司 | 2,232,903,829.00 | | | | 1,637,152,130.00 | | | 462,441,657.00 | | | 100,792,252.00 | | | 32,517,790.00 | | | | |
| 济源至焦作高速(焦修项目) | 1,709,679,963.00 | | | | 1,208,109,029.00 | | | 283,089,632.00 | | | 734,967.00 | | | 28,800,776.00 | | | | |
| 济源至焦作高速 | 1,709,679,963.00 | | | | 1,208,109,029.00 | | | 283,089,632.00 | | | 734,967.00 | | | 28,800,776.00 | | | | |
| 龙腾高速公路公司 | 2,141,700,000.00 | | | | 1,593,738,822.00 | | | 355,182,332.00 | | | 15,490,735.00 | | | 21,616,271.00 | | | | |
| 安阳黄河高速 | | | | | | | | | | | | | | | | | | |
| 新乡黄河高速公司 | 1,387,333,795.00 | | | | 1,085,957,372.00 | | | 235,364,185.00 | | | 58,293,426.00 | | | 7,718,812.00 | | | | |
| 宛坪高速公路 | | | | | | | | | | | | | | | | | | |
| 少洛高速 | 1,852,124,851.00 | | | | 1,353,593,862.00 | | | 373,613,856.00 | | | 74,658,912.00 | | | 50,258,221.00 | | | | |
| 洛阳西南环城高速公路 | 1,426,436,398.00 | | | | 1,094,996,141.00 | | | 272,231,890.00 | | | 45,869,284.00 | | | 13,339,083.00 | | | | |

图　11-5-27

## 7. 运营成本对比分析表（如图 11-5-28）

年度：2007　月份 11

| 项目名称(科目) | 本年支出合计 | 占总支出比例% | 平均单位运营成本 | 济焦 | | | 少洛 | | | 洛阳西南绕 | | | 济洛 | | |
|---|---|---|---|---|---|---|---|---|---|---|---|---|---|---|---|
| | | | | 本年支出 | 占总支出比例% | 单位运营成本 | 本年支出 | 占总支出比例% | 单位运营成本 | 本年支出 | 占总支出比例% | 单位运营成本 | 本年支出 | 占总支出比例% | 单位运营成本 |
| 项目 | 1 | 2 | 3 | 4 | 5 | 6 | 7 | 8 | 9 | 10 | 11 | 12 | 13 | 14 | 15 |
| 通车里程(公里) | | | | | | | | | | | | | | | |
| 职工人数 | | | | | | | | | | | | | | | |
| 机关管理人员 | | | | | | | | | | | | | | | |
| 路政人员 | | | | | | | | | | | | | | | |
| 征收人员 | | | | | | | | | | | | | | | |
| 事业收入 | | | | | | | | | | | | | | | |
| 事业支出 | | | | | | | | | | | | | | | |
| 1、还贷支出 | | | | | | | | | | | | | | | |
| 2、基本支出 | | | | | | | | | | | | | | | |
| 3、养护资金 | | | | | | | | | | | | | | | |
| 4、征收经费 | | | | | | | | | | | | | | | |
| 5、路政管理费 | | | | | | | | | | | | | | | |
| 6、其他支出 | | | | | | | | | | | | | | | |
| 综合运营成本 | | | | | | | | | | | | | | | |

图　11-5-28

## 第六节　账务系统查询

本系统为用户提供了简单的账务系统查询，但查询时需要账簿查询的权限。账务查询主要有余额表查询、资金情况查询、明细账查询和凭证查询等。

### 一、财务系统查询

执行账务数据查询下的单位数据查询命令，打开单位数据上报情况表，单击单位名称链接打开账套列表，如图 11-6-1，在此显示该单位的所有账套。单击账套链接打开账套余额表查询，如图 11-6-2。

| 单位代码 | 单位名称 | 账套编号 | 账套名称 | 账套年度 | 数据期间 | 取数日期 | 自动取数 | 停用标志 |
|---|---|---|---|---|---|---|---|---|
| 4101 | 郑州市公路管理局 | 1 | 郑州市省管通行费(2003年省管通行费.A05) | 2005 | 2005.12 | 2007-7-9 17:38:00 | 0 | 0 |
| 4101 | 郑州市公路管理局 | 2 | 郑州市路网改造(二00三年路网改造.A05) | 2005 | 2005.12 | 2007-7-9 17:38:00 | 0 | 0 |
| 4101 | 郑州市公路管理局 | 3 | 郑州市市管通行费(二00三年市管通行费.A05) | 2005 | 2005.12 | 2007-7-9 17:38:00 | 0 | 0 |
| 4101 | 郑州市公路管理局 | 4 | 郑州市公路管理局(2005养路费新科目.AIS) | 2005 | 2005.12 | 2007-7-9 17:38:00 | 0 | 0 |
| 4101 | 郑州市公路管理局 | 5 | 郑州市路网改造(二00三年路网改造.AIS) | 2006 | 2006.12 | 2007-7-9 17:38:00 | 0 | 0 |
| 4101 | 郑州市公路管理局 | 6 | 郑州市市管通行费(二00三年市管通行费.AIS) | 2007 | 2007.6 | 2007-7-9 17:38:00 | 1 | 0 |
| 4101 | 郑州市公路管理局 | 7 | 郑州市公路管理局(养路费新科目.AIS) | 2007 | 2007.7 | 2007-7-9 17:38:00 | 1 | 0 |
| 4101 | 郑州市公路管理局 | 8 | 郑州市省管通行费(2003年省管通行费.AIS) | 2007 | 2007.1 | 2007-7-9 17:38:00 | 1 | 0 |

图 11-6-1　单位账套查询

单位: 郑州市公路管理局　账套: 郑州市市管通行费(2007)

年度: 2007　月份: 3　显示明细: □　刷新

| 科目代码(+展开) | 科目名称(明细账) | 期初借方余额 | 期初贷方余额 | 本期借方 | 本期贷方 | 累计借方 | 累计贷方 | 期末借方余额 | 期末贷方余额 |
|---|---|---|---|---|---|---|---|---|---|
| 102 + | 银行存款 | 1,536,957.15 | | | 183,400.00 | 600,000.00 | 1,687,916.34 | 676,778.58 | |
| 110 + | 其他应收款 | 153,236.80 | | | 10,000.00 | | 10,000.00 | 71,618.40 | |
| 207 + | 其他应付款 | | 1,384,830.21 | | | 1,191,516.34 | | | 692,415.11 |
| 301 + | 事业基金 | | 9,181.87 | | | | | | 4,590.94 |
| 303 + | 专用基金 | | 9,181.87 | | | | | | 4,590.93 |
| 405 + | 事业收入 | | 600,000.00 | | | | 600,000.00 | | 300,000.00 |
| 501 + | 拨出经费 | 313,000.00 | | 967,000.00 | | 506,400.00 | | 253,200.00 | |
| - | 合计(一级科目) | 2,003,193.95 | 2,003,193.95 | 967,000.00 | 193,400.00 | 2,297,916.34 | 2,297,916.34 | 1,001,596.98 | 1,001,596.98 |

图 11-6-2　余额表查询

余额表查询同时提供三类操作：下级科目余额表查询、展开科目查询、明细账查询。

（1）下级科目余额表查询：如单击目代码“301”，则系统打开科目“301”的下级科目显示，其显示格式与图 11-6-2 相同。

（2）展开科目进行显示：单击科目代码 301 右边的“＋”号则系统展开科目 301 的下级科目进行显示，包括 301 以下的所有科目。

（3）明细账查询：单击科目名称打开明细账查询。

## 二、明细账查询

科目明细账查询可以是任何科目，明细科目和非明细科目均可以生成明细账。明细账查询如图 11-6-3。

| 单位：郑州市公路管理局 | 账套：郑州市市管通行费（2007） | |
|---|---|---|
| 年度：2007 | 月份：3 | |
| 科目代码：102 | 科目名称：银行存款 | 刷新 |

| 序号 | 标志 | 凭证号（查凭证） | 日期 | 科目 | 摘要 | 借方金额 | 贷方金额 | 借方余额 | 贷方余额 |
|---|---|---|---|---|---|---|---|---|---|
| 1 | | | 2007-3-1 | | 期初余额（+） | | | 1,536,957.15 | |
| 1 | | 1 | 2007-3-20 | 银行存款-商行西建材支行 | 扣卢店收费站往来款 | | 16,340.00 | 1,520,617.15 | |
| 2 | | 2 | 2007-3-26 | 银行存款-商行西建材支行 | 拨新密白寨收费站还贷款 | | 2,000.00 | 1,518,617.15 | |
| 4 | | | 2007-3-26 | | 期末余额 | | 18,340.00 | 1,518,617.15 | |

图 11-6-3　明细账查询

明细账显示中的标志为转账标志，请参阅第三节中的凭证处理；如果有凭证字则显示凭证字和凭证号，否则只显示凭证号；日期为制证日期，科目为从一级科目到明细科目的详细说明。

单击凭证号可以打开凭证信息。

## 三、凭证查询

凭证查询可以查询一张凭证，也可以查询多张凭证，用户可以选择所需要查询的凭证号范围，如图 11-6-4。标志为转账标志，请参阅第三节中的凭证处理。当查询多个凭证时系统使用不同的颜色区分凭证。

| 单位：郑州市公路管理局 | 账套：郑州市市管通行费（2007） | | |
|---|---|---|---|
| 年度：2007 | 月份：3 | | |
| 开始凭证号：2 | 结束凭证号： | 刷新 | 重新计算当月数据 |

| 序号 | 标志 | 凭证号 | 日期 | 科目 | 摘要 | 借方金额 | 贷方金额 | 余额 |
|---|---|---|---|---|---|---|---|---|
| 1 | × | 2 | 2007-3-26 | 50102030102-拨出经费-新密白寨收费站-归还贷款（17%）-归还贷款-新密白寨 | 拨新密白寨收费站还贷款 | 10,000.00 | | |
| 2 | × | 2 | 2007-3-28 | 10202-银行存款-商行西建材支行 | 拨新密白寨收费站还贷款 | | 2,000.00 | |

图 11-6-4　凭证查询

## 四、资金情况查询

资金查询时把现金与银行有款进行合并后生成报表进行查询，如图 11-6-5，也可以只查询现金情况和银行存款情况。

科目代码：银行存款 年度：2007 月份：11 刷新 打印

| 单位(科目)代码(分析表) | 单位名称(明细账) | 年初余额 | 本期借方 | 本期贷方 | 累计借方 | 累计贷方 | 期末余额 |
|---|---|---|---|---|---|---|---|
| 4182(232) | 济源至邵原高速公路公司 | 54, 294, 615. 24 | | | 64, 955, 821. 45 | 18, 068, 380. 53 | 101, 182, 056. 16 |
| 4183(232) | 安阳至南乐高速公路公司 | 6, 825, 240. 17 | | | 127, 439, 993. 15 | 25, 430, 061. 13 | 108, 835, 172. 19 |
| 4184(232) | 济源至焦作高速公路 | 11, 268, 671. 99 | | | 8, 752, 297. 33 | 2, 654, 147. 01 | 17, 366, 822. 31 |
| 4185(102) | 龙腾高速公路公司 | 41, 405, 222. 15 | | | 234, 590, 018. 73 | 50, 235, 915. 84 | 225, 759, 325. 04 |
| 4186(232) | 安阳黄河高速公司 | 8, 296, 421. 72 | | | 18, 035, 601. 94 | 7, 270, 732. 53 | 19, 061, 291. 13 |
| 4187(232) | 新乡黄河高速公司 | 5, 719, 892. 95 | | | 52, 345, 180. 10 | 10, 792, 444. 03 | 47, 272, 629. 02 |
| 4188(232) | 宛坪高速公路公司 | 42, 769, 735. 65 | | | 255, 656, 815. 40 | 51, 875, 281. 41 | 246, 551, 269. 64 |
| 4189(102) | 少林寺至洛阳高速公路管理中心 | 2, 462, 096. 54 | | | 868, 344. 72 | 374, 173. 74 | 2, 956, 267. 52 |
| 4190(102) | 济源至洛阳高速公路管理中心 | 1, 380, 035. 22 | | | 737, 030. 87 | 207, 711. 04 | 1, 909, 355. 05 |
| 4191(102) | 洛阳西南环城高速公路管理中心 | 261, 289. 12 | | | 1, 216, 752. 94 | 207, 728. 99 | 1, 270, 313. 07 |
| 4192(102) | 济源至焦作高速公路管理中心 | 438, 644. 42 | | | 7, 201, 020. 38 | 1, 436, 824. 07 | 6, 202, 840. 73 |
| 4193(232) | 河南省少林寺至洛阳高速公路有限责任公司 | 1, 286, 639. 65 | | | 3, 287, 126. 73 | 576, 840. 69 | 3, 996, 925. 69 |
| 4194(232) | 洛阳西南绕城高速公司 | 16, 985, 803. 14 | | | 186, 462. 69 | 470, 782. 09 | 16, 701, 483. 74 |
| - | 合计 | 193, 394, 307. 96 | | | 775, 272, 466. 43 | 169, 601, 023. 10 | 799, 065, 751. 29 |

图 11-6-5 资金情况查询

# 第十二章 操作规范与管理制度

资金监管网络系统涉及多个单位，并通过网络实现数据上报，在任何一个单位的任何一个环节出现问题，均会使系统分析不准确，影响系统分析结果和决策效果。为保证系统的使用效果，我们制定了严格的操作规范与管理制度，确保系统能够安全稳定的运行和数据的及时上报。

## 第一节 操 作 规 范

为保证资金监管系统正常有效的运行，实现系统运行目标，特制定本规范。本规范适用于各市公路局和高速公路管理公司（中心）。

### 一、客户端操作规范

（1）按时开机。系统内设置有数据定时上报程序，系统开机时间必须在数据上报时间前30分钟。

（2）严禁带电插拔。计算机开机后不得带电移动设备，不要经常插拔电脑上的插头，包括键盘、鼠标、网线等等，以免造成接触不良，影响使用。

（3）保证网络畅通。一是保证上报终端与服务器（或财务工作计算机）之间网络畅通；二是保证上报终端与互联网之间的网络畅通。不能随意改变网络的拓扑结构以及设置信息（包括IP地址、系统设置、网络设置等）。

（4）严禁登录非法网站。禁止浏览陌生网站和色情网站，不得在网上下载和安装软件。因业务需要在电脑上使用QQ或其他网络通信程序时，不要点击对方发送的网站链接以及文件和程序，以避免电脑遭受恶意代码或病毒的攻击。

（5）外来设备未经检查不得使用。任何外来软件、磁盘、U盘、移动硬盘等未经信息中心检测查毒不得在机器中运行。

（6）及时对机器的杀毒软件进行升级并杀毒。最好在开机时首先进行杀毒然后再使用，并确保每周进行一次升级。

（7）一个年度中不得随意更改账套名称以及账套设置信息，以便系统可以正常提取数据。

（8）年末结账后及时增加新一年账套，并停止上年账套的上报设置。

### 二、服务器端操作规范

（1）每天登录到“资金监管网络系统”网站，在“系统维护→上报情况”页面查看数据的上报信息。

（2）如果账套需要新增或停用，请先在上报终端上“资金监管网络系统管理→接口账套管理”界面进行操作。当年末结账后，应该把新年度的账套增加到系统，并取消以前年度上报账套的“自动上报”，设置以前年度账套为“停用账套”。有关新增账套的详细操作请参考以前章节“上报终端软件设置”的内容。

新账套增加到系统并正常上报后，需要登录网站对上报的账套进行维护，有关对上报账套进行维护的操作请参阅以前章节“网站系统”的相关内容。

（3）每周检查一次网络数据与本地数据的一致性，数据不一致时必须在 2 日内处理。

（4）账套年末结账 2 日后检查新一年的账套是否能够自动上传，没有上传的必须在当日把新的一年的账套加入系统。

（5）账套更改名称后必须在 2 日内修改系统内设置的账套名称。

## 第二节　管理制度

各单位需要每天检查本单位的数据是否已上报到服务器上，检查方法为：登录资金监管网络系统，检查数据日期是否最后一张凭证制作日期，检查时间应在数据上报时间 30 分钟后。

（1）严格按照操作说明要求进行操作。

（2）为了确保系统成功的提取数据，必须根据系统的设置来定时开、关机。上报终端必须在数据上报前 30 分钟开机，有服务器的单位必须先打开服务器。

（3）专机专用，由专人负责。使用者必须设置开机密码或系统登录密码，严禁他人乱用。

（4）机器必须安装防病毒软件，使用者要及时升级杀毒软件并杀毒，当电脑发生硬件故障时应尽快通知管理员。

（5）对于网络设备的管理，必须做到：

严禁擅自移动、插拔、挤压、弯折电源线和网线；

严禁网络交换机专用电源插座上插接其他高负荷不安全的电器设备；

严禁对运行中的计算机网络插拔电源；

严禁网络交换机、设备的四周放置水、食品及其他杂物；

严禁擅自拆卸资金监管系统专用设备；

严禁随意关闭或重新启动计算机；

严禁随意连接或撤除计算机周边设备或将计算机挪作他用。

（6）重要数据必须及时做好备份，防患于未然。

（7）外来数据或程序必须检查后才可以使用。

（8）防火墙必须连接在上报终端和外网中间，不可以直接接入内网交换机。

（9）保证网络物理连接畅通。

（10）每周必须检查上报数据与本地数据的一致性，数据不一致时必须在 2 日内处理。

（11）账套年末结账 2 日后检查新的一年的账套是否自动上传网络，没有上传网络必须在当日把新的一年的账套加入系统。

（12）账套更改名称后必须在 2 日内修改系统内设置的账套名。

# 第十三章 有关政策规定

## 1. 国务院关于加强预算外资金管理的决定

### 国务院关于加强预算外资金管理的决定

国发［1996］29号　1996年7月6日

各省、自治区、直辖市人民政府，国务院各部委、各直属机构：

改革开放以来，预算外资金增长较快，对经济建设和社会事业发展起到了一定的积极作用。但是，近几年来有的地方违反《中华人民共和国预算法》和国务院的有关规定，擅自将财政预算资金通过各种非法手段转为预算外资金，有些部门和单位擅自设立基金或收费项目，导致国家财政收入流失，预算外资金不断膨胀。同时，由于管理制度不健全，预算外资金的使用脱离财政管理和各级人大监督，乱支滥用现象十分严重。这些问题不仅造成了国家财政资金分散和政府公共分配秩序混乱，而且加剧了固定资产投资和消费基金膨胀，助长了不正之风和腐败现象的发生。根据中共中央十四届五中全会精神，现就进一步加强预算外资金管理作出如下决定：

一、严格执行《中华人民共和国预算法》

禁止将预算资金转移到预算外，各级人民政府要严格按照《中华人民共和国预算法》和财政法规的要求，切实加强对财政预算资金和预算外资金的管理，完善对财政资金的监督检查制度。任何地区、部门和单位都不得隐瞒财政收入，将财政预算资金转为预算外资金。财政部门要严格按照“控制规模、限定投向、健全制度、加强监督”的原则，加强财政周转金管理。各部门、各单位未经财政部门批准，不得擅自将财政拨款转为有偿使用，更不得设置账外账和“小金库”。财政部门尤其不能设置“小金库”。

二、将部分预算外资金纳入财政预算管理

各地区、各部门要认真贯彻《中共中央办公厅、国务院办公厅关于转发财政部〈关于对行政性收费、罚没收入实行预算管理的规定〉的通知》（中办发［1993］19号）精神，将财政部已经规定的83项行政性收费项目纳入财政预算。

从1996年起将养路费、车辆购置附加费、铁路建设基金、电力建设基金、三峡工程建设基金、新菜地开发基金、公路建设基金、民航基础设施建设基金、农村教育事业附加费、邮电附加、港口建设费、市话初装基金、民航机场管理建设费等13项数额较大的政府性基金（收费）纳入财政预算管理。基金（收费）收入要按现行体制及时上缴中央金库或地方金库，使用由主管部门提出计划，财政部门按规定拨付，属于基本建设用途的，由财政部门按计划部门批准的项目计划安排支出，实行收支两条线管理，加强财政、审计监督。基金（收费）收支在预算上单独编列反映，按规定专款专用，不得挪作他用，也不能平衡预算。具体管理办法由财政部会同有关部门制定。

地方财政部门按国家规定收取的各项税费附加，从1996年起统一纳入地方财政预算，作为地方财政的固定收入，不再作为预算外资金管理。

今后要积极创造条件，将应当纳入财政预算管理的预算外资金逐步纳入财政预算管理。

### 三、预算外资金管理范围

预算外资金，是指国家机关、事业单位和社会团体为履行或代行政府职能，依据国家法律、法规和具有法律效力的规章而收取、提取和安排使用的未纳入国家预算管理的各种财政性资金。其范围主要包括：法律、法规规定的行政事业性收费、基金和附加收入等；国务院或省级人民政府及其财政、计划（物价）部门审批的行政事业性收费；国务院以及财政部审批建立的基金、附加收入等；主管部门从所属单位集中的上缴资金；用于乡镇政府开支的乡自筹和乡统筹资金；其他未纳入预算管理的财政性资金。

社会保障基金在国家财政建立社会保障预算制度以前，先按预算外资金管理制度进行管理，专款专用，加强财政、审计监督。

按照《企业财务通则》和《企业会计准则》的规定，国有企业税后留用资金不再作为预算外资金管理。事业单位和社会团体通过市场取得的不体现政府职能的经营、服务性收入，不作为预算外资金管理，收入可不上缴财政专户，但必须依法纳税，并纳入单位财务收支计划，实行收支统一核算。

### 四、加强收费、基金管理，严格控制预算外资金规模

收取或提取预算外资金必须依照法律、法规和有法律效力的规章制度所规定的项目、范围、标准和程序执行。

行政事业性收费要严格执行中央、省两级审批的管理制度。收费项目按隶属关系分别报国务院和省、自治区、直辖市人民政府的财政部门会同计划（物价）

部门批准；确定和调整收费标准，按隶属关系分别报国务院和省、自治区、直辖市人民政府的计划（物价）部门会同财政部门批准；重要的收费项目和标准制定及调整应报请国务院或省级人民政府批准。省、自治区、直辖市人民政府批准的行政事业性收费项目和收费标准报财政部、国家计委备案。省、自治区、直辖市以下各级人民政府（包括计划单列市）及其部门无权审批设立行政事业性收费项目或调整收费标准。行政性收费中的管理性收费、资源性收费、全国性的证照收费和公共事业收费，以及涉及中央和其他地区的地方性收费，实行中央一级审批。国家法律、法规中已明确的收费，具体征收管理办法的制定和修改由财政部、国家计委会同有关部门负责。地方性法规中已明确的收费，具体征收管理办法的制定和修改由省级财政、计划（物价）部门会同有关部门负责。未按规定报经批准的或不符合审批规定的各种行政事业性收费，都属乱收费行为，必须停止执行。财政部、国家计委要会同有关部门抓紧起草《行政性收费管理条例》，报国务院审批发布。

征收政府性基金必须严格按国务院规定统一报财政部审批，重要的报国务院审批。基金立项的申请和批准要以国家法律、法规和中共中央、国务院有关文件规定为依据，否则一律不予立项。地方无权批准设立基金项目，也不得以行政事业性收费的名义变相批准设立基金项目。对地方已经设立的基金项目，必须按照《国务院办公厅转发财政部、审计署、监察部对各种基金进行清理登记意见的通知》（国办发［1995］25号）的规定进行清理登记，由财政部负责审查处理，重要的报国务院审批。

财政部门要建立健全行政事业性收费和政府性基金的票据管理与监督制度。各部门和各单位在执收时，必须按隶属关系使用中央或省级财政部门统一印制或监制的票据。

## 五、预算外资金要上缴财政专户，实行收支两条线管理

预算外资金是国家财政性资金，不是部门和单位自有资金，必须纳入财政管理。财政部门要在银行开设统一的专户，用于预算外资金收入和支出管理。部门和单位的预算外收入必须上缴同级财政专户，支出由同级财政按预算外资金收支计划和单位财务收支计划统筹安排，从财政专户中拨付，实行收支两条线管理。

对部门和单位的预算外资金收支按不同性质实行分类管理。国家机关和受政府委托的部门、单位统一收取和使用的专项用于公共工程和社会公共事业的基金、收费，以及以政府信誉强制建立的社会保障基金等，收入全额缴入同级财政专户，支出按计划和规定用途专款专用，不得挪作他用，收支结余可结转下年度专项使用；各部门和各单位的其他预算外资金，收入缴入同级财政专户，支出由财政结合预算内资金统筹安排，其中少数费用开支有特殊需要的预算外资金，经财政部门核定收支计划外，可按确定的比例或按收支结余的数额定期缴入同级财政专户。

预算外资金结余，除专项资金按规定结转下年度专项使用以外，财政部门经同级政府批准可按隶属关系统筹调剂使用。

有预算外收支活动的部门和单位经财政部门批准可在指定银行开设预算外资金支出账户，确有必要的，也可再开设一个收入过渡性账户。未经财政部门审核同意，银行不得为部门和单位开设预算外资金账户。

部门和单位上缴财政专户的预算外资金，必须按财政部门规定的时间及时缴入财政部门在银行开设的预算外资金专户，不得拖欠、截留和坐收坐支。逾期未缴的，由银行从单位资金账户中直接划入财政专户。

## 六、加强预算外资金收支计划管理

财政部门要建立预算外资金预决算管理制度。各部门、各单位要按规定编制预算外资金收支计划和单位财务收支计划，并及时报送同级财政部门，对预算内拨款和预算外收入统一核算，统一管理。财政部门要在认真审核单位预算外资金收支计划和单位财务收支计划的基础上，编制本级预算外资金收支计划，报经同级人民政府批准后组织实施。年度终了，财政部门要审批单位的预算外资金收支决算，编制本级预算外资金收支决算，并报同级政府审批，在此基础上，编制包括预算内、外收支的综合财政计划。

## 七、严格预算外资金支出管理，严禁违反规定乱支挪用

各部门、各单位要严格按国家规定和经财政部门核定的预算外资金收支计划和单位财务收支计划使用预算外资金。专项用于公共工程、公共事业的基金和收费，以及其他专项资金，要按计划和规定用途专款专用，由财政部门审核后分期拨付资金；用于工资、奖金、补贴、津贴和福利等方面的支出，必须严格执行财政部门核定的项目、范围和标准；用于固定资产投资的支出，要按国家规定立项，纳入国家固定资产投资计划，并按计划部门确定的国家投资计划和工程进度分期拨付；用于购买专项控制商品方面的支出，要报财政部门审查同意后，按国家有关规定办理控购审批手续。严禁将预算外资金转交非财务机构管理、账外设账、私设“小金库”和公款私存；严禁用预算外资金搞房地产等计划外投资，从事股票、期货等交易活动以及各种形式的高消费。

财政部门要认真履行职责，建立健全各项管理制度，积极做好各项服务工作，及时拨付预算外资金，切实加强对预算外资金的管理。

## 八、建立健全监督检查与处罚制度

各级人民政府要接受同级人民代表大会对预算外资金使用情况的监督。各级财政部门要加强对预算外资金收入和支出的管理，建立健全各项收费、基金的稽查制度，并会同人民银行共同做好预算外资金账户的开设和管理工作。各级计划

（物价）部门要按照收费管理的职责分工，认真做好收费标准的审核工作，严肃查处各种乱收费行为。各级审计、监察等部门要根据国家政策和宏观管理的要求，与财政部门协调配合，对同级各部门和下级政府预算外资金的财务管理进行监督检查，促进资金的合理使用。

对违反预算外资金管理规定者，要依照国家法律、法规予以处罚：

对隐瞒财政预算收入，将预算资金转为预算外的，要将违反规定的收入全部上缴上一级财政。同时，要追究有关部门和本级政府领导人的责任，依据情节轻重给予处分直至撤销其职务。

对违反国家规定擅自设立行政事业性收费、基金项目或扩大范围、提高标准的，违法金额一律没收上缴财政。同时追究有关领导的责任，依据情节轻重给予处分直至撤销其职务。

对用预算外资金私设"小金库"、搞房地产等计划外投资、从事股票、期货交易和不按规定要求开设预算外资金账户等违反规定的活动，以及滥发奖金和实物的，除责令追回资金上缴同级财政外，还要依照有关规定予以处罚，并依据情节轻重给予当事人和有关领导处分。

对擅自将财政预算拨款挪作他用或转为有偿使用的，其资金一律追回上缴上一级财政，并相应核减以后年度的财政预算拨款，同时给予有关责任人相应的处分。

财政、计划（物价）、银行等部门工作人员在预算外资金管理工作中要忠于职守，秉公办事。对玩忽职守的，由所在单位或上级主管部门给予行政处分。

以上违反规定者，情节严重构成犯罪的，要移送司法机关依法追究刑事责任。

### 九、各级政府必须重视和加强预算外资金的管理

加强预算外资金管理是当前和今后一个时期各级人民政府的一项重要任务。各级人民政府要根据本决定精神，按照《国务院批转财政部等部门关于清理检查预算外资金意见的通知》（国发［1996］12 号）要求，立即组织力量对预算外资金认真进行清理整顿，属于国家规定应纳入预算管理的资金，要坚决按规定执行。对不符合国家规定设立的收费和基金项目一律取消。今后国家原则上不再出台新的基金。各级人民政府要把预算外资金管理工作列入重要的议事日程，定期听取有关预算外资金管理情况的汇报，及时解决管理中出现的问题，协调好政府有关部门之间的工作关系，统一认识，密切配合，共同做好预算外资金的管理工作。各级人民政府要按本决定的要求，认真部署，尽快落实。各地区、各部门要在 1996 年底前将加强预算外资金管理的情况上报国务院，同时抄送财政部。

本决定自发布之日起实行。凡与本决定不一致的政策和规定，一律以本决定为准。

## 2. 基本建设财务管理规定

### 关于印发《基本建设财务管理规定》的通知

财政部财建［2002］394 号 2002 年 9 月 27 日

党中央有关部门，国务院各部委、各直属机构，全国人大常委会办公厅，全国政协办公厅，高法院，高检院，各人民团体，中央管理企业，各省、自治区、直辖市、计划单列市财政厅（局），新疆生产建设兵团财务局：

为了适应新形势下基本建设财务管理的需要，有利于各部门、各地区及项目建设单位加强基本建设财务管理，有效节约建设资金，控制建设成本，提高投资效益，针对基本建设财务管理中反映出的问题，我部对《基本建设财务管理若干规定》（财基字［1998］4 号）的有关内容进行了修订。现印发你们，请认真贯彻执行。并结合各部门、各地区的实际情况，及时贯彻落实到建设单位。

附件：基本建设财务管理规定

抄送：财政部驻各省、自治区、直辖市、计划单列市财政监察专员办事处。

附件：

### 基本建设财务管理规定

**第一条**　为了适应社会主义市场经济体制和投融资体制改革的需要，规范基本建设投资行为，加强基本建设财务管理和监督，提高投资效益，根据《中华人民共和国预算法》、《会计法》和《政府采购法》等法律、行政法规、规章，制定本规定。

**第二条**　本规定适用于国有建设单位和使用财政性资金的非国有建设单位，包括当年安排基本建设投资、当年虽未安排投资但有在建工程、有停缓建项目和资产已交付使用但未办理竣工决算项目的建设单位。其他建设单位可参照执行。实行基本建设财务和企业财务并轨的单位，不执行本规定。

**第三条**　基本建设财务管理的基本任务是：贯彻执行国家有关法律、行政法规、方针政策；依法、合理、及时筹集、使用建设资金；做好基本建设资金的预算编制、执行、控制、监督和考核工作，严格控制建设成本，减少资金损失和浪费，提高投资效益。

**第四条**　各级财政部门是主管基本建设财务的职能部门，对基本建设的财务活动实施财政财务管理和监督。

**第五条**　使用财政性资金的建设单位，在初步设计和工程概算获得批准后，其主管部门要及时向同级财政部门提交初步设计的批准文件和项目概算，并按照预算管理的要求，及时向同级财政部门报送项目年度预算，待财政部门审核确认后，作为安排项目年度预算的依据。

建设项目停建、缓建、迁移、合并、分立以及其他主要变更事项，应当在确立和办理变更手续之日起30日内，向同级财政部门提交有关文件、资料的复制件。

**第六条** 建设单位要做好基本建设财务管理的基础工作，按规定设置独立的财务管理机构或指定专人负责基本建设财务工作；严格按照批准的概预算建设内容，做好账务设置和账务管理，建立健全内部财务管理制度；对基本建设活动中的材料、设备采购、存货、各项财产物资及时做好原始记录；及时掌握工程进度，定期进行财产物资清查；按规定向财政部门报送基建财务报表。

主管部门应指导和督促所属的建设单位做好基本建设财务管理的基础工作。

**第七条** 经营性项目，应按照国家关于项目资本金制度的规定，在项目总投资（以经批准的动态投资计算）中筹集一定比例的非负债资金作为项目资本金。

本规定中有关经营性项目和非经营性项目划分，由财政部门根据国家有关规定确认。

**第八条** 经营性项目筹集的资本金，须聘请中国注册会计师验资并出具验资报告。投资者以实物、工业产权、非专利技术、土地使用权等非货币资产投入项目的资本金，必须经过有资格的资产评估机构依照法律、行政法规评估作价。

经营性项目筹集的资本金，在项目建设期间和生产经营期间，投资者除依法转让外，不得以任何方式抽走。

**第九条** 经营性项目收到投资者投入项目的资本金，要按照投资主体的不同，分别以国家资本金、法人资本金、个人资本金和外商资本金单独反映。项目建成交付使用并办理竣工财务决算后，相应转为生产经营企业的国家资本金、法人资本金、个人资本金、外商资本金。

**第十条** 凡使用国家财政投资的建设项目，应当执行财政部有关基本建设资金支付的程序，财政资金按批准的年度基本建设支出预算到位。

实行政府采购和国库集中支付的基本建设项目，应当根据政府采购和国库集中支付的有关规定办理资金支付。

**第十一条** 经营性项目对投资者实际缴付的出资额超出其资本金的差额（包括发行股票的溢价净收入）、接受捐赠的财产、外币资本折算差额等，在项目建设期间，作为资本公积金，项目建成交付使用并办理竣工财务决算后，相应转为生产经营企业的资本公积金。

**第十二条** 建设项目在建设期间的存款利息收入计入待摊投资，冲减工程成本。

**第十三条** 经营性项目在建设期间的财政贴息资金，作冲减工程成本处理。

**第十四条** 建设项目在编制竣工财务决算前要认真清理结余资金。应变价处理的库存设备、材料以及应处理的自用固定资产要公开变价处理，应收、应付款项要及时清理，清理出来的结余资金按下列情况进行财务处理：

经营性项目的结余资金，相应转入生产经营企业的有关资产。非经营性项目的结余资金，首先用于归还项目贷款。如有结余，30%作为建设单位留成收入，主要用于项目配套设施建设、职工奖励和工程质量奖，70%按投资来源比例归还投资方。

**第十五条**　项目建设单位应当将应交财政的竣工结余资金在竣工财务决算批复后30日内上交财政。

**第十六条**　建设成本包括建筑安装工程投资支出、设备投资支出、待摊投资支出和其他投资支出。

**第十七条**　建筑安装工程投资支出是指建设单位按项目概算内容发生的建筑工程和安装工程的实际成本，其中不包括被安装设备本身的价值以及按照合同规定支付给施工企业的预付备料款和预付工程款。

**第十八条**　设备投资支出是指建设单位按照项目概算内容发生的各种设备的实际成本，包括需要安装设备、不需要安装设备和为生产准备的不够固定资产标准的工具、器具的实际成本。

需要安装设备是指必须将其整体或几个部位装配起来，安装在基础上或建筑物支架上才能使用的设备；不需要安装设备是指不必固定在一定位置或支架上就可以使用的设备。

**第十九条**　待摊投资支出是指建设单位按项目概算内容发生的，按照规定应当分摊计入交付使用资产价值的各项费用支出，包括：建设单位管理费、土地征用及迁移补偿费、土地复垦及补偿费、勘察设计费、研究试验费、可行性研究费、临时设施费、设备检验费、负荷联合试车费、合同公证及工程质量监理费、（贷款）项目评估费、国外借款手续费及承诺费、社会中介机构审计（查）费、招投标费、经济合同仲裁费、诉讼费、律师代理费、土地使用税、耕地占用税、车船使用税、汇兑损益、报废工程损失、坏账损失、借款利息、固定资产损失、器材处理亏损、设备盘亏及毁损、调整器材调拨价格折价、企业债券发行费用、航道维护费、航标设施费、航测费、其他待摊投资等。

建设单位要严格按照规定的内容和标准控制待摊投资支出，不得将非法的收费、摊派等计入待摊投资支出。

**第二十条**　其他投资支出是指建设单位按项目概算内容发生的构成基本建设实际支出的房屋购置和基本畜禽、林木等购置、饲养、培育支出以及取得各种无形资产和递延资产发生的支出。

**第二十一条**　建设单位管理费是指建设单位从项目开工之日起至办理竣工财务决算之日止发生的管理性质的开支。包括：不在原单位发工资的工作人员工资、基本养老保险费、基本医疗保险费、失业保险费，办公费、差旅交通费、劳动保护费、工具用具使用费、固定资产使用费、零星购置费、招募生产工人费、技术图书资料费、印花税、业务招待费、施工现场津贴、竣工验收费和其他管理性质开支。

业务招待费支出不得超过建设单位管理费总额的10%。施工现场津贴标准比照当地财政部门制定的差旅费标准执行。

**第二十二条** 建设单位管理费实行总额控制，分年度据实列支。建设单位管理费的总额控制数以项目审批部门批准的项目投资总概算为基数，并按投资总概算的不同规模分档计算。具体计算方法见附1。特殊情况确需超过上述开支标准的，须事前报同级财政部门审核批准。

**第二十三条** 建设单位发生单项工程报废，必须经有关部门鉴定。报废单项工程的净损失经财政部门批准后，作增加建设成本处理，计入待摊投资。

**第二十四条** 非经营性项目发生的江河清障、航道清淤、飞播造林、补助群众造林、退耕还林（草）、封山（沙）育林（草）、水土保持、城市绿化、取消项目可行性研究费、项目报废及其他经财政部门认可的不能形成资产部分的投资，作待核销处理。在财政部门批复竣工决算后，冲销相应的资金。形成资产部分的投资，计入交付使用资产价值。

**第二十五条** 非经营性项目为项目配套的专用设施投资，包括专用道路、专用通讯设施、送变电站、地下管道等，产权归属本单位的，计入交付使用资产价值；产权不归属本单位的，作转出投资处理，冲销相应的资金。

经营性项目为项目配套的专用设施投资，包括专用铁路线、专用公路、专用通讯设施、送变电站、地下管道、专用码头等，建设单位必须与有关部门明确界定投资来源和产权关系。由本单位负责投资但产权不归属本单位的，作无形资产处理；产权归属本单位的，计入交付使用资产价值。

**第二十六条** 建设项目隶属关系发生变化时，应及时进行财务关系划转，要认真做好各项资产和债权、债务清理交接工作，主要包括各项投资来源、已交付使用的资产、在建工程、结余资金、各项债权和债务等，由划转双方的主管部门报同级财政部门审批，并办理资产、财务划转手续。

**第二十七条** 基建收入是指在基本建设过程中形成的各项工程建设副产品变价净收入、负荷试车和试运行收入以及其他收入。

（一）工程建设副产品变价净收入包括：煤炭建设中的工程煤收入，矿山建设中的矿产品收入，油（汽）田钻井建设中的原油（汽）收入和森工建设中的路影材收入等。

（二）经营性项目为检验设备安装质量进行的负荷试车或按合同及国家规定进行试运行所实现的产品收入包括：水利、电力建设移交生产前的水、电、热费收入，原材料、机电轻纺、农林建设移交生产前的产品收入，铁路、交通临时运营收入等。

（三）其他收入包括：1. 各类建设项目总体建设尚未完成和移交生产，但其中部分工程简易投产而发生的营业性收入等；2. 工程建设期间各项索赔以及违约金等其他收入。

**第二十八条**　各类副产品和负荷试车产品基建收入按实际销售收入扣除销售过程中所发生的费用和税金确定。负荷试车费用计入建设成本。

试运行期间基建收入以产品实际销售收入减去销售费用及其他费用和销售税金后的纯收入确定。

**第二十九条**　试运行期按照以下规定确定：引进国外设备项目按建设合同中规定的试运行期执行；国内一般性建设项目试运行期原则上按照批准的设计文件所规定期限执行。个别行业的建设项目试运行期需要超过规定试运行期的，应报项目设计文件审批机关批准。

**第三十条**　建设项目按批准的设计文件所规定的内容建成，工业项目经负荷试车考核（引进国外设备项目合同规定试车考核期满）或试运行期能够正常生产合格产品，非工业项目符合设计要求，能够正常使用时，应及时组织验收，移交生产或使用。凡已超过批准的试运行期，并已符合验收条件但未及时办理竣工验收手续的建设项目，视同项目已正式投产，其费用不得从基建投资中支付，所实现的收入作为生产经营收入，不再作为基建收入。试运行期一经确定，各建设单位应严格按规定执行，不得擅自缩短或延长。

**第三十一条**　各项索赔、违约金等收入，首先用于弥补工程损失，结余部分按本规定第三十二条处理。

**第三十二条**　基建收入应依法缴纳企业所得税，税后收入按以下规定处理：

经营性项目基建收入的税后收入，相应转为生产经营企业的盈余公积。

非经营性项目基建收入的税后收入，相应转入行政事业单位的其他收入。

**第三十三条**　试生产期间一律不得计提固定资产折旧。

**第三十四条**　建设单位应当严格执行工程价款结算的制度规定，坚持按照规范的工程价款结算程序支付资金。建设单位与施工单位签订的施工合同中确定的工程价款结算方式要符合财政支出预算管理的有关规定。工程建设期间，建设单位与施工单位进行工程价款结算，建设单位必须按工程价款结算总额的5%预留工程质量保证金，待工程竣工验收一年后再清算。

**第三十五条**　基本建设项目竣工时，应编制基本建设项目竣工财务决算。建设周期长、建设内容多的项目，单项工程竣工，具备交付使用条件的，可编制单项工程竣工财务决算。建设项目全部竣工后应编制竣工财务总决算。

**第三十六条**　基本建设项目竣工财务决算是正确核定新增固定资产价值，反映竣工项目建设成果的文件，是办理固定资产交付使用手续的依据。各编制单位要认真执行有关的财务核算办法，严肃财经纪律，实事求是地编制基本建设项目竣工财务决算，做到编报及时，数字准确，内容完整。

**第三十七条** 建设单位及其主管部门应加强对基本建设项目竣工财务决算的组织领导，组织专门人员，及时编制竣工财务决算。设计、施工、监理等单位应积极配合建设单位做好竣工财务决算编制工作。建设单位应在项目竣工后3个月内完成竣工财务决算的编制工作。在竣工财务决算未经批复之前，原机构不得撤销，项目负责人及财务主管人员不得调离。

**第三十八条** 基本建设项目竣工财务决算的依据，主要包括：可行性研究报告、初步设计、概算调整及其批准文件；招投标文件（书）；历年投资计划；经财政部门审核批准的项目预算；承包合同、工程结算等有关资料；有关的财务核算制度、办法；其他有关资料。

**第三十九条** 在编制基本建设项目竣工财务决算前，建设单位要认真做好各项清理工作。清理工作主要包括基本建设项目档案资料的归集整理、账务处理、财产物资的盘点核实及债权债务的清偿，做到账账、账证、账实、账表相符。各种材料、设备、工具、器具等，要逐项盘点核实，填列清单，妥善保管，或按照国家规定进行处理，不准任意侵占、挪用。

**第四十条** 基本建设项目竣工财务决算的内容，主要包括以下两个部分：

**（一）基本建设项目竣工财务决算报表**

主要有以下报表（表式见附2）：

1. 封面
2. 基本建设项目概况表
3. 基本建设项目竣工财务决算表
4. 基本建设项目交付使用资产总表
5. 基本建设项目交付使用资产明细表

**（二）竣工财务决算说明书**

主要包括以下内容：

1. 基本建设项目概况
2. 会计账务的处理、财产物资清理及债权债务的清偿情况
3. 基建结余资金等分配情况
4. 主要技术经济指标的分析、计算情况
5. 基本建设项目管理及决算中存在的问题、建议
6. 决算与概算的差异和原因分析
7. 需说明的其他事项

**第四十一条** 基本建设项目的竣工财务决算，按下列要求报批：

**（一）中央级项目**

1. 小型项目

属国家确定的重点项目，其竣工财务决算经主管部门审核后报财政部审批，或由财政部授权主管部门审批；其他项目竣工财务决算报主管部门审批。

2. 大、中型项目

中央级大、中型基本建设项目竣工财务决算，经主管部门审核后报财政部审批。（二）地方级项目地方级基本建设项目竣工财务决算的报批，由各省、自治区、直辖市、计划单列市财政厅（局）确定。

**第四十二条**　财政部对中央级大中型项目、国家确定的重点小型项目竣工财务决算的审批实行“先审核、后审批”的办法，即先委托投资评审机构或经财政部认可的有资质的中介机构对项目单位编制的竣工财务决算进行审核，再按规定批复。对审核中审减的概算内投资，经财政部审核确认后，按投资来源比例归还投资方。

**第四十三条**　基本建设项目竣工财务决算大中小型划分标准。经营性项目投资额在5000万元（含5000万元）以上、非经营性项目投资额在3000万元（含3000万元）以上的为大中型项目。其他项目为小型项目。

**第四十四条**　已具备竣工验收条件的项目，3个月内不办理竣工验收和固定资产移交手续的，视同项目已正式投产，其费用不得从基建投资中支付，所实现的收入作为生产经营收入，不再作为基建收入管理。

**第四十五条**　各省、自治区、直辖市、计划单列市财政厅（局）可以根据本规定，结合本地区建设项目的实际，制定实施细则并报财政部备案。

**第四十六条**　本规定自发布之日起30日后施行。财政部1998年印发的《基本建设财务管理若干规定》（财基字［1998］4号文）同时废止。

附1：建设单位管理费总额控制数费率表

附2：基本建设项目竣工财务决算报表

附1：

**建设单位管理费总额控制数费率表**　　单位：万元

| 工程总概算 | 费率（%） | 算　例 | |
|---|---|---|---|
| | | 工程总概算 | 建设单位管理费 |
| 1 000 以下 | 1.5 | 1 000 | 1 000 × 1.5% = 15 |
| 1 001 ~ 5 000 | 1.2 | 5 000 | 15 + （5 000 − 1 000） × 1.2% = 63 |
| 5 001 ~ 10 000 | 1 | 10 000 | 63 + （10 000 − 5 000） × 1% = 113 |
| 10 001 ~ 50 000 | 0.8 | 50 000 | 113 + （50 000 − 10 000） × 0.8% = 433 |
| 50 001 ~ 100 000 | 0.5 | 100 000 | 433 + （100 000 − 50 000） × 0.5% = 683 |
| 100 001 ~ 200 000 | 0.2 | 200 000 | 683 + （200 000 − 100 000） × 0.2% = 883 |
| 200 000 以上 | 0.1 | 280 000 | 883 + （280 000 − 200 000） × 0.1% = 963 |

附2：

基本建设项目竣工财务决算报表（表式略）

基本建设项目竣工财务决算报表填制说明

## 一、基本建设项目概况表

1. 表中各有关项目的设计、概算等指标，根据批准的设计、概算等文件确定的数字填列。实际指标根据项目建设的实际完成情况填列。

2. 表中基建支出各项的实际数是指建设项目从开工之日起至达到办理。

竣工财务决算之日止发生的全部基本建设支出。

3. 表中设计概算批准文号根据实际批准的文件分别填列。

4. 表中收尾工程指建设项目竣工验收后还遗留的少量尾工，这部分工程的实际成本，可根据具体情况进行估算，并作说明，完工以后不再编制竣工财务决算。

## 二、基本建设项目竣工财务决算表

1. 表中资金来源项下“基建拨款”各项、“项目资本”、“项目资本公积”、“基建借款”、“上级拨入投资借款”、“企业债券资金”和资金占用项下“交付使用资产”、“待核销基建支出”、“非经营项目转出投资”等项目，填列项目自开工建设至竣工止的累计数。

2. 表中其余各项目填列办理竣工验收的结余数。

3. 补充资料的“基建投资借款期末余额”反映竣工时尚未偿还的基建投资借款数。

4. 资金占用总额等于资金来源总额。

## 三、基本建设项目交付使用资产总表

表中各栏数字应根据“交付使用资产明细表”中相应项目的数字汇总填列，并分别与竣工财务决算表中有关数字相符。

## 四、基本建设项目交付使用资产明细表

本表是用来反映交付使用资产的详细内容。编制时，对各项内容要分类填列。

## 3. 财政基本建设支出预算管理办法

### 关于印发《财政基本建设支出预算管理办法》的通知

财政部财基字［1999］30号1999年2月25日

国务院各部委、各直属机构，各省、自治区、直辖市、计划单列市财政厅（局），哈尔滨、长春、沈阳、西安、南京、武汉、成都、广州市财政局：

为了加强基本建设财政财务管理，建立健全财政基本建设支出预算管理体系，强化财政基本建设支出预算的管理与监督职能，针对近来财政基本建设支出预算管理中存在的问题，我们制定了《财政基本建设支出预算管理办法》。现印发你们，请认真贯彻执行。并结合各部门、各地区的实际情况，将执行过程中反映出的问题函告我部。

附件：财政基本建设支出预算管理办法

附件：

### 财政基本建设支出预算管理办法

#### 第一章　总　　则

**第一条**　为了建立健全财政基本建设支出预算管理体系，强化财政基本建设支出预算的管理与监督职能，加强宏观调控，提高财政基本建设资金使用效益，根据《中华人民共和国预算法》（以下简称《预算法》）、《中华人民共和国预算法实施条例》（以下简称《实施条例》）及有关法律法规，特制定本办法。

**第二条**　财政基本建设支出预算是各级政府预算的重要组成部分。对其管理的职权、收支范围、预算编制程序、预算的审查和批准、预算的执行、预算的调整、决算、监督及法律责任，必须依照《预算法》及《实施条例》的规定执行。

**第三条**　中央财政基本建设支出预算（以下简称中央预算）由中央各部门（含直属单位，下同）的基本建设支出预算组成。中央预算包括中央对地方补助的基本建设投资。

**第四条**　地方各级财政基本建设支出预算（以下简称本级预算）由本级各部门（含直属单位）的基本建设支出预算组成。地方各级财政基本建设支出预算包括上级政府对下级政府补助的基本建设投资。

**第五条**　各部门基本建设支出预算原则上要按照本部门所属基本建设项目建设单位编列。

**第六条**　各级财政用于基本建设投资的支出，都要纳入基本建设支出预算管理。

**第七条**　各级政府财政部门依据财政基本建设支出预算拨付基本建设资金。

## 第二章　基本建设支出预算编制及范围

**第八条**　基本建设支出预算资金来源包括：本级财政根据当年可用财力的安排的财政预算内基本建设投资（含财政专项基本建设投资）；年度预算执行中动用机动财力追加的基本建设投资；上年结转本年继续使用的基本建设投资；上级财政专项补助的基本建设投资以及纳入财政预算管理用于安排基本建设的各项专项建设基金等。

**第九条**　（一）农业、水利、林业、铁路、交通、通讯、电力、市政设施建设投资支出；（二）国防、教育、科学、文化、卫生、政法等社会公益设施建设投资支出；（三）经法定程序确定的其他建设投资支出。

**第十条**　财政基本建设支出，采取按一般预算拨款、核拨资本金、基本建设银行贷款财政贴息和基本建设事业费形式分类拨款的办法等。

**第十一条**　各级财政部门都要依照本年度财政可用财力及社会综合财力的预测情况，并结合基本建设单位项目完成进度及上年预算执行情况，编制本年度基本建设支出预算。

**第十二条**　各基本建设项目单位或项目单位的主管部门，要在每年的6月末根据国家产业结构和行业发展规划，由主管部门汇总后，向同级财政部门报送下一年度本单位或本部门的基本建设支出预算。各级财政部门每年要根据财力的可能确定本级基本建设支出预算的控制数。

各主管部门向财政部门报送的本部门基本建设支出预算，要按基本建设项目编列。基本建设项目投资的资金来源中有其他投资来源的，要列明其他投资来源。下一级同上一级财政申请补助的基本建设支出预算，也要按基本建设项目编报和申请。

## 第三章　基本建设支出预算的执行

**第十三条**　各级政府负责本级财政基本建设支出预算的安排与执行，具体组织工作由本级政府财政部门负责。

**第十四条**　各级财政部门必须依照国家法律法规及有关财政预算管理规定，严格按程序拨付基本建设资金，加强财政对基本建设支出预算的管理和监督。

**第十五条**　凡由财政部门拨付的基本建设资金，必须相应成立基本建设支出预算，必须按照财政基本建设支出预算确定的建设内容和项目及项目建设的工程进度拨款。建设项目有其他资金来源的，财政部门要督促其他资金来源按相同的比例拨付到位。对不按规定用途使用或挪用基本建设资金的部门和单位，财政部门有权停止拨付财政资金。

有关部门和单位要及时报送基建预算执行报表，以便财政部门合理掌握资金拨款进度，避免大量资金在基建部门和单位积压、沉淀。

**第十六条**　为保证财政基本建设支出预算所确定的基本建设项目的资金需要，为防止由于建设项目施工高峰季节和大型设备集中采购等情况造成项目建设资金供给不足，影响项目建设正常进行，各级财政要按当年基建预算投资的5%设置基建设备储备金。基建储备资金的使用和管理办法另行制定。

**第十七条**　各部门、各建设单位的基本建设支出必须严格按照财政部门核定的支出预算和规定的支出用途执行，严禁虚报冒领，高估冒算，变相挪用国家基本建设预算资金。

**第十八条**　各级财政部门的基建管理机构设立了专门基本建设资金账户的，要对其进行严格的管理和核算监督。对由财政部门管理的基建资金实行统一调度和拨付。建设单位要根据财政部门的要求设置基本建设专户，按规定向财政部门请领资金并进行财务核算。

**第十九条**　基本建设预算资金的开户银行必须严格执行国家有关规定，及时、准确地办理基建资金的收纳和资金拨付。未经财政部门许可，任何部门、单位和个人都无权动用或者以其他任何方式支配基本建设资金。

**第二十条**　各建设单位都要按照基本建设财务管理与会计核算的规定及时、准确地编审建设单位年度基建财务报表；各级财政部门要负责汇总审批财政基本建设年度决算。

## 第四章　基本建设支出预算的调整

**第二十一条**　基本建设支出预算的调整，是指经同级权力机构批准的当年基建支出预算在年度执行中，因特殊情况需要增加或减少时，而对原批准的基建支出预算所作的变更。

**第二十二条**　在年度预算执行中，如需要动用可用财力或上级部门需要追加基建支出预算时，本级财政要相应调整基建支出预算并要及时追加地区、部门或单位的基建支出预算。

**第二十三条**　基本建设支出预算确定后，由于建设项目隶属关系发生变化，引起预算级次和关系变化的，应当在改变财务关系的同时，相应办理基建支出预算划拨。

**第二十四条**　各部门、各建设单位必须严格按照政府确定的预算收支科目执行基本建设支出预算。对不同基本建设支出预算科目间的调剂使用，须报经同级财政部门审核同意后方可调整。未经财政部门批准，任何地区、部门、单位或个人均不得自行调整基本建设支出预算。

## 第五章　基本建设支出预算的监督

**第二十五条**　各级财政部门要加强对本级财政基本建设支出预算的监督。对本级基本建设支出预算执行中出现的问题，要根据国家有关法律、法规及时采取处理措施。

**第二十六条** 各部门各建设单位在预算执行中都要自觉接受本级财政部门的监督检查，要按照财政部门的要求，如实提供有关资料，真实反映实际情况，防止和纠正预算管理中存在的问题。

**第二十七条** 各级审计机关应当依照《中华人民共和国审计法》以及有关法律、行政法规的规定，对本级政府、本级各部门和下级政府基本建设支出预算的执行情况和决算进行审计监督。

## 第六章 附 则

**第二十八条** 各级财政部门可根据本办法制定补充规定，并报送上级财政部门备案。

**第二十九条** 本办法由财政部负责解释。

**第三十条** 本办法自发布之日起执行。过去与之相抵触的一律按本办法执行。

附表：__________年财政基本建设支出预算汇总表（略）

## 4. 关于加强基础设施建设资金管理与监督的通知

### 关于加强基础设施建设资金管理与监督的通知

财政部财基字［1999］50号 1999年3月30日

国务院各部委、各直属机构，各省、自治区、直辖市、计划单列市人民政府：

党中央、国务院决定实施积极的财政政策，加大对基础设施的投入后，各地区、各部门都采取了相应措施，努力加强基础设施建设资金管理，提高基础设施建设资金的使用效益，总的情况是好的。但是，基础设施建设项目在财务与资金管理中，还存在一些不容忽视的问题。如一项目前期准备工作不足，甚至搞边勘探、边施工、边设计工程（以下简称“三边”工程），概算变更随意性很大，超支严重；一些项目配套资金留有缺口，已出现“胡子工程”；一些项目财务、资金管理严重弱化，存在挪用建设资金、铺张浪费等违反财经法规的问题。这些问题如不及时解决和纠正，将会严重影响基础设施建设资金的使用效益，影响积极财政政策的实施效果，甚至要造成巨大的资金损失和浪费。为进一步加强基础设施建设资金的管理与监督，经国务院同意，现将有关事项通知如下：

一、以提高投资效益为中心，切实加强对基础设施建设资金的管理与监督工作。实行积极的财政政策，加大对基础设施建设投入，对当前经济工作中一项十分重要的任务。各地区、各部门要在保持经济适度快速增长的同时，把工作的着力点放在优化结构、提高经济增长的质量和效益上来、坚持以提高投资效益为中心。各地区、各部门的主要领导同志要亲自负责，首先要以高度的责任感和严谨的科学程序选好建设项目，从宏观上说，最大的浪费是选错项目。因此要认真做好建设项目的可靠性等前期工作确保投资效益，防止建设资金损失浪费；其次要切实加强对基础设施建设资金管理与监督工作的领导，把加强资金管理与工程质量管理紧密结合，从多方面加强对资金使用情况的监督检查，杜绝各种违法违纪行为，保证建设资金真正用在工程建设上；同时要把加强资金管理与严格执行基本建设财务管理的各项制度、法规紧密结合起来，控制建设成本，确保资金使用效益，使加强基本建设财务与资金管理步入制度化、法制化的轨道。

二、加强资金源头管理，确保建设资金及时、足额到位。各地区、各部门要在建设项目的前期工作阶段就将资金来源管理放在突出位置，确保项目建设资金不留缺口。要防止项目概算不足资金来源不落实和资金规模留缺口，拖长项目建设工期，形成“胡子工程”。对所有财政性资金投资的建设部门，各级财政部门必须加大监督力度，督促落实配套资金，否则不得安排拨付财政资金；中央补助地方投资的建设项目，中央财政加强对地方配套资金落实情况的监督、地方财政配套资金来源不能落实或明显超过地方财政承受能力的，要相应调减项目、压缩投资规模。对已确定的建设项目，各有关部门要按照财政基本建设支出预算、项目建设程序和工程建设进度拨付资金，建设项目中配套资金到位的比例不能低于财政资金的到位比例。在资金拨付中要切实加强监督检查，严格防止人为地滞留、挤占、截留、挪用国债专项资金和其他用于基础设施建设的财政性资金。

三、严格执行国债专项资金管理的各项制度和法规。切实加强执法监督检查。财政部对基本建设的资金管理。有一系列的规章制度。国家实施积极的财政政策以来。为提高基础设施建设资金的使用效益，防止资金的损失和浪费。又制定了一些加强基础设施建设资金的财务管理与监督的制度和法规，如《关于印发 <基本建设财务管理若干规定> 的通知，财基字［1998］4 号)、《关于印发 <国债转贷地方政府管理办法> 的通知（财预字［1998］267 号、《关于加强中央直属储备粮库建设资金管理有关问题的通知》（财基字［1998］580 号）和《关于加强国债专项资金财政财务管理与监督的通知》（财基字［1998］619 号）等。各地区、各部门要认真贯彻落实有关规定、切实保证基础设施建设资金能够专款专用，防止挪用和变相挪用；要严格控制项目建设资金的各项开支标准。防止铺张浪费、随意扩大工程规模、变相搞概算外工程。

为了确保严格执行财务与资金管理的规章制度，有关部门要加强监督检查、杜绝资金使用中的违法违纪行为。各级财政部门要按照职责权限依法对有国债专项资金和其他中央财政资金投资建设的实施项目财务、资金使用情况进行监督检查，及时制止和纠正基础设施建设资金管理中的各种问题。对滞留、挤占、截留、挪用基础设施建设项目资金等违法违纪行为，或因工作失职造成资金严重损失与浪费的，要追究当事人和有关负责人的责任，构成犯罪的，移交司法机关追究行事责任。

四、进一步加强基础设施项目概算、预算和竣工财务决算管理，努力降低工程建设成本。管理和审查建设项目的工程概算、预－算和竣工财务决算，是加强基础设施建设项目财务资金管理，防止“三边”工程、“胡子工程”，降低工程建设成本，提高建设资金使用效益的有效手段。凡有国债资金投入或其他财政性资金投入的建设项目，都要认真捆好工程概算审查，并将审定的工程概算，作为安排财政预算资金的依据。对于在建项目工程概算超支，需要安排财政资金追加投资的，要经财政部门参与审查概算，并落实财政资金来源后、方可追加投资。否则财政部门可以停止拨付已经安排的财政资金。凡有财政资金投资的基础设施建设项目，工程预算需由财政部门审查认定，作为建设单位向施工单位办理工程款拨付和结算的依据，对竣工项目要及时竣工验收和竣工验收和竣工财务决算的审查，应交财政的投资包干节余、竣工结余资金、基本建设收入要及时上交财政；支付使用资产中的国有资产部分要及时办理国有资产的验证工作。

五、加强基础设施建设项目单位的财务与资金管理工作。所有基础设施项目建设单位，都要采取成立项目法人和注册企业等方式。落实建设的项目的财务与资金管理责任。所有的建设项目都要配备专人管理基本建设财务与会计核算并按规定建立健全会计账和报送有关报表。对拨的国债专项资金和其他财政基本建设资金，要按规定设立专项账户，专款专用，确保资金及时，足额用于工程建设。

六、统筹规划，确保按期归还国情专项资金。使用中央财政转贷的专项资金的地区，都要切实加强国债项目的管理，增强项目的还款能力，要深入分析本地区财力状况和基础设施投资规模，严格按照与中央财政签订的转贷协议所确定的转贷资金数额，期限和利率，落实各项还款来源，制定出切合实际的分年度还款计划，确保按时，足额和中央财政归还借用的国国债专项资金。

## 5. 关于制发政府性基金预算管理办法的通知

### 关于制发政府性基金预算管理办法的通知

财政部财预字［1996］435号1996年12月13日

各省、自治区、直辖市、计划单列市财政厅（局），财政部驻各省、自治区、直辖市及计划单列市财政监察专员办事处、国务院有关部委：

根据国务院《关于加强预算外资金管理的决定》（国发［1996］29号）精神，我们制定了《政府性基金预算管理办法》。现发给你们，请即布置执行。

附件：政府性基金预算管理办法

附件：

### 政府性基金预算管理办法

根据国务院《关于加强预算外资金管理的决定》（国发［1996］29号）要求，从1996年起，将养路费、车辆购置附加费、铁路建设基金、电力建设基金、三峡工程建设基金、新菜地开发基金、公路建设基金、民航基础设施建设基金、农村教育费附加、邮电附加、港口建设费、市话初装基金、民航机场管理建设费等13项数额较大的政府性基金（收费）（以下统称“基金”）纳入财政预算管理。为了做好政府性基金的预算管理工作，特制定本办法。

一、关于预算管理原则与预算级次划分

纳入预算管理的政府性基金管理总原则是：基金全额纳入预算管理，实行收支两条线，收入全额上缴国库，先收后支，专款专用；在预算上单独编列，自求平衡，结余结转下年继续使用。

基金的预算级次划分为中央基金预算收入、地方基金预算收入和中央与地方共享基金收入。在未作出新的调整之前，有关收入的划分暂以原规定为准，即目前属于中央政府的收入，仍作为中央基金预算收入；目前属于地方政府的收入，仍作为地方基金预算收入；目前作为中央与地方政府共享的收入，仍作为中央与地方共享基金收入。

地方财政部门按国家规定收取的各项税费附加，根据国务院［1996］29号文件要求纳入地方财政预算后，也视同地方政府的基金收入，预算级次为地方预算收入。

二、关于预算编制

1. 根据《中华人民共和国预算法》要求，由国务院规定复式预算编制办法。

上述基金收支预算在国务院复式预算办法正式颁发前，在财政预算上暂采用单独编列办法。即各级财政部门单独编列一张“政府性基金收支预算表”，将基金收入与基金支出按照一一对应的原则排列，不计入一般预算收入总计和一般预算支出总计。

2. 各基金征收部门和使用部门应于每年第四季度根据财政部门的部署，汇总编报下年度的分项基金预算。分项基金预算经财政部门按规定程序批准后执行。

3. 基金预算内容包括年度基金收入预算与基金支出预算，以前年度基金结余也应在基金预算中反映。基金收入预算根据上年度征收任务完成情况和本年度征收任务及征收标准调整变化情况等确定；基金支出预算根据基金收入情况，按规定的用途、支出范围和支出标准编列。属于基本建设项目应按基本建设投资管理的有关规定编报基本建设支出预算。

基金预算按规定的程序报经批准后，由财政部门及时向各部门批复。

地方财政部门应于预算年度开始后的10日内，将汇总的地方政府性基金预算报财政部。

## 三、关于预算科目设置

各部门、各单位在办理基金收入缴库时，适用1997年政府性基金预算收入科目；各级财政部门办理基金支出时，适用1997年政府性基金预算支出科目。政府性基金收支科目具体内容由我部另行规定。

## 四、关于预算执行

### （一）关于基金缴库

政府性基金纳入预算管理后，应按《中华人民共和国国库条例》办理收入缴库。各项纳入预算管理的政府性基金除农村教育费附加由税务或财政部门负责征收管理外，其余各项基金由财政部驻各地专员办事机构同级财政部门或经同级财政部门委托的部门负责征收管理。为做好收入的征收管理工作，原则上仍按现行管理办法收缴，即原由财政部驻各地专员办事机构就地监缴的中央基金预算仍由中央主管部门征收，并根据基金收缴情况每月分次办理缴库。原由地方部门收缴的基金，仍由地方收缴。缴库时应按基金所属预算级次分别缴入中央国库或地方国库，即属于中央基金预算收入的全部缴入中央总金库，属于地方基金预算收入的全部缴入地方金库，属于中央与地方共享的基金预算收入由地方收款部门按规定的比例分别将留归地方的收入缴入地方金库，属于中央收入的部分，汇解中央主管部门集中缴库。对于规定缴纳税款的基金收入，在扣除应缴税款后办理缴库。

为加强基金收入缴库的管理，防止出现混库，各中央主管部门与地方收款部门或单位之间应建立健全基金收入上划和缴库对账制度，特别是要严密共享收入汇解的对账。

基层收款单位及主管部门对应缴国库的基金收入库严格管理，并应在国家银行开立待缴款专户，将每日收取的收入全部送存专户。任何单位、部门不得将应缴专户的资金转为储蓄存款或混入本单位的经费存款账户。专户的资金应在规定的期限内清缴，不得坐支、截留。

基金收入的缴库一律使用“一般缴款书”。缴款书所列各项内容必须填列完整、正确。其中：缴入中央金库的，填写方法如下：“财政机关”栏填写“财政部”，“预算级次”栏填写“中央级”；“预算科目”栏按财政部制发的“基金预算收入科目”填写。缴入地方国库的按相应的财政机关、预算级次和财政部制发的“基金预算收入科目”填写。

**（二）关于支出管理**

基金的支出本着“先收后支”的原则办理。财政部门办理各项基金支出的拨付，应根据核定的支出预算及基金收入入库的进度办理，并应保证用款单位的用款需要。部门和单位使用基金时，应严格按资金渠道，在规定的开支范围与开支标准内使用，不得与单位其他资金和正常经费混淆，也不得擅自改变支出用途。

各级财政、各部门、各单位应加强对基金支出的管理，建立健全财务制度，严格会计核算程序，确保基金按规定的用途合理使用。

**（三）各基金征收部门和基金使用部门与单位应按同级财政部门的要求及时报送有关基金收入、支出情况的报表和文字说明材料。**

财政部驻各地监察专员办事处负责监督检查基金收入的征收缴库情况及使用管理情况。各基金收入部门和基金使用部门应按要求如实提供有关资料。对查出的违纪问题，专员办按财政部有关规定就地处理，对检查发现的混库问题，应就地及时予以调库，个别因特殊情况无法就地更正的问题，按财政部《关于改进中央预算收入对账办法的通知》（财监字［1995］87 号）文件中有关规定上报，由财政部通过财政结算扣回。

## 五、关于决算编报

各基金征收部门和使用部门于每一预算年度终了时，应根据财政部门的要求及时编报基金决算草案。基金决算草案应在对全年基金收入和基金支出进行清理核对的基础上进行，不得随意调整收支数字，转移资金。基金决算各项数字必须以经过核实的基层单位会计数字为准，汇总编报，不得由主管部门估列代编。一个部门管理使用多项基金的，应分别基金项目逐一编报。

各单位应当按照主管部门的布置，认真编制本单位的基金决算草案，在规定期限内上报。

各部门在审核所属各单位决算草案的基础上，汇总编制本部门决算草案，并附决算草案详细说明，经部门行政领导签章后，在规定期限内报同级财政部门审核。

## 六、财政总预算会计核算科目设置

为了核算基金收支余存，在财政部 1988 年制发的《财政机关总预算会计制度》核算预算资金部分增设以下会计科目：在资金来源类增设“基金收入”一个总账科目，用于反映各项基金的收缴入库及结存情况，总账下按基金种类分设明细科目；在资金运用类增设“基金支出”一个总账科目，用以反映各项基金的拨付使用情况。基金收入根据同级国库报来的入库情况记账；基金支出按实际拨付数记账。

七、其他

本办法自 1997 年 1 月 1 日起执行。

1996 年各项基金按我部规定已纳入预算管理的，继续执行原规定。1996 年尚未纳入预算管理的，各基金征收部门和单位应在清理核实的基础上，将截至 1996 年 12 月 31 日止应纳入预算管理的基金滚存余额，于 1997 年 1 月 30 日前足额缴入同级国库。

有关各项基金的征收使用监督管理办法，由同级财政部门另行制定。地方财政部门可以根据本办法制定地方基金管理的具体规定。我部及各有关部门过去制定的政策和规定凡与本办法不一致的，一律以本办法为准。

## 6. 财政性投资基本建设项目工程概、预、决算审查若干规定

### 关于印发《财政性投资基本建设项目工程概、预、决算审查若干规定》的通知

财政部财建［2000］43号2000年7月12日

各省、自治区、直辖市、计划单列市财政厅（局）、有关评审机构：

为进一步规范财政委托投资评审工作，加强基本建设财政财务管理，充分发挥基本建设资金的使用效益，我们制定了《财政性投资基本建设项目工程概、预、决算审查若干规定》。现印发给你们，请贯彻执行。

附件：财政性投资基本建设项目工程概、预、决算审查若干规定

抄送：财政部投资评审中心。

附件：

### 财政性投资基本建设项目工程概、预、决算审查若干规定

根据《关于加强建设项目工程预（结）算、竣工决算审查管理工作的通知》、《财政部门委托审价机构审查工程预（结）算、竣工决算管理办法》及《财政性基本建设资金投资项目工程预决算审查操作规程）等文件精神，为进一步规范财政委托投资评审工作，充分发挥评审效益，现做如下规定：

一、财政部门应严格按规定审查申请财政投资项目评审任务的评审机构是否具备承担工程概、预、决算审查的资格及能力，对不具备审查资格及能力的评审机构，不予安排审查任务。

二、已接受财政部门委托审查任务的评审机构，应根据项目的不同情况向财政部门报送审查情况。

能够按单项（单位）工程的工程进度划分基本建设项目的，评审机构应按单项（单位）工程的工程进度向委托评审的财政部门报送审查情况；不能按单项（单位）工程的工程进度划分的，按季度报送审查情况。

三、对评审过程中发现的重大问题，评审机构应及时向委托评审的财政部门反映。

四、重大财政性投资基本建设项目，在评审机构出具审查报告前，财政部门应参加评审机构与建设单位、施工企业等单位的汇审会，听取各方意见。

五、建设项目因提高建筑标准、重大设计变更、不可预见支出等原因提高工程造价，应征得财政部门同意。未经财政部门同意的，在工程概、预、决算审查时应予剔除。

六、接受财政部门委托的评审机构应按照委托工作的要求，在规定的时间内报送工程概、预、决算审查报告和竣工财务决算审查报告。

评审机构对工程概算及工程预算的审查报告，原则上应在接到送审报

告后的1个月内完成；对工程竣工结算的审查报告，应在接到送审报告的1个月内完成，大中型项目原则上应在2个月内完成，但最长不超过3个月；对竣工财务决算的审查报告，在接到竣工财务决算送审报告的1个月内完成。

以上由于特殊原因，确需延长时间的，必须征得委托方同意。

七、建立评审报告抽查与复审制度。

（一）为加强财政部门对财政性基本建设项目投资评审工作的监督管理，接受财政部门委托评审任务的评审机构，应在规定的时间内报送审查报告，并由财政部门组织或委托财政投资评审中心和有关评审机构，按年度评审业务工作量的5%—10%进行抽查与复审。财政部门重点复审超概算的建设项目。

（二）审查报告审核的核增、核减数额，与复查后并经财政部门所确定的数额相差正负5%以上的，将扣减被委托评审机构的委托代理费用，并取消其接受财政部门委托工程概、预、决算审查的资格。

八、评审机构报送的基本建设项目概算审查报告，经财政部门确认后出具的审查结论，作为项目工程预算（标底）审查及下达支出预算的依据；

评审机构报送的基本建设项目工程预算（标底）审查报告，经财政部门确认后出具的审查结论，作为评标开标及签订工程施工合同的基本依据；

评审机构报送的基本建设项目工程竣工结算审查报告，经财政部门确认后出具的审查结论，作为建设单位与施工企业工程价款结算及编制竣工财务决算的依据；

评审机构报送的基本建设项目竣工财务决算审查报告，经财政部门确认后出具的审查结论，作为办理资产移交及资产登记的依据。

九、基本建设项目竣工财务决算审查中，项目概算确定的计划投资额与财政部门确认后所需资金的差额，做如下处理：

（一）核减部分

1. 财政预算内基本建设资金部分、财政基本建设专项资金部分，由财政部门收回并上缴同级财政；

2. 国债专项资金部分，属国债补助资金性质的，按项目所属级次，由同级财政部门收回并专项上缴中央财政；属国债转贷资金性质的，按项目所属级次，由同级财政部门收回，专项用于偿还转贷资金本息；

3. 中央补助地方的基本建设投资，比照国债补助资金处理；

4. 其他财政性资金按原资金渠道上交；

5. 经审查确认的基本建设投入、投资包干结余等资金，按基本建设财务相关制度处理。

对核减的财政资金，财政部门应督促项目单位限期上缴，对拒不上缴的，按违反财政法规处理。

（二）核增部分

1. 项目竣工财务决算经审查核定后，超过原批准项目概算的，应由建设单位按有关规定报计划等部门调整概算。财政预算内基本建设资金，建设单位在报调整概算时还需落实资金来源；

2. 财政基本建设专项资金部分，由项目主管部门（或项目单位）向同级财政部门申请，经同级财政部门审核批准后，相应追加预算解决；

3. 国债专项资金部分，不论其性质属国债补助资金或转贷资金，均按项目所属级次，由建设单位向同级财政部门申请或自行解决；

4. 其他财政性资金按原资金渠道申请资金。

十、本规定由财政部负责解释。

## 7. 关于事业单位预算编报和核批有关问题的通知

### 关于事业单位预算编报和核批有关问题的通知

财政部财文字［1998］10号1998年2月4日

国务院有关部委、直属机构，各省、自治区、直辖市、计划单列市财政厅（局）、新疆生产建设兵团：

根据《国务院关于加强预算外资金管理的决定》（国发［1996］29号）和财政部8号令颁发的《事业单位财务规则》中关于事业单位各项财务收支全部纳入单位预算，实行统一管理、统一核算的要求，现就事业单位预算编报和核批有关问题通知如下：

一、事业单位预算编制

1. 事业单位应按照财政部门规定的编制要求、程序、预算报表格式（见附件1）编制年度预算（包括预算说明），并按规定的报送时间经主管部门审核汇总后报同级财政部门（一级预算单位直接报送财政部门）。

2. 事业单位预算由收入预算和支出预算组成。收入预算包括财政补助收入、上级补助收入、事业收入（含可用预算外资金收入，即指财政专户核拨收入、经核准单位留用的预算外资金收入的合计数，下同）、经营收入、附属单位上缴收入和其他收入等项内容；支出预算包括事业支出（含预算外资金支出）、经营支出、对附属单位补助支出和上缴上级支出等项内容。

3. 事业单位预算应按照“稳妥可靠、量入为出、自求收支平衡”的原则编制，事业单位不得编制赤字预算。各项支出必须有可靠的资金来源，上年收支结余转入的事业基金有余额的，可在余额范围内安排用于弥补本年度预算支出超出预算收入的差额。事业单位收入预算大于支出预算的余额部分，可作为待定支出项目资金处理，事业单位在预算执行中需要动用特定支出项目资金的，要另行向主管部门和财政部门报批。

4. 事业单位在编制预算时，应按规定将应列入预算的各项收入全部列入预算，不得遗漏（没有数额的收入项目可以空置）；并按照统筹兼顾、确保重点的原则安排各项支出。

财政补助收入、上级补助收入只能用于安排事业支出，事业收入（含可用预算外资金收入）和其他收入也应用于安排事业支出，另有规定的除外。专项资金安排的支出项目，应作详细说明。

事业单位需用非财政补助收入（包括可用预算外资金收入）安排自筹基建，应按程序立项报批。安排自筹基建支出，首先应落实资金来源，应在保证事业正常工作支出需要、保持正常预算收支平衡的基础上统筹安排。经财政部门核定的自筹基建资金纳入基本建设财务管理。

经营收入和经营支出预算应按照配比的原则进行编列。

二、事业单位预算的核批

1. 财政部门在收到经主管部门审核汇总的事业单位预算后，应进行审核，对符合预算编制要求的，应在规定的期限内予以批复（预算批复基本格式见附件2）。财政部门核批事业单位预算一般只核批到部门，具备条件的，可以直接核批到事业单位。

2. 财政部门在批复事业单位预算时，应按照国家对事业单位实行“核定收支、定额或者定项补助，超支不补、结余留用”的预算管理办法，统一核定事业单位各项收入和支出预算。

对收入预算应明确核定财政补助收入、上级补助收入、事业收入（包括可用预算外资金收入）、经营收入、附属单位上缴收入、其他收入等各项收入指标。

对支出预算，要统筹兼顾、确保重点，在分类核定事业支出、经营支出、自筹基本建设等支出数额基础上，对事业支出还可根据管理需要，核定工资、社会保障费（包括离退休费用）、设备购置费、修缮费和业务费等“目级”重点支出项目数额。

对非财政补助收入大于支出较多，实行收入上缴办法的事业单位，应核定其上缴上级支出数额。

3. 财政部门在核定事业单位预算时，财政补助定额或标准应根据事业特点、事业发展计划、事业单位收支状况以及国家财政政策和财力可能确定。既可以对事业单位确定一个总的补助数额，也可以对事业单位某些具体支出项目（如工资、设备购置费和修缮费等）核定补助数额。

可用预算外资金收入，应根据收支统管的要求，与财政补助收入一并核定，统一下达。其数额应按从财政专户核拨给事业单位的预算外资金收入和经财政部门核准由单位留用的预算外资金收入数额确定。

财政补助收入应按规定用于工资等人员支出以及必不可少的业务和设备购置开支，可用预算外资金收入也应按规定用于弥补工资等人员支出以及必不可少的业务和设备购置开支。必须专门指定支出用途的，财政部门在核批事业单位收支预算时，应予以明确。

财政部门在核批事业单位预算时，对单位预算外资金收支计划要予以批复。预算外资金收支计划有关数额要与单位预算中的预算外资金收支相关数额相衔接。对预算外资金支出计划中的重要项目数额，要予以具体核定。

三、预算执行

事业单位预算经财政部门和主管部门核批以后，即成为预算执行的依据。事业单位应加强预算执行的管理工作。

1. 事业单位要加强收入管理工作。取得的各项收入要及时入账，不得坐支。按规定应纳入财政预算管理的要及时足额上缴国库；应上缴财政专户的预算外资金要及时足额缴入财政专户，不能直接作为事业收入。主管部门和财政部门对事业单位应缴未缴财政预算和财政专户的资金要督促催缴财政预算和财政专户。

2. 事业单位在预算执行中要加强各项支出的管理。各项支出要严格执行国家有关财务规章规定的开支范围和开支标准，不得随意改变资金用途和支出规模。财政补助收入和预算外资金收入有专门指定用途的，应按规定的支出项目开支。

### 四、预算调整

经财政部门和主管部门正式批复的事业单位预算，事业单位不得随意进行调整。在执行过程中，确因出现特殊情况，需要调整预算时，应按照以下规定进行处理：

1. 事业单位在预算执行过程中，国家对财政补助收入和财政专户核拨的预算外资金收入一般不予调整。但因上级下达的计划有较大调整，或者根据国家有关政策增加或者减少支出，对预算执行影响较大时，事业单位可以报请主管部门和财政部门调整预算。

2. 事业单位的其他各项收入部分预算需要调整时，可根据收支平衡的原则自行调整收支预算，但必须报送主管部门和财政部门备案。

3. 收入预算调整后，要相应调增或者调减支出预算。

### 五、预算报表组成

事业单位预算报表包括：表1：收支预算总表；表2：事业收入预算明细表；表3：事业支出预算明细表；表4：基本数字及补充资料表；表5：事业单位预算外资金收入项目明细表；表6：预算外资金收支计划表。

### 六、预算报表报送时间

各部门、各单位应按财政部门下达的财政补助收入控制数，结合单位其他各项收支正式编制预算，并按规定的时间将单位预算报同级财政部门。其中：中央级事业单位预算应在3月底前报财政部主管财务司，中央级预算外资金收支计划表（表5、表6）在报财政部主管财务司的同时，抄报财政部综合与改革司。单位概算可参照预算报表格式在上个预算年度9月30日前报送财政部主管财务司。地方事业单位的预算报表格式和报送时间，由地方财政部门参照该预算报表格式规定。

本通知从1998年1月1日起执行。财政部《关于事业单位预算管理若干规定的通知》（财文字［1997］6号）同时停止执行。

附件：

一、事业单位预算报表格式及编报说明（略）

二、事业单位预算批复基本格式（略）

## 8. 交通基本建设资金监督管理办法

### 关于印发《交通基本建设资金监督管理办法》的通知

交通部交财发［2000］195 号 2000 年 4 月 13 日

各省、自治区、直辖市、计划单列市交通厅（局、委、办），天津市、上海市市政工程局，各有关港口，部属各单位：

现将《交通基本建设资金监督管理办法》印发给你们，请遵照执行。执行中有何问题，请及时告部财务司。

交通基本建设资金监督管理办法

**第一条** 为加强交通基本建设资金的监督管理，保证资金安全、合理、有效使用，提高投资效益，根据国家现行基本建设财务管理规定，结合交通基本建设特点，制定本办法。

**第二条** 本办法所称交通基本建设资金是指纳入国家和地方基本建设投资计划，用于交通基本建设项目的资金。包括财政预算内基本建设资金和纳入财政预算管理的政府性基金，以及其他经国家和省级人民政府批准征收并用于公路、水运交通基本建设项目的预算外资金等。

**第三条** 本办法适用于监督、管理和使用交通基本建设资金的各级交通基本建设主管部门（以下简称交通主管部门）和建设单位（含项目法人，下同）。

各级交通主管部门指各级人民政府主管公路、水运交通基本建设的部门；建设单位指直接实施项目建设管理和具体使用交通基本建设资金的单位。

**第四条** 各级交通主管部门和建设单位必须按照国家有关法律、法规合理安排和使用交通基本建设资金。单位负责人对本单位基本建设资金监督、管理和使用负责，单位内部有关职能部门按职责分工落实基本建设资金管理监督的各项职责，各司其职，各负其责。

**第五条** 交通基本建设资金监督管理的基本原则：

（一）专款专用原则。交通基本建设资金必须用于经批准的交通基本建设项目。交通基本建设资金按规定实行专户存储，专款专用，任何单位或个人不得截留、挤占和挪用。

（二）全过程监督控制原则。交通主管部门和建设单位对交通基本建设资金的筹集和使用进行全过程的监督检查，建立健全资金使用的内部控制制度，确保交通基本建设资金的安全、合理和有效使用。

（三）分级负责、分级监督管理原则。按照交通基本建设资金来源渠道，采取“一级管一级”的监督管理方式，实行分级负责，分级监督管理。

（四）依法实施财务管理、组织会计核算的原则。各级交通主管部门和建设单位必须遵守《中华人民共和国会计法》和《国有建设单位会计制度》、《会计基础工作规范》以及相关的财经法规、财会制度，加强财务管理与会计核算工作，严格实施财会监督，及时反馈真实、准确的会计信息。

（五）效益原则。交通基本建设资金的筹集、调度、使用实行规范化管理，确保厉行节约，防止损失浪费，降低工程成本，提高资金使用效益。

**第六条**　各级交通主管部门对交通基本建设资金监督管理的主要职责：

（一）贯彻执行国家有关交通基本建设法律、法规。

（二）制定交通基本建设资金管理制度。

（三）审核、汇总、编报年度基本建设支出预算、财务决算，审批年度基本建设财务决算。

（四）合理安排资金，及时调度、拨付和使用交通基本建设资金。

（五）监督、管理基本建设项目工程概预算、年度投资计划安排（包括年度计划调整）、工程招投标、合同签订、竣工验收、财务决算等。

（六）检查交通基本建设资金筹集、管理和使用情况，并对发现的问题及时纠正，对重大问题提出意见报上级主管部门处理。

（七）收集、汇总、报送基本建设资金管理信息，审查、编报交通工程建设项目投资效益分析报告。

（八）督促建设单位做好竣工验收前各项准备工作，及时编报竣工财务决算。做好交通工程建设项目竣工财务决算转报审批工作。

**第七条**　建设单位对交通基本建设资金监督管理的主要职责：

（一）贯彻执行交通基本建设规章制度，严格执行基本建设程序，并按批复的概预算控制使用各项建设资金。

（二）合理筹集交通基本建设资金，及时拨付资金，保证工程用款。

（三）建立健全交通基本建设资金内部管理制度，加强投资管理，防止建设资金被截留、挤占和挪用，保证资金安全和有效使用。

（四）编报年度基本建设支出预算和年度基本建设财务决算。

（五）组织审查并及时办理工程与设备价款结算，控制费用性支出。

（六）收集、整理、上报交通基本建设资金使用管理信息，编报建设项目投资效益分析报告和评估报告。

（七）做好项目竣工验收前各项准备工作，及时编制竣工财务决算。

**第八条**　交通基本建设资金监督管理的重点内容：

（一）是否严格执行基本建设程序及建设资金专款专用、专户存储管理的规定。

（二）是否严格按概预算管理的有关规定执行。

（三）有无将交通基本建设资金用于计划外工程的问题。

（四）有无擅自改变建设项目、扩大建设规模问题。

（五）筹集资金来源是否合法，配套资金是否落实并及时到位。

（六）工程预备费使用是否符合有关规定。

（七）有无发生工程质量、安全事故，造成经济损失的问题。

（八）建设单位管理费是否按规定提取使用。

（九）是否按合同规定拨付工程进度款，有无高估冒算，虚报冒领情况。

（十）工程质量保证金是否按规定提留使用。

（十一）有无乱摊乱挤建设成本问题。

（十二）财会机构是否建立健全，并配备相适应的财会人员。各项原始记录、统计台账、凭证账册、会计核算、财务报告、内部牵制制度等基础性工作是否健全规范。

**第九条** 交通基本建设资金筹集监管的主要内容：

（一）筹集资金是否符合国家法律、法规。

（二）筹集项目资本金是否达到国家规定的比例。

（三）是否严格执行年度基建投资计划，资金是否及时到位。

（四）发行内部股票和债券是否符合有关规定。

（五）有无抽逃资本金、高息集资和变相高息集资问题。

**第十条** 交通基本建设资金拨付监管的主要内容：

（一）交通主管部门是否根据下达的年度基本建设支出预算、年度投资计划及建设单位的资金使用计划，按规定及时向同级财政部门或上级主管部门申请交通基本建设资金。

（二）交通主管部门是否在收到同级财政部门或上级主管部门下拨的基本建设资金后，按规定及时下拨到有关基本建设资金使用单位。

（三）建设单位是否根据年度基本建设支出预算、年度投资计划以及工程建设实际需要，按规定及时向交通主管部门申请基本建设资金。

（四）建设单位是否在收到交通主管部门下拨的基本建设资金后，严格按规定用途安排使用。

**第十一条** 交通主管部门、建设单位应与银行建立并认真执行基本建设资金定期对账制度。

**第十二条** 建设单位支付交通基本建设资金时，应当符合下列程序：

（一）有关业务部门审核。建设单位的工程、计划等有关业务部门根据工程进度、合同、协议等对结算凭证（发票、收据、价款结算单等）进行审核并签署意见，实行工程监理制的项目应有监理工程师对工程量统计报表的审查签字；

（二）财会部门审查。经有关业务部门审核同意后，财会部门对结算凭证的合法性、手续的完备性和金额的真实性进行审查并签署意见；

（三）单位领导或单位领导授权人核准签字。

**第十三条** 建设单位使用建设单位管理费应当符合国家有关规定，不得自行扩大开支范围或提高开支标准。

**第十四条** 建设单位支付预付款应当在建设工程或设备、材料采购合同已经签订，施工或供货单位提交了经建设单位财务部门认可的银行预付款保函或保险公司的担保书后，按照合同规定的条款进行支付，并在结算中及时扣回各项预付款。

**第十五条**　建设单位要按照建设工程施工合同规定条款、实际完成工作量及工程监理情况对工程价款进行结算与支付。设备、材料货款应按采购合同规定的条款进行结算与支付。

**第十六条**　工程质量保证金要按合同规定的比例提留，在工程质量保证期满并经有关部门验收合格签署意见后，按照合同规定的条款进行支付。

**第十七条**　预备费要严格控制在核定的金额之内，并按有关规定使用。

**第十八条**　对于不能形成资产的江河清障、航道清淤、水土保持治理费、项目报废等费用性支出，严格按照批准的费用开支内容支付。

**第十九条**　建设中发生的土地征用及迁移补偿费等其他支出，严格按照国家及省级人民政府的有关规定执行。

**第二十条**　交通主管部门和建设单位要重视基本建设财务信息管理工作，建立信息管理制度，做到及时收集、汇总、报送信息资料，有关信息资料必须内容真实，数字准确。

**第二十一条**　交通主管部门发现所属单位或其他使用交通基本建设资金单位有违反国家有关规定或有下列情况之一的，上级主管部门应追究或建议有权单位追究违规单位负责人及有关责任人的责任，并可以采取暂缓资金拨付、停止资金拨付或扣减年度基本建设投资计划等措施予以纠正：

（一）违反国家法律法规和财经纪律的。

（二）违反基本建设程序的。

（三）擅自改变项目建设内容，扩大建设规模，提高建设标准的。

（四）建设用款突破批复概算（调整概算）的。

（五）配套资金不落实或没有同步到位的。

（六）资金未按规定实行专款专用，发生挤占、挪用、截留建设资金的。

（七）发生重大工程质量问题和安全事故，造成重大经济损失和不良社会影响的。

（八）财会机构不健全，会计核算不规范，财务管理混乱的。

（九）未按规定向上级部门报送用款计划、会计报表等有关资料或报送资料内容不全、严重失真的。

**第二十二条**　建设单位发现本单位内部或其他用款单位有下列情况之一的，财会部门有权采取停止支付交通基本建设资金等措施予以纠正：

（一）违反国家法律、法规和财经纪律的。

（二）违反规定建设计划外工程的。

（三）擅自改变项目建设内容，扩大建设规模，提高建设标准的。

（四）违反合同条款规定的。

（五）结算手续不完备，结算凭证不合规，支付审批程序不规范的。

**第二十三条** 各级交通主管部门和建设单位的财会人员，要按照国家法律法规和有关规章制度，认真履行职责，实施会计监督。对不符合交通基本建设资金管理和使用规定的会计事项，财会人员有权自行处理的，应当及时处理；无权处理的，应当立即向单位负责人报告，请求查明原因，作出处理。

**第二十四条** 各级交通主管部门和建设单位对在监督、管理和使用交通基本建设资金工作中取得突出成绩的单位和个人，应给予精神的或物质的奖励。对违反有关规定的要追究其责任，并给予相应的处罚。

**第二十五条** 以前制定的有关规定与本办法相抵触的，按本办法执行。本办法未尽事宜，按照国家现行有关规定执行。

**第二十六条** 各级交通主管部门、建设单位可根据本办法制定具体实施办法。

**第二十七条** 本办法由交通部负责解释。

**第二十八条** 本办法自发布之日起执行。

## 9. 农村公路建设资金使用监督管理办法

### 农村公路建设资金使用监督管理办法

交通部交财发［2004］285号2004年6月11日

#### 第一章　总　　则

**第一条**　为加强农村公路建设资金管理，保证资金安全、合理、有效使用，根据国家关于基本建设各项财经管理制度和交通部有关农村公路建设工程管理规定，制定本办法。

**第二条**　农村公路建设资金（以下简称建设资金）是指用于纳入中央或地方投资计划的县际及通乡通村公路建设或改造的全部资金，包括中央和地方各级财政拨款、交通规费、银行贷款等各种来源的资金。

**第三条**　建设资金使用必须严格遵循专款专用、讲究效益原则。

**第四条**　各级交通主管部门应建立健全建设资金使用监督管理制度，建设资金使用单位应建立健全资金使用内部控制制度和重大开支由领导集体研究决定制度，并自觉接受财政、审计、上级主管部门等政府部门和群众的监督。

**第五条**　本办法适用于管理和使用建设资金的各级交通主管部门及其所属管理单位（以下简称管理单位）、项目建设单位（含项目业主，以下简称建设单位）。

#### 第二章　建设资金的使用管理

**第六条**　建设资金实行分级负责、分级监督管理方式。交通部负责指导监督全国农村公路建设资金使用管理工作，各省（市、区）交通主管部门负责本辖区建设资金的使用监管工作，建设单位负责按规定使用建设资金，采取“一级管一级”的分级负责、分级监督管理方式。

**第七条**　建设资金必须用于农村公路建设项目，任何单位或个人不得截留、挤占和挪用。管理单位要做到专项管理、专项核算、专项拨付；建设单位要做到专户存储、专项核算，专款专用。

**第八条**　管理、使用建设资金的单位，应设置财会部门，由具有从业资格的专职或兼职财会人员管理建设资金。

**第九条**　建设资金的一切收付，必须通过财会部门进行。

**第十条**　建设单位在使用建设资金前，应根据本办法和国家、上级主管单位的有关规定，制定本单位的建设资金使用监督管理制度。

**第十一条**　管理单位应根据项目投资计划和年度预算，在确保工程质量的前提下，严格按工程进度和对各类资金的到位规定及时划拨建设资金。

**第十二条**　管理单位遇有下列情况之一的，不得划拨建设资金：

计划外工程；

超过批复工程概预算；

擅自改变建设标准的；

工程质量有重大缺陷未达到整改要求的。

**第十三条** 对于使用管理上有特殊要求的建设资金，应按国家有关规定执行。其中：

（一）中央专项资金只能由建设单位按规定支付农村公路建设款，其他任何单位、组织和个人都不能从中提取管理费用。

（二）国债资金按照国家关于国债资金使用管理规定执行；

（三）农村公路建设项目，不得拖欠农民工工资和农民的征地拆迁费。

**第十四条** 建设单位支付建设资金时，必须符合下列程序：

（一）有关业务部门审核。工程、计划等业务部门应根据有关合同、协议对结算凭证（发票、收据、工程价款结算单等）进行审核，并签署意见。

实行工程监理制的项目，其工程价款结算单必须经监理工程师审查签字同意后再交给业务部门审核。

（二）财务部门审核。财务部门应根据有关规定和合同、协议，对有关业务部门审核同意支付的凭证的合法性、手续的完备性和金额的正确性进行审核，审核无误后签署同意支付意见。

（三）根据业务和财务部门的同意支付审核意见，单位领导或其授权人审核无误后签署同意支付意见。

（四）财务部门根据单位领导或其授权人的同意支付签批意见办理付款手续。

**第十五条** 建设单位遇有下列情况之一的，单位领导不得签批同意、财务部门不得办理付款：

（一）违反国家法律、法规和财经制度的；

（二）计划外工程；

（三）擅自改变建设工程项目和建设标准的；

（四）工程质量不合格的；

（五）实行工程监理制度的，工程价款结算单未经监理工程师签证同意的；

（六）不符合合同条款规定的；

（七）原始凭证不合法、手续不完备、支付审批程序不规范的。

**第十六条** 农村公路建设项目应实行工程质量保证金制度，建设单位与施工单位结算工程价款时，应按合同价的一定比例预留质保金；工程交工验收合格且缺陷责任期满后，按合同支付剩余质保金。

**第十七条** 建设单位应严格控制支出，在保证工程质量的前提下，努力降低造价。

**第十八条** 建设单位必须按照国家有关规定进行会计核算，编制报送财务会计报告。项目竣工后，应按规定及时编制竣工财务决算。

## 第三章　建设资金的监督检查

**第十九条**　对建设资金使用情况的监督，实行单位自查与接受财政、审计等政府机关和上级主管单位的监督检查相结合的办法；通乡通村公路建设资金，实行财务公开，由建设单位定期向当地群众公布建设资金使用情况，对群众反映属实的问题及时进行整改。

**第二十条**　交通主管部门对建设资金监督管理的主要职责：

（一）制定建设资金管理制度；

（二）审核、汇编、审批年度农村公路建设工程支出计划、预算和财务决算；

（三）合理安排及时划拨建设资金；

（四）监督管理建设项目工程概预算、年度投资计划和预算安排（包括年度计划、预算调整）、工程招投标、合同签订、财务决算、竣工验收；

（五）监督检查建设资金筹集、使用和管理，及时纠正违纪违规问题，对重大问题提出意见报上级交通主管部门；

（六）收集、汇总、报送建设资金管理信息，审核、编报农村公路建设工程投资效益的分析报告；

（七）督促建设单位及时编报工程财务决算，做好竣工验收准备工作。

**第二十一条**　建设单位应对支付给施工单位的工程款的使用情况实施监督，确保已付工程款按合同约定满足工程需要。

**第二十二条**　交通主管部门应对建设资金全过程监督检查，重点检查的内容包括：

（一）是否严格执行国家财经法规、制度和建设资金管理规定；

（二）工程项目是否有擅自改变建设规模和标准的问题；

（三）是否严格执行概预算管理规定，有无将建设资金用于计划外工程；

（四）筹集的资金是否符合国家有关规定，配套资金是否落实、到位是否及时；

（五）是否按合同规定拨付工程进度款，有无高估冒算，虚报冒领情况，工程预备费使用是否符合有关规定；

（六）是否按规定使用建设单位管理费、提留工程质量保证金，有无乱摊乱挤建设成本的问题。

（七）资金支付程序是否符合规定；

（八）财会机构是否建立健全，并配备相应的财会人员，各项原始记录、统计台账、凭证账册、会计核算、财务报告、内部制约制度等基础性工作是否健全规范。

**第二十三条**　各级交通主管部门应定期、不定期地对所属单位、建设项目的建设资金管理、使用情况进行检查。

**第二十四条** 根据交审发（2001）62号《关于加强交通建设项目审计监督的通知》，交通主管部门应加强工程项目从开工到竣工决算的审计工作。对重要农村公路项目必须进行审计，一般农村公路项目原则上也要进行审计。

## 第四章 罚 则

**第二十五条** 管理、使用建设资金的单位或有关人员，违反法律、法规、财经制度和本办法规定的，除触犯刑法移交司法机关追究有关人员刑事责任外，区别情况和情节给予以下一项或数项处罚：

责令限期整改；

通报批评；

追缴建设资金；

没收非法所得；

处以罚款；

暂停拨付建设资金；

停止拨付建设资金；

核减本年度投资计划；

扣减下年度投资计划；

追究有关人员行政责任。

## 第五章 附 则

**第二十六条** 各省、自治区、直辖市交通主管部门可根据本办法，结合本地实际制定实施细则。

**第二十七条** 本办法由交通部负责解释。

## 10. 河南省高速公路建设项目财务监督管理办法

### 关于印发《河南省高速公路建设项目财务监督管理办法》（试行）的通知

河南省交通厅豫交财［2005］73 号 2005 年 11 月 14 日

各省辖市交通局，厅直属各单位，各高速公路项目公司：

为进一步加强我省高速公路建设项目财务管理，规范财务行为，提高投资效益，确保建设项目资金安全，河南省交通厅根据财政部《基本建设财务管理规定》、《内部会计控制规范－工程项目（试行）》，以及河南省交通厅、河南省发展计划委员会《关于加强我省投资经营性公路管理的通知》等相关规定。结合我省高速公路建设实际情况，制定了《河南省高速公路建设项目财务监督管理办法》（试行），现予以印发，请认真贯彻执行。今后，省厅将把相关单位贯彻执行情况作为高速公路建设管理的一项主要内容进行监督检查。

附件：

### 河南省高速公路建设项目财务监督管理办法（试行）

#### 第一章　总　　则

**第一条**　为进一步加强我省高速公路建设项目财务管理，规范财务行为，提高投资效益，确保建设项目资金安全，根据财政部《基本建设财务管理规定》、《内部会计控制规范－工程项目（试行）》，以及河南省交通厅、河南省发展计划委员会《关于加强我省投资经营性公路管理的通知》等相关规定，结合我省高速公路建设实际情况，制定本办法。

**第二条**　本办法适用于各类投资主体在我省境内依法投资建设的高速公路项目建设单位。

#### 第二章　监督部门的主要职责

**第三条**　省交通厅负责对全省高速公路建设项目各项财务会计工作进行监督管理，其主要职责：

（一）贯彻执行国家有关交通基本建设、工程项目、财务管理等法律、法规；

（二）根据国家有关法律规定，结合本省实际，制定高速公路建设项目财务管理办法等文件；

（三）负责监督、管理高速公路建设项目工程概预算执行、合同签订、竣工验收、财务决算等工作；

（四）负责监督项目建设单位按时编报竣工财务决算，审查并转报项目投资效益分析报告。

**第四条** 国有投资主体投资建设的高速公路项目建设单位，应逐步实行由项目主管单位委派财务总监制。省交通厅负责对财务总监委派管理工作进行监督管理和业务指导。

**第五条** 依据职责和实际情况对国有投资主体投资建设的高速公路建设项目单位，进行定期、部定期的财务监督检查。

**第六条** 对其他投资主体投资建设的高速公路建设项目单位进行业务指导，必要时，可对其资金筹集、资本金到位等情况进行监督检查。

## 第三章　项目建设单位的主要职责

**第七条** 高速公路项目建设单位在省交通厅的统一领导下，依据国家有关财经制度，具体组织实施项目财务管理和会计核算，其主要职责如下：

（一）贯彻执行交通基本建设规章制度，严格执行基本建设程序，并按批复的概预算控制使用各项建设资金；

（二）负责合理、及时筹集项目建设资金，按规定程序及时拨付工程价款，保证工程建设正常进行；

（三）建立健全项目建设资金内部管理和控制制度，加强投资管理，防止建设资金被截留、挤占和挪用，保证资金安全和有效使用；

（四）高速公路项目建设单位必须与开户银行签订资金保全协议，采取有效措施，以确保建设资金的安全存放；

（五）高速公路项目建设单位必须与施工单位签订协议，以确保建设资金专户储存，专款专用，并进行有效的监督检查；

（六）负责编报年度基本建设支出预算和年度基本建设财务决算；

（七）组织审查并及时办理工程与设备价款结算，控制费用性支出，负责做好竣工项目资产的移交工作；

（八）收集、整理、上报交通基本建设资金使用管理信息，编报建设项目投资分析报告和后评估报告；

（九）做好项目竣工验收验收前各项准备工作，并按照国家有关规定编报竣工财务决算报告、办理项目竣工验收工作；

（十）自觉接受政府审计机关和有关只能部门依照国家有关规定进行的监督检查。

**第八条** 高速公路建设项目支付基本建设资金时，应实行计量支付制度，并应符合下列程序：

（一）用款单位提出用款申请；

（二）业务部门审核。建设项目单位负责业务的部门根据工程进度、合同、协议等资料，对结算凭证（发票、收据、价款结算单等）进行审核并签署意见，实行工程监理制的应有监理工程师对工程量清单及中间支付证书的审查签字；

（三）财会部门审核。经业务部门审核同意后，财会部门对结算凭证的合法性、手续的完备性和金额的真实性进行审查并签署意见；

（四）财务总监、单位领导或单位领导授权人核准签字。

**第九条** 项目建设单位对交通厅组织的财务监督和检查，应积极支持和配合，如实提供财务报表、会计账簿、会计凭证、其他会计资料及有关合同、文件；并配合检查人员深入工作现场进行检查和督导。

## 第四章 财务监督管理的主要内容

**第十条** 省交通厅对高速公路项目建设单位财务监督管理的主要内容：

（一）对国有投资主体投资建设的高速公路项目执行财政部《基本建设财务管理规定》情况实施监督，对其他投资主体投资建设的高速公路项目进行行业管理和业务指导；

（二）高速公路项目建设单位会计机构设置、会计人员配备、会计核算、各项原始记录、统计台账、凭证账册、财务报告、内部监督制约制度等基础性工作是否健全、规范和有效；

（三）高速公路项目建设单位是否制定健全的基本建设财务管理办法，并按程序报省交通厅核备；

（四）高速公路项目建设单位资金来源是否合法，配套资金是否落实到位，资金是否到国家规定的比例，是否经法定验资机构审验并出具验资报告；有无抽逃资本金和资金不到位问题；

（五）高速公路项目建设单位是否严格执行国家规定的各项财务开支范围和标准，建设单位管理费是否按规定提取使用；工程质量保证金是否按规提取，各项建设成本核算是否准确，有无扩大成本范围，提高费用标准，乱列乱摊成本费用的问题；

（六）高速公路项目建设单位的建设资金是否按投资计划及时拨付到位；有无将建设资金挪做他用，或用于计划外工程等问题；

（七）高速公路项目建设单位是否建立健全工程价款支付控制制度，对价款支付的条件、方式、审批程序以及会计核算是否有明确规定；是否按照建设工程施工合同规定条款、经工程监理确认的已完工作量，对工程价款进行核算与支付；

（八）高速公路项目建设单位的设备÷材料货款是否按采购合同规定的条款进行结算与支付；

（九）高速公路项目建设单位的预付款是否在合同已经签订，施工或供货单位已提交了银行预付款保函÷保险公司担保书等有关证明材料后，按照合同规定条款进行支付；是否在工程价款结算中及时扣回各项预付款；

（十）高速公路项目建设单位执行概预算情况，是否有擅自改变资金用途、扩大和突破建设规模和标准的问题；工程预备费使用是否符合有关规定；建设资金是否专款专用、专户存储，有无违反基本建设程序、建立的专户报省交通厅备案的管理规定等问题；

（十一）高速公路项目建设单位是否存在挪用建设资金对外投资及以任何形式对外担保，并造成损失和潜在的损失的问题；

（十二）高速公路项目建设单位负责财务的部门是否积极参与高速公路项目的评估、概预算审查、招标、评标、经济合同的拟定，以及竣工验收、编制决算等全过程的管理和公司经营决策；

（十三）高速公路项目建设单位是否依据有关规定及时编报竣工决算报表；是否遵循项目竣工验收前，原建设管理机构不得撤销，同时要保持项目建设管理计划、合同、工程、财务等主要人员的稳定性的规定；

（十四）高速公路项目建设单位有无发生工程质量、安全事故、造成经济损失的问题；

（十五）高速公路项目建设单位根据有关法律、法规、应履行的其他事项。

## 第五章　监督检查和责任追究

**第十一条**　省交通厅将定期、不定期对我省各类投资主体投资建设的高速公路建设单位进行财务检查，发现有下列违法国家规定情形的，将给予通报批评并限期整改；情节严重的追究或建议有关单位追究违规单位负责人及有关责任人的责任，直至作为更换项目法人的依据：

（一）严重违反国家法律法规和财经纪律的；

（二）严重违反基本建设程序的；

（三）擅自改变项目建设内容，扩大建设规模，提高建设标准的；

（四）项目建设投资未经批准严重超出概预算的；

（五）资金不落实、贷款不到位、工程款支付不及时，严重影响工程进度的；

（六）资金未按规定实行专款专用，挤占、挪用、截留建设资金性质比较严重的；

（七）发生重大工程质量问题和安全事故，造成重大经济损失和不良社会影响的；

（八）财务会计机构不健全，会计核算不规范，财务管理混乱，存在加大漏洞的；

（九）未按规定向上级部门报送用款计划、会计报表等有关资料或报送资料内容不全、严重失真的；

（十）违反基本建设管理规定，乱列乱支成本费用，造成建设资金严重浪费的；

## 第六章　附　　则

**第十二条**　本办法由河南省交通厅负责解释。

**第十三条**　本办法自发布之日起实施。

## 11. 河南省公路事业单位资金监管网络系统安全管理规定

### 河南省公路事业单位资金监管网络系统安全管理规定

河南省交通厅公路管理局豫公路财［2007］507 号

#### 第一章　总　　则

**第一条**　为加强公路事业单位资金监管网络系统（以下简称资金监管系统）的安全保护，防止计算机病毒的感染和传播，保障资金监管系统的安全运行，根据我省公路系统资金监管系统网络设备的配置、安装及运行的实际，制定本规定。

**第二条**　资金监管系统设备是指计算机网络设备，网络线路，安装在各单位的计算机终端设备（包括主机、显示器、打印机、扫描仪）、计算机应用软件等。

**第三条**　资金监管系统设备应由专人保管使用，资金监管系统设备的保管使用人员即为该设备的保管使用责任人。资金监管网络系统使用部门领导，要对本单位计算机系统的安全运行负责，并指定网络系统安全员，负责网络系统的日常安全保护工作。

#### 第二章　资金监管系统管理人员工作职责

**第四条**　资金监管系统管理人员的工作职责是

1. 认真学习计算机软硬件相关知识，关注计算机技术的最新发展动态，不断提高自身的技能水平。

2. 严格执行有关保密制度，加强对各种设备系统密码管理，严禁盗用网络上的机密或利用工作之便将计算机内存储的有关机密资料外泄。

3. 每周对计算机网络设备进行常规性检查，并对数据进行备份，保证数据安全，确保网络系统运行正常。

4. 定期对网络设备进行检查，当设备遇到故障报修时，应及时联系专业人员上门维修，争取在最短的时间排除故障，并建立电脑网络系统维护档案等信息。

5. 不准私自修改其内配置参数，不准乱设口令；在对服务器等设备进行常规性的安全维护时，要将所作的操作及修改记入日志中。

6. 做好机房卫生、防尘工作，定期对设备进行打扫，做到机房卫生、整洁。

7. 定期检查机房防雷防火设备，确保设备能够有效的正常的使用。

8. 定期查杀网络病害和木马程序，并升级杀毒软件。

#### 第三章　网络设备的安全管理

**第五条**　资金监管系统的主要设备如服务器、电脑主机、上报终端机和防火墙应接入具有稳压功能的 UPS 电源。各计算机房应有防电磁干扰、电磁辐射及防雷、防震的措施；有防火、防盗、防水的严密措施；对重要资源和重要数据的存取，有控制和加密措施。

**第六条** 各单位的中心微机室应配备公安机关认定合格的计算机病毒清除软件，及时进行病毒检测和消除，如发现难以消除的病毒，应及时报上级和有关部门，以便统一进行清除和登记。新购置的计算机应进行检查后方可正式投入使用或联网运行。

**第七条** 各单位要按系统设计要求的方式接入互联网，以保证系统安全。

**第八条** 网络设备管理中，禁止发生下列行为：

1. 擅自移动、插拔、挤压、弯折电源线和网线；
2. 网络交换机专用电源插座上插接其他高负荷不安全的电器设备；
3. 对运行中的计算机网络插拔电源；
4. 网络交换机、设备四周放置水、食品及其他杂物；
5. 擅自拆卸资金监管系统专用设备；
6. 随意关闭或重新启动计算机；
7. 随意连接或撤除计算机周边设备或将计算机挪作他用；

**第九条** 各单位工作人员使用计算机设备应当遵守下列规定：

1. 非本系统操作人员不得上机操作。无关人员不得随意出入中心机房，更不得擅自操作其中的网络设备和服务器。

2. 使用人员应爱护电脑及其他相应设施，加强电脑的日常保养，做好防尘、防潮工作，保持设备清洁。

3. 使用人员应严格按操作规程使用电脑设备，使用中要做到正确开关机，防止使用不当损坏机器；用完及时关机，以节约用电，保护设备；每天下班前必须关闭终端设备电源。

4. 严禁在带电运行状态下，插拔计算机设备连接线，或添加计算机设备；

## 第四章 网络系统安全保密工作

**第十条** 为防止电脑病毒的入侵，保护系统的安全运行，禁止擅自使用各类外来盘片（包括光盘和软盘）和严禁安装、使用游戏程序。

**第十一条** 严禁擅自添加和删除已安装在计算机内的应用软件、系统文件、协议等。不得对系统进行解密、修改系统文件、配置参数和数据信息。

**第十二条** 严禁盗用他人的口令、密码，超权限访问；确因工作需要，要超权限访问或查询的，报系统管理员批准。

**第十三条** 做好计算机使用的安全防范工作，防止与别人共享文件或不注意安全防范而造成数据丢失和泄密。严禁对他人的文件进行操作；严禁攻击网络、测探服务器的口令、增加或删除服务器上的文件。

**第十四条** 严禁随意改变由技术人员设定的各种配置参数，以免造成机器瘫痪。

**第十五条**　任何人不得擅自将本系统数据、文件和资料、信息等数据拷贝到其他计算机上使用。无关人员不得接近显示有重要信息的计算机、终端或打印机。

**第十六条**　计算机设备使用人员应经过操作培训，未经培训的人员不得上机操作。经许可实习的学生，应在计算机责任人指导下使用计算机设备，并做好保密教育。

## 第五章　附　　则

**第十七条**　各单位应根据本单位实际情况制定具体的资金监管网络系统安全管理规定。

**第十八条**　本规定从下发之日起执行。

## 12. 河南省公路事业单位资金监管网络系统操作规程

### 河南省公路事业单位资金监管网络系统操作规程

河南省交通厅公路管理局豫公路财［2007］507 号

一、网络系统基本操作规程

（一）开机和运行

1. 每天上班 10 分钟内，由系统管理员打开服务器，并启动资金监管网络系统，调整当天日期，其他人员严禁在服务器上进行任何操作。

2. 各工作站开机顺序是：打开打印机、显示器和主机。开机后以正确的上网名及上网口令上网，并以正确的注册名及注册口令进入网络系统。

3. 网络系统安装时提供了初始密码，各单位要修改本地和网络的初始密码，且保证本地和网络密码一致。

4. 各工作站必须按照自己的注册名、口令和权限进行工作，严禁以别人的注册名、口令和越权限操作，专机专用，以防造成网络混乱。工作站只能由指定人员操作，严禁外部人员操作运行本系统，以保证系统数据的安全性。

5. 各工作站操作应按照系统管理员规定的权限范围，依据会计核算系统的界面菜单选择，处理相关的经济业务。

6. 在系统运行中，切勿私自随意重新“热启动”；发现问题和系统出现错误，不可盲目擅自处理，应及时同系统管理员联系，待正确处理完后方可继续操作运行。

（二）数据传输操作

1. 使用单机财务软件的电脑平时不准接入互联网，应通过网络切换器使财务系统和上报终端连接。上传数据时利用网络切换器首先切入内网同时断开外网，提取财务数据到网络上报终端；数据提取完成后利用网络切换器断开内网切入外网上报数据。

2. 使用服务器和财务局域网的单位应安装防火墙，结合防火墙技术实现数据提取和上报。

3. 各单位在每次进行财务数据操作后应及时进行数据上传，保证网络数据信息及时更新。

4. 不得进行非法的文件传输和传输正常工作之外的其他文件，严守机密。

5. 不得越权操作。

（三）关机

1. 退出资金监管网络系统和财务处理系统。

2. 按下网步骤正确下网。

3. 按规定顺序和方法关闭主机、显示器、打印机、并切断电源。

4. 系统管理员检查所有工作站都下网后，方可关闭服务器及切断电源。

## 二、设备保管保养制度

1. 操作人员应保持室内的清洁度，经常打扫卫生，清除灰尘，每天下班时应用台布将电脑等设备盖好，以防尘土进入电脑。

2. 各单位电脑主机和服务器应使用带有稳压作用的UPS，选用优质接线板为计算机供电，防止系统运行时掉电。

3. 室内禁止抽烟，不管是本科室人员，还是外来办事的人员。

4. 禁止在室内放置易燃、易爆及腐蚀物品，室内搬运物品或打扫卫生时不要碰撞微机，避免强烈冲击与振动。

5. 要保持打印机工作台平稳无振动，打印机内外清洁、无灰尘。

6. 在网络设备加电情况下，不要插拔电源。

7. 网络设备上不要放置任何物品，以免异物掉入机内诱发故障。

8. 网络系统管理员与一般操作员要相互配合，随时观察微机运行情况，一旦出现故障，要注意观察做出记录，并采取相应措施，排除故障。

9. 网络设备及线路不得任意挪动和变更。

## 三、计算机病毒防治

1. 各单位要采取严格的计算机病毒防护措施，安装经公安部认可的防护软件并定时检查和更新。有条件的单位可采取硬件防火墙加病毒防护软件的方式对网络系统进行保护。

2. 严格控制软件引入途径，不准随意使用外来的软件。如确属需要新引入的软件或经外界维修过的计算机在投入使用前，应首先由系统管理员进行计算机病毒的检测，确认无病毒感染后，方可投入使用。其他工作人员一律不准往计算机内装软件程序。

3. 需联网运行的计算机，经检测确认无病毒后，方可上网运行。

4. 操作人员在操作过程中必须提高警惕，仔细观察和分析计算机运行过程中异常现象，一旦发现，应立即报告财务负责人和系统管理员查找原因。确认病毒后，应及时清除，并做好记录。

5. 及时做好数据的备份工作，定期对计算机系统进行病毒检测。

6. 不得在网络上进行与正常工作无关的事情。

**图书在版编目(CIP)数据**

公路资金监管新理念探索与应用/河南省交通厅公路管理局编.—北京:人民交通出版社,2007.12
ISBN 978-7-114-06927-7

Ⅰ.资… Ⅱ.河… Ⅲ.交通运输业—资金管理—研究—中国 Ⅳ.F512.5

中国版本图书馆CIP数据核字(2007)第184732号

Gonglu Zijin Jianguan Xinlinian Tansuo Yu Yingyong

书　　名:公路资金监管新理念探索与应用
著 译 者:河南省交通厅公路管理局
责任编辑:赵瑞琴
出版发行:人民交通出版社
地　　址:(100011)北京市朝阳区安定门外外馆斜街3号
网　　址:http://www.ccpress.com.cn
销售电话:(010)85285838,85285995
总 经 销:北京中交盛世书刊有限公司
经　　销:各地新华书店、交通书店
印　　刷:北京宝莲鸿图科技有限公司
开　　本:880×1230　1/16
印　　张:12.25
字　　数:238千
版　　次:2007年12月　第1版
印　　次:2007年12月　第1次印刷
书　　号:ISBN 978-7-114-06927-7
定　　价:80.00元